北京师范大学985工程专项经费资助

【第二辑】 教育与社会、文化变迁丛书

传统蒙学与蒙书研究

徐 梓◎著

中国社会科学出版社

图书在版编目（CIP）数据

传统蒙学与蒙书研究／徐梓著．—北京：中国社会科学
出版社，2017.10（2018.1 重印）
ISBN 978 - 7 - 5203 - 1269 - 1

Ⅰ.①传…　Ⅱ.①徐…　Ⅲ.①古汉语—启蒙读物—研究
Ⅳ.①H194.1

中国版本图书馆 CIP 数据核字（2017）第 258020 号

出 版 人	赵剑英	
责任编辑	李炳青	
责任校对	周　昊	
责任印制	李寡寡	

出　　版	中国社会科学出版社	
社　　址	北京鼓楼西大街甲 158 号	
邮　　编	100720	
网　　址	http://www.csspw.cn	
发 行 部	010 - 84083685	
门 市 部	010 - 84029450	
经　　销	新华书店及其他书店	

印　　刷	北京明恒达印务有限公司	
装　　订	廊坊市广阳区广增装订厂	
版　　次	2017 年 10 月第 1 版	
印　　次	2018 年 1 月第 2 次印刷	

开　　本	710×1000　1/16	
印　　张	14	
插　　页	2	
字　　数	236 千字	
定　　价	58.00 元	

目　录

传统蒙学与传统文化

很多权威的辞书，如《中国大百科全书》和《辞海》，都把蒙学说成是学校，这实在是偏狭了一些。其实，蒙学是一个特定层次的教育，是特指我国古代对儿童所进行的启蒙教育，相当于现在的小学，其中包括教育的目的、教学的内容、教学的方法等多方面的内容，并不单纯地是指学校。

蒙学以及作为核心内容的蒙学教材，是传统文化的重要组成部分。在某个时代，为什么而教学、教或学些什么以及怎样教学，往往是这一时代性格和气质的典型体现。通过蒙学这扇窗口，我们就能了解这个时代的精神风貌，了解这一时代的文化特征。比如，在唐朝以前，启蒙教育处于起步阶段，相对而言，受当时正统思想的影响较少，教学以识字为主，人们学的是"宋延年，郑子方，卫益寿，史步昌"，学的是"天地玄黄，宇宙洪荒，日月盈昃，辰宿列张"之类。自宋朝以后，由于理学兴起，所谓的性理和道统得到强调，人们学的便是"人之初，性本善。性相近，习相远"了。进入清朝，儒学伦理越来越僵化，要求也越来越严格，所谓的"弟子规，圣人训。首孝弟，次谨信。泛爱众，而亲仁。有余力，则学文"也就风行开来了。民国时期，由于新学西学的传入，直观教学受到重视，儿童首先学的便是配有插图的"人、手、足、刀、口"以及"小鸟飞、小狗叫、小儿追、小狗逃"。在个人崇拜盛行的"文化大革命"时期，幼童学的第一课便是"毛主席万岁"。在强调爱国主义教育的今天，启蒙教科书的开篇往往是"国旗、国徽、天安门"。由此可见，在产生或流传于某个时代的蒙学教材中，往往潜藏着这个时代的文化秘密，体现着这个时代的性格和气质。

传统蒙学和传统文化之所以结成如此深切的关系，是由传统蒙学的内容、教学特点和广泛的影响所决定的。

我国数以十万计的古代文献，大都是历代士人思想感情的表达，所谓的圣经贤传，不过是知识阶层思想感情的结晶。历代的儒林、文苑之士，他们在自己的著述中所表述的理想的价值体系，虽然不能说与广大民众日常生活中所表现的实际价值取向完全背离，但其中的确存在着很大的差异。因此，我们的文化史研究，如果总是以上层人士的著述和寓于其中的思想情感为中心，而不考虑此外有极其广大的民众的存在，不考虑民众实际的日常生活与士人的理想之间实际上存在着很大的距离，就必然会造成盲人摸象的偏失。

北京大学的陈来教授，曾发表过一篇题为《蒙学与儒家世俗伦理》的论文①。这篇文章认为：中国文化的价值结构体系有两种，一是少数圣贤经典中记载的理想的价值体系，二是一般民众生活和日常行为所表现的实际价值取向，简单地说，也就是精英儒家伦理和世俗儒家伦理。作者认为，世俗的儒家伦理和精英儒家伦理不同，它主要不是通过儒学思想家的著作去陈述它，而是由中下层儒者制定的童蒙读物形成并发生影响的。这种通俗儒家伦理读物的内容，在宋以后的中国历史上，在民众中流传极广。"在中国文化中，中下层儒者实施的蒙学教育才是伦理教化的直接活动。"

如果说历代的圣经贤传，表达的是少数士人的思想与情感，希望和企盼，表达的是精英儒家认为"应该怎么样"的道德理想，童蒙读物相对来说，反映的则是广大民众实际的生活，反映的则是传统文化"是怎么样"的实际。在这里，既有"但行好事，莫问前程""施恩不望报，望报不施恩"的纯粹出自自觉理念的行善，也有"万般皆下品，唯有读书高""满朝朱紫贵，尽是读书人"的功名利禄的引诱；既有"可以寄命，可以托孤，一临大节，死生不渝"的见义勇为，也有"见事莫说，问事不知，闲事休管，无事早归"的明哲保身。因此，作为传统文化的重要载体，童蒙读物这类旧时教孩子们的小玩意儿，这些直到现在仍然被一些人认为不值得研究的"浅陋、鄙俚"的文献，比起那些"羽翼经训、垂范方来"

---

① 袁行霈主编：《国学研究》第3卷，北京大学出版社1995年版，第27—60页。

的所谓"不朽之作"来，就体现中国传统文化这一点来说，并没有丝毫的逊色，反而更加典型、充分和鲜明。即使比起那些堂皇的儒家经典来说，也更加真实、具体。我们说中国文化的全部秘密就深藏其中，并不是什么极端的言论，而是一种中肯的评价。

现代心理学认为：儿童时期是一个人一生中最重要的时期，对一个人一生的影响几乎是决定性的。即使是远离童年之后，我们也一直保有早年的生活经验，并成为塑造我们性格和气质的关键要素；即使我们没有察知、在意识上遗忘了，它依然强有力地被保留在潜意识里，并以这样和那样的形式表现出来。"勿谓小儿无记性，所历事，皆能不忘。故善养子者，当其婴孩，鞠之使得所养。"① 我们的古人也懂得早期教育的重要性，懂得早期教育对于一个人一生决定性的影响。"教妇初来，教子婴孩""妇训始至，子训始稚"，说的就是这个意思。

古人认为，儿童教育要尽早抓起，在子弟五六岁有一定认知能力的时候，就"决当"开始教育。否则，迁延到七八岁时，即使"父教师严"，也会多费一番工夫。"养正之方，最小时为尤要。古人重胎教……今人纵不能尽然，乃至既生之后，曲意抚摩，积四五岁，仍然姑息，恣其所为，应诃反笑，逮于既长，养成骄惰，虽欲禁防，不可得矣。"② 教育的成功与否，幼童时期最为关键。古人津津乐道的"少成若天性，习惯如自然"，与现代教育学的结论不谋而合。幼童时期是人发展最迅速、可塑性最大的时期，尤其是良好习惯的养成，是比传授文化知识更重要的工作。

因此，传统蒙学的主要任务，是熏陶蒙童的气质，矫揉蒙童的性情，辅成蒙童的才品。启蒙教育阶段当然也要教授一定的文化知识，比如识字、历史知识、语言知识、科技知识，但最核心的则是伦理道德。这样的教学内容，是传统启蒙教育的使命决定的。古人认为在启蒙教育阶段，"只是教之以事"。③ 如礼、乐、射、御、书数之类的技艺，日常生活中孝悌忠信这样的事情。小学之所以被称之为小学，主要不在于学生年龄小，

① 程颢、程颐：《程氏遗书》卷二下，华东师范大学出版社 2010 年版，第 80 页。
② 陈宏谋编：《五种遗规·养正遗规》卷上，见《续修四库全书》第 951 册，上海古籍出版社 2002 年版，第 12 页。
③ 黎靖德编：《朱子语类》卷七，中华书局 1986 年版，第 124 页。

更主要在于与这种较小的年龄相适应，教的都是一些浅显、具体而微的事情，是一些日常生活中诸如事亲敬长、揖让进退之类的事情。而且，小学阶段要摒绝理，不过问理，只是学事。如果不切实际，不顾蒙童多记性、少悟性的特点，教一些超越于事之上的理，不仅无益，而且有害。只要按照要求，依照规范，把事亲敬长、待人接物的礼节掌握了，就完成了小学阶段的教学任务，完成了从事这种教育应尽的义务。所谓的事，是指礼、乐、射、御、书、数，是指孝、悌、忠、信，是指事亲敬长，是指洒扫、应对、进退，是指父子之亲、君臣之义、夫妇之别、朋友之交、长幼之序、心术之要、威仪之则、衣服之制和饮食之节。归结到一点，就是儿童日常生活的规范。

这样教习日常生活中的规范，也是中国启蒙教育的传统。《礼记·曲礼》和《列女传》中一些短小而押韵的语句，诸如"衣毋拨，足毋蹶；将上堂，声必扬；将入户，视必下"之类，诸如"将入门，问孰存"之类，在朱熹看来，"皆是古人初教小儿语"。[1] 这样的教育，都是日常言动中切近的事情，不虚玄，不高妙，切于实用，也适合蒙童的理解能力，体现了小学"只是教之以事"的特点，抓住了启蒙教育的根本。启蒙教育不仅这样决定了一个人的一生，而且通过影响我们民族每个接受教育的人，从而影响了民族文化的发展与流变、性格和气质。

传统的启蒙教育，还具有覆盖面广、影响大的特点。启蒙教育是其他教育的基础，所有的教育都是从启蒙教育开始的。如果把传统教育比作一座金字塔的话，在科举的路程上取得最后辉煌的进士、举人们，就构成了这座金字塔的塔尖，而那些刚刚进学或在家接受启蒙教育的幼童们，则构成了这座金字塔的塔基。这就意味着，启蒙教育涉及最广泛的对象，单纯从数量上讲，也是覆盖面最广的一个层级的教育。

启蒙教育的影响，不仅限于进学读书的蒙童，而且扩展到了全社会最广泛的阶层。儿童来自社会的各个阶层，他们也把学堂里所学的知识带回了这里。比如，儿童在日常的游戏中，传唱学堂中所学的那些读起来顺口、听起来悦耳的句子，就影响了自己的同龄人。如明朝的吕得胜编撰《小儿语》，就是希望幼童能在欢呼嬉笑之间，学得的都是"义理身心之

---

[1] 黎靖德编：《朱子语类》卷七，中华书局1986年版，第126页。

学"，是基于"一儿习之，可为诸儿流布；童时习之，可为终身体认"的用心。事实上，传统启蒙教育的内容，正是通过儿童这个联系社会各个阶层的渠道，深刻影响了全社会的人们。如鲁迅在《二十四孝图》中说："那里面的故事，似乎是谁都知道的；便是不识字的人，例如阿长，也只要一看图画，便能够滔滔地讲出这一段的事迹。"① 阿长有关《二十四孝》的知识，就是蒙童传布的。

传统的启蒙教育，充分注意到了儿童的年龄特征和兴趣爱好，强调在启蒙教育中要采取顺应儿童性情、鼓舞儿童志趣的办法，强调教育必须适合儿童的生理、心理特点，符合儿童成长发展的规律。这在启蒙教材的编写上，体现得尤其典型。我国有影响的、能在启蒙的课堂里长盛不衰的蒙学教材，都是用韵语和对偶的形式编成的，或者是韵语和对偶并用。用这样的形式编写的蒙学教材，读起来上口，听起来悦耳，人们喜闻乐道。既方便诵读和记忆，又能提高儿童的兴趣。有极个别流传很广的读物，如《二十四孝》《日记故事》之类，虽然没有运用这两种形式，而是用散文写成的，但都非常简短，少者一、二十个字，多者也不过百余字，总之是要以儿童所能接受为宜。这样编写成的读物，是使得它能够为阿长那样没文化或少文化的大众也能理解的根由所在。

鲁迅曾反复论及传统蒙学教材与传统文化的关系，一再提出研究蒙学教材的意义和必要性。他在《我们怎样教育儿童的?》一文中曾这样说："中国要作家，要'文豪'，但也要真正的学究。倘有人作一部历史，将中国历来教育儿童的方法，用书，作一个明确的记录，给人明白我们的古人以至我们，是怎样的被熏陶下来的，则其功德，当不在禹（虽然他也许不过是一条虫）下。"② 在鲁迅看来，我们的祖先和我们自己，就是被一代代、一本本启蒙用书"熏陶下来的"。这恰切地指出了传统文化传承的实情，说明了传统文化与传统蒙学的密切关系。

（原载《寻根》2007 年第 2 期）

---

① 鲁迅：《朝花夕拾》，见《鲁迅全集》第 2 卷，人民文学出版社 2005 年版，第 260 页
② 鲁迅：《准风月谈》，见《鲁迅全集》第 5 卷，第 271—272 页。

传统蒙学研究的历史和现状

一 引言

蒙学是传统启蒙之学的省称，现在我们通常称之为小学。《辞海》这样解释蒙学："蒙学又称蒙馆，是中国封建时代对儿童进行启蒙教育的学校。"把蒙学单纯地说成学校，内容偏狭了一些。其实，蒙学不只是指学校，而是一个特定层次的教育，是特指对儿童所进行的启蒙教育，其中包括教育的目的、教学的内容、教学的方法等多方面的内容。这一个层次的教学，旧时在书馆、乡学、乡校、家塾、义塾、私塾、书塾、村学、冬学、义学、社学、小学等名称不同的处所进行。

蒙学和作为其核心内容的蒙学读物，是传统文化的重要组成部分。在某个时代，为什么而教学、教或学些什么以及怎样教学，往往是这一时代性格和气质的典型体现。通过蒙学这扇窗口，我们就能了解这个时代的精神风貌，了解这一时代的文化特征。我们还可以进一步说，作为传统文化的重要载体，蒙学读物这类旧时孩子们学习的小玩意儿，这些在民间、在社会基层流传的读本，这些直到现在仍然被一些人认为"浅陋、鄙俚"而不值得研究的文献，比起那些"羽翼经训、垂范方来"的所谓"不朽之作"来，就体现中国传统文化这一点来说，并没有丝毫的逊色，反而更加典型、充分和鲜明。即使比起那些堂皇的儒家经典来说，也更加真实、具体。我们认为，"四书""五经"所表达的，不过是儒家认为"应该怎么样"的道德理想，而蒙学读物相对来说，反映的则是传统文化"是怎么样"的实际。因此，我们说中国文化的全部秘密就深藏其中，并不是什么极端的言论，而是一种中肯的评价。

1933年8月，鲁迅写了《我们怎样教育儿童的?》一文，其中谈了我国历朝的童蒙用书。最后，鲁迅这样说："中国要作家，要'文豪'，但也要真正的学究。倘有人作一部历史，将中国历来教育儿童的方法，用书，作一个明确的记录，给人明白我们的古人以至我们，是怎样的被熏陶下来的，则其功德，当不在禹（虽然他也许不过是一条虫）下。"① 这样说似乎太夸张了些，但鲁迅这样说，显然着眼的是通过这部史书，能让人明白我们的祖先和我们自己"是怎样的被熏陶下来的"，一代又一代的中国人是如何接受启蒙教育的，读的都是一些什么样的书以及是如何读这些书的。一句话，这样的书能让人了解传统文化是如何传承、流播并一直影响到现在的。

二 传统社会的蒙学研究

在旧时，传统的士大夫注意的是圣经贤传、高头讲章，而对蒙学读物不大重视。这类文献被认为只对小孩子有用，藏书家不注意收藏，目录学著作也不注意著录，即使收藏和著录，也很不系统。

在文人学者的文集或笔记等文献中，有的涉及蒙学或蒙学读物。其中绝大多数是掌故，现在看来属于单纯的史料。如明代的李诩在《戒庵老人漫笔》卷二中，就有《百家姓不同》和《千字文重复》两则笔记，分别介绍了作者所知的三种内容有出入的《百家姓》，根据家乡前辈的记载指出了世传"不重一字"的《千字文》，实则有一"洁"字相重（"女慕贞洁"与"纨扇圆洁"）。在这些文集或笔记中，也有研究或考证的内容，如宋代的王明清在《玉照新志》卷三中，就对《太公家教》和《百家姓》的作者进行了考证。在他看来，《太公家教》中有西周之后的事情，特别是有汉代的事情，所以决非出自周朝初年的姜太公，而应出自唐代村落的塾师之手。他根据《百家姓》开篇几个姓氏的排列顺序，提出了"似是两浙钱氏有国时小民所著"的论断，这一疑似的论断，成为后来有关《百家姓》作者的重要基础。

---

① 鲁迅：《准风月谈》，见《鲁迅全集》第5卷，人民文学出版社2005年版，第271—272页。

在清朝，由于受好广征博引、反对空疏、注重征实的学术风气的影响，一些蒙学读物也成了学者们考订的对象。如顾炎武在《日知录》卷二十一中对《急就篇》流传的考证、凌扬藻在《蠡勺编》卷二十一中对《三字经》作者的考证、翟灏在《通俗编》卷七中对《百家姓》成书时代的考证、梁章钜在《归田琐记》卷六中对《千字文》传本的考证等。

但这些考证，都仅限于某一部书，或者是某一位作者，而没有把整个蒙学读物作为一个整体来看待，来研究。尽管如此，前代学者通过序跋和笔记而对前代蒙学读物所作的考证，为材料甚少、研究薄弱的蒙学读物的进一步研究打下了初步的基础，其成果是值得我们珍视的。

在明朝学者叶盛的《菉竹堂书目》中，著录有王揖的《蒙史》3卷，而在明朝学者祁承㸁的《澹生堂藏书目》中，著录了汪延讷的《养正小史》2卷。这两种书现在都已经失传，内容也无从知晓，如果仅仅从书名的字面意义上来理解，它们讲的应该是启蒙教育的历史。

三 20世纪前期的蒙学研究

中国历史进入20世纪之后，随着西学在中国社会文化生活中分量的加重，传统蒙学逐渐走向衰落。其中最显著的标志就是，传统蒙学读物失却了自己原有的功能，将启蒙的课堂让给了全新的小学教科书，而走进了学者的书斋里，成了人们研究的对象和材料。蒙学读物以丧失自己占据了两千多年的阵地为代价，换来了对它研究的兴起。

1936年3月，翁衍桢在《图书馆学季刊》第10卷第1期上发表了《古代儿童读物概观》一文，论述了古代特别是宋代以后启蒙教育的教育旨趣、儿童的入学年龄、启蒙教学的方法以及学塾仪规、日常管训、功过考核、课余陶养、塾师待遇和女子教育，涉及传统蒙学的各个方面，并不是如文章篇名所表明的那样，局限于儿童读物。虽然其中的第四部分专论训蒙的课本，但并不是逐一介绍那些流传广、传习久的蒙学课本，而只是就各种家训和学规中有关讨论儿童读物的文字，予以引录而已。引录所及，也只是限于《颜氏家训》《童蒙训》《朱子读书法》、赵㧑谦的《学范》、陆桴亭的《论小学》，以及《丽泽堂学约》《义学约》《平林义塾规条》《蒙养针度》9种。作者的目的，在于通过引述以上9种著作中的文献，指出什么样的读物曾被蒙馆所采用。其中除了"四书""五经"、宋儒著作和《三》《百》《千》一类的读物之外，很少有值得注意的材料。倒是儿童读物之外其他一些论题，如把教育旨趣归结为立品、明伦、知礼、服劳四端，从认字、诵读、默写、讲解、习字、对课、学算七个方面论述教学方法，日常管训则包括衣饰、饮食、出入、杂事、假日五项内容，课余陶养则有说故事、歌诗、游艺，如此之类，在这之下又一一分项论列，非常醒目，有益于人们理清思路。其中一些史料，如嘉庆二十三年《杭嘉宗文义塾新增规则》，以及《崔氏家塾志》《平林义塾规条》，颇为稀见。

1936 年 7 月，郑振铎在《文学》第 7 卷第 1 号上，发表了《中国儿童读物的分析》一文，现在我们所能见到的，只是这篇文章的上篇，题为《从〈三字经〉到〈千字文〉到〈历代蒙求〉》。在这篇文章中，作者将传统的儿童读物分为 5 类：一是学则、学仪、家训以至《小学》《圣谕广训》一类的伦理书，其中包括像《小儿语》之类的格言韵语；二是《三字经》《百家姓》《千字文》一类的作为识字用的基本书；三是启发儿童智慧的聪明的故事，像《日记故事》一类的书；四是浅近的历史、地理，以及博物的常识书，像《高厚蒙求》《名物蒙求》《史学提要》等；五是所谓"陶冶性情"的诗歌集，像《神童诗》《千家诗》等。作者认为："在旧式的科举制度不曾改革以前，中国的儿童教育简直是谈不上的。假如说是有'教育'的话，不过是注入式的教育、顺民或忠臣孝子的教育而已。以养成顺民或忠臣孝子为目的，而以注入式的教育方法为一成不变的方法。"基于这样一种认识，作者进而认为："在这些儿童读物之中，没有一部不是彻头彻尾提倡着'顺民教育'的。"也正因为如此，对传统儿童读物的批判性介绍，也就构成了这篇文章的基调。在《劫中得书续记》中，作者还对他所收集到的玩虎轩本《养正图解》《鼎镌新增评注五伦日记故事大全》等蒙学读物作了介绍。在介绍《新刻金陵原版易经开心正解》时，郑振铎这样说："斯类童蒙读物，最易散佚。余收购二十载，所得亦不过二十余种耳。诸藏家殆皆未见，即见，亦未必收。然收之，于论述近古童蒙教育者，或不为无用也。"①

---

① 郑振铎：《西谛书话》，生活·读书·新知三联书店 1998 年版，第 313 页。

对古代蒙童所用的课本，常镜海下过一番很大的工夫。鉴于这类书的"著者之姓氏，传授之源流，以其年代久远，既不载于各该书篇首，历朝博雅之士，又不为考订。展转相传，鱼鲁之误，所在实多。"他参考古今笔乘，对这类书有所考订。作者曾刊行有《蒙经考》一文，但介绍论述所及，只有《千字文》《百家姓》《三字经》《千家诗》等数种而已。1940年的9月和10月，常镜海在上海的《新东方》第1卷第8期和第9期上，相继发表了《中国私塾蒙童所用课本之研究》一文的上、下篇。这篇文章参考的资料多达143种，论及的蒙学读物有53种，考订颇为精审，是1949年以前这一领域的代表作之一。

作者首先介绍了中国私塾的组织，分析了私塾没落的原因，接着又论述了私塾课本的产生以及私塾课本的内容，而把重点放在蒙童课本的考订上。作者将中国传统的蒙童课本分为"通用之蒙童课本"和"选用之蒙童课本"两类，然后分别予以介绍。作者所谓的"通用之蒙童课本"，是指《千字文》《百家姓》《三字经》《名贤集》《朱子治家格言》《弟子规》《孝经》《二十四孝图说》《神童诗》《千家诗》《龙文鞭影》《幼学故事琼林》《字课图说》《万事不求人》《杂字》和朱子《小学》节本16种。而所谓"选用之蒙学课本"，指的是《教儿经》《女儿经》《小学韵语》《蒙求》《急就篇》《小学集注》《弟子职》《小学绀珠》《续千文》《十三经不二字》《养蒙针度》《字学举隅》《万字文》《三续千字文》《四言对相》《童蒙记诵篇》《幼学歌》《左氏蒙求注》《五千字文》《四字童训》《女四书》《尔雅》《三字文》《便蒙家用必读》《杂字撮要》《国民必读》《三字鉴》《史鉴节要》《分类七言蒙求鼓词》和《十字各言杂字》30种。除此之外，作者还介绍了"习字所用之帖本"，其中包括《上大人》仿影、《四时读书乐》《诗品》《四体千字文》《四体百家姓》《四体三字经》和《草诀百韵歌》。虽然其中具体的划分，可议之处较多，只能是作者的一家之言，但这种做法，还是很有意义的。它至少告诉我们，什么样的蒙童课本流传得广、应用得普遍，什么样的蒙童课本较为罕见或少用。

这篇文章最令人感兴趣的地方，是篇末所附的"本文参考资料目录"。在这份目录所列的143种书中，大多数是作者所要论述的蒙童所用之课本。在这篇文章的"结论"部分，作者有这样的一番话："本文拉杂成篇，若谓考证，则自愧腹俭；且近半月中，又收得资料不少，前半篇既经刊载，无法索回，后半篇着笔至此，若尽行将新材料增入，又恐非短时间所能完卷，只得暂为割爱，待将来得暇再行添足矣。"由此我们可以断定，作者所谓又得的不少资料，既不能增入前篇，又不能全部写进后篇，必然将其中的一部分列入这份目录。这就使得这份目录有比正文更加可贵的价值。事实上，这份目录所列的许多童蒙课本，比如其中众多的杂字、从《四千字文》《五千字文》一直到《一万字文》等，都是较为稀见的蒙学读物。

1941 年，上海震旦大学出版了著名学者胡怀琛的《蒙书考》。这是有关蒙学读物研究的第一部专著，可惜我们没有能找到此书，据张志公先生介绍，它开列了约 100 种所知所见的蒙书，辑录了几十条有关的资料。

这一时期，从事传统蒙学研究并取得值得注目成果的，还有王国维、王重民和余嘉锡。

王国维在蒙学研究上的成果，主要体现在为蒙书题跋作序，其中包括《〈史籀篇疏证〉序》《〈仓颉篇〉残简跋》《校松江本〈急就篇〉序》《唐写本〈太公家教〉跋》《唐写本〈兔园册府〉残卷跋》《重辑〈仓颉篇〉自序》等。这些序跋都收录在《观堂集林》中。和王氏的其他论著一样，这些序跋考证精审，有很高的学术价值。如在《〈史籀篇疏证〉序》一文中，他对《史籀篇》的作者、成书时代、字数、体裁和字体，都提出了完全不同于前人的意见，而且论据充分，结论可信。如他不同意此书的作者是周宣王时期太史籀的说法，并指出了造成这一错误的原因。王国维认为，《史籀篇》篇首一句应该是"大史籀书"，后来的人取篇首的二字，为这部书命名。"籀"即"读"，在古代，读书是史官的职事。"大史籀书，犹言大史读书"，汉人不审，"乃以史籀为著此书者之人"。历代之所以信从汉人的说法，是因为"不知大史籀书，乃周世之成语；以首句名篇，又古书之通例"。[①]

王重民先生主要从事敦煌文献的研究，其中也涉及众多的敦煌蒙书。在所著《敦煌古籍叙录》中，介绍了《百行章》《兔园策府》《李氏蒙求》几种敦煌蒙书。王先生对蒙书研究最有代表性的成果，是对《太公

---

① 王国维：《观堂集林》卷五，中华书局 1959 年版，第 253 页。

家教》的成书和流传过程所作的考证。关于《太公家教》的作者，宋代的王明清说"太公者，犹高曾祖之类。"王国维因书中有"太公未遇，钓于渭水"，而认可太公是指"渭滨之师臣"的传统说法。王重民先生认为，这些推测都不够确切。实际上，《太公家教》出自《六韬》，人们"从《六韬》里取出一些最有进德之助的嘉言，来用作童蒙读本。"① 作者还进一步指出，《太公家教》是中唐到北宋初年最盛行的一种童蒙读本，11 世纪以后，流行程度渐渐减低，仅限于中国的北部和东北部，宋元时期，被翻译成了女真文本，后来又有了满文本。而汉文本的《太公家教》，则在 16 世纪亡佚了，直到敦煌石室的发现。王先生观点新颖别致，但多推测的成分，可备一家之说。

在《四库提要辨证》中，余嘉锡先生就《急就章》《续千字文》《蒙求集注》三部童蒙读物，指正了四库馆臣的错误，补充了四库馆臣不详的问题。余先生还特别指出，《四库全书》漏收最基本的蒙学读物很不应该。"且今日现存古小学书无复字者莫如《千字文》，何为反不著录乎？若谓其文不古奥，此自是时代为之，使出于西汉扬雄辈之手，易之以艰深之词，则雅且奥矣。推《提要》之意，或者以其为世所通行，与《三字经》同鄙为俗书耶？然此自是古今名作，不独非《百家姓》所能及，亦高出乎李翰《蒙求》之上。乃二书一收一不收，反复求之，不得其解，即《三字经》不著录，亦无理可说也。"② 余先生的《内阁大库本碎金跋》一文，根据其中所记地理和职官名称，认为世所流行的《明大字本应用碎金》成书于洪武四年，而内阁大库本《碎金》则是永乐初年修改洪武本而成。在该文中，作者还把《三仓》和《急就篇》之后的传统蒙书分为三大类。一是源出于周兴嗣《千字文》的字书，这是"《三仓》《急就》之嫡嗣，小学之正宗"；二源于李翰的《蒙求》，这是"《三仓》《急就》之别子，小学之支流余裔"；三是源于《太公家教》的格言，这是《三仓》《急就》体裁的推广，小学的滥觞。通过这番说明，作者指出："世儒不明斯义，独以《尔雅》《说文》《切韵》等书蒙小学之名。于是蒙求、格言之属乃无类可归，或入类书，或入儒家，甚且薄视之，以

---

① 王重民：《敦煌古籍叙录》卷三，中华书局 1979 年版，第 221 页。
② 余嘉锡：《四库提要辨证》卷二，中华书局 1980 年版，第 102—103 页。

为俗书不著于录，非所以辨章学术也。"①

1949 年之前，收藏传统蒙学读物的单位，则以中华书局图书馆所藏最为丰富。1947 年 5 月，上海儿童读物研究会曾借中华书局图书馆所藏，在新闸路小学举行过展览。观看过这次展览的葛承训，曾就其中的绘图识字课本，写成了《清季绘图识字课本》一文，发表在《中华教育界》复刊第 2 卷第 20 期上。文中介绍的蒙学课本只有《澄衷蒙学堂字课图说》《私塾改良识字课本》《千字文》《最新绘图四言杂字》《最新绘图六言杂字》《最新改良绘图七言杂字》6 种。中华书局图书馆所藏的全部这类读物，我们在《基本教育展览目录》中的《教科书以前的童蒙读物》这一部分可以得见。

《教科书以前的童蒙读物》一文，收录在张静庐所辑的《中国近代出版史料》（初编）中。严格说来，它不是一篇文章，只是一份目录。其中有不同版本的《三字经》4 种、《百家姓》2 种、《千字文》3 种、《女儿经》2 种、《千家诗》6 种、《神童诗》3 种、《幼学》5 种，此外还有童蒙普通读物 10 种、诗歌体读本 3 种、史地知识读本 8 种和故事书及杂字 9 种，合计 52 种。这份目录因为有原书作根据，所以除李元度辑的《小学弦歌》之外，其他每一种都标明版本。这些读物，基本上都是清末民初的刊本，其中以南京李光明庄的刊本为最多，52 种中的 28 种都是由它出版的。

四　1949 年至 1980 年的蒙学研究

1949 年至 1980 年 30 年间，对传统蒙学及蒙学读物的研究相对沉寂，很少有这方面的研究成果问世。有一些文章中涉及这方面的问题，如杨宽在《我国古代大学的特点及其起源》② 中，曾论及古代贵族儿童教育的三个阶段；杨讷在《元代农村社制研究》③ 一文中，以"余论"的形式说了说元代社学的情况，但都极为简略。这一时期专门研究蒙学的成果数量

---

① 余嘉锡：《余嘉锡论学杂著》，中华书局 1963 年版，第 606 页。
② 杨宽：《古史新探》，中华书局 1965 年版，第 198 页。
③ 见《历史研究》1965 年第 4 期。

虽然不多，但质量都很高。这里，必须介绍以下两种：

一是瞿菊农 1961 年在《北京师范大学学报》（社会科学版）第 4 期上发表的《中国古代蒙养教材》。在这篇文章中，作者将中国传统蒙养教材的发展分为三个阶段。第一个阶段是从周秦到唐末，这一时期蒙养教材的内容，属于综合性的居多。在识字课本中，既灌输道德思想，又介绍一般知识。第二个阶段是北宋至清中叶，这一时期的蒙养教材，有分门专写的倾向，关于道德教育、历史故事、典章名物、诗词歌诀渐有专书。第三个阶段从清中叶以后，到新学校和新教科书的出现，这一时期已经是近代，蒙养教材的发展处在一个过渡阶段。接着，作者着重介绍了第一个阶段和第二个阶段一些重要的蒙养教材，如《急就篇》《弟子职》《太公家教》《千字文》《百家姓》《李氏蒙求》《三字经》《弟子规》《名贤集》《增广贤文》《性理字训》等。作者的目的，是为古代的蒙养教材，"找出一些线索，收集一些资料。所举教材，只是举例或者把较为重要的教材介绍出来。宋以后的教材，因文字较繁，未能细加分析，评价原书，实在是很大的缺点"。作者的这番话，说明了这篇文章的特点。据笔者所知，作者为了写这篇文章，花了很多的功夫收集资料，并有一些青年教师协助。北京师范大学教育系教育史教研室所编的《中国古代蒙养教材选辑》和《中国古代幼儿教育资料选辑》的油印本，就是这项工作的支持性成果。

二是张志公先生高质量的研究成果。张先生是研究语文教学的，在他看来，要使当今的语文教育效果理想，就必须对传统的语文教学有足够的重视，挖掘出其中异常优秀的、超时间局限的东西，真正继承优秀的文化遗产，以为我所用，为今所用。至于他为什么要从历代的语文教材入手，他有这样的解释：

> 说实在话，研究历史上的语文教育，求之于教材往往比求之于史传记载的章程、条例更可靠可信一些。教材是实际使用的，而其余则往往是作出来的文章，说得头头是道，但与实际不见得相符，回顾清末的《奏定学堂章程》以及随后相继而起的"课程纲要""课程标准"之类，就都说得言之成理，但实际的教育教学与之出入很大，大多是各学校各教师各行其是。
>
> 古今中外，语文教材对社会的发展变化最为敏感。它反映产生它

的社会背景，包括文化传统、风土习俗等等，反映当时社会主导的思想意识，以及教育观点、教育政策，可以说语文教材是语文教育、思想教育、知识教育的综合性教育读物。语文教材充分体现本国母语的特点，使得思想教育、知识教育以及语文教育便于为儿童、少年所接受。语文教材又受母语特点的制约，如果使用教材得法，语文教材又会起到规范语言，纯化语言，促进语言发展的作用。所以研究教材的意义很大，收获会是多方面的。①

张先生这里所说的历代语文教材，实际上就是我们要探讨的蒙学读物。

1962 年 10 月，上海教育出版社出版了张先生所著的《传统语文教育初探》一书。这部著作的影响是如此之大，又是如此受读者欢迎，以至 30 年来多次重印。其间作者也孜孜以求地不断修订增补。1964 年重印时，作者就有 10 多处的修改。1979 年再印过一次，作者的增订意见借《重版题记》得到说明。1991 年广东教育出版社出版《张志公文集》时，此书也自然收录其中。1992 年 12 月，上海教育出版社又出版了此书"改动幅度相当大的一个新版本"，除了增加书影之外，作者对全书内容的编排也作了一些调整，增加了论的地方，精简了述的地方，以前遗漏之处也作了补充。原作为附录的《蒙学书目稿》，在经过调整和补充之后，改名《蒙学书目》，成为独立的一部分。书后还附录了作者颇具功力的两篇论文。全书的书名也被改为《传统语文教育教材论》。

由于作者是从语文教育的角度着手进行研究的，所以此书论述中国传统蒙学读物，就与其他有关的论著不大相同。作者将我国古代的蒙学读物分为"初期识字教育与写字训练""识字教育与思想教育、知识教育相结合""初步的读写练习""进一步的读写训练"四类分别予以介绍。第一部分介绍的是从《急就篇》经《三》《百》《千》和《开蒙要训》到各种杂字的识字读本。第二部分介绍的是有关道德教育、逸闻掌故、历史知识、各科常识和书法训练的蒙学读物，其中有关道德教育的读物又分为儿童守则、妇女守则和格言谚语 3 类。第三部分介绍的是有关散文故事、各

---

① 张志公：《传统语文教育教材论》，上海教育出版社 1992 年版，第 3 页。

体诗歌、韵对和语文知识的读物。第四部分介绍的是古文选本和八股文的情况。对于每一部书，作者非常重视它在实际教学活动中的优点和缺点，在前两部分，作者还用专门的章节，总结了这一类读物在教学过程中的成功经验和存在的问题。

《蒙学书目》凡分 21 类，编录图书共有 585 种。这是学术界最早也最完备的一份蒙学书目。目录以表格的形式，分列书名、撰（注）者、著录和版本 4 项，一目了然。所著录的蒙书，凡是亲眼所见或确知有现存版本的，就注明版本，凡是未见或判断不确的，就说明著录依据，颇便进一步考察。整个目录的分类，虽然多有可议之处，类目的名称，也不尽确切，但这样的尝试，为后人进一步的研究工作指示了方向，筚路蓝缕之功不可没。

全书之后的书影，一直格外受读者的欢迎，所以各个版本都保留了这一部分内容，并且逐渐增加，直至 64 幅。由于蒙学读物过去只被当作小孩子的课本来看待，藏书家和图书馆都不大注意收藏，所以这类文献散失得很严重，收集起来极不容易。即使是大的图书馆，也难窥全豹。作者将自己辛勤收集来的蒙学读物，选择有代表性的部分，通过书影的形式展示给读者，尽管为作者个人的收藏所限，入选的书影并不全都精致，但它为研究者提供了进一步搜寻的线索，提供了比较对照的机会，也为一般的读者了解传统蒙学读物的样式、加深感性认识提供了方便。

总的说来，张志公先生的《传统语文教育教材论》一书，是迄今为止有关传统蒙学读物最权威的研究成果。它有对众多蒙学读物详尽的介绍，有较为完备的蒙学书目，还有可观的蒙书书影；它有述有论，既有对某一特定蒙学读物利弊得失的分析，也有对某一类蒙学读物成败优劣的探讨，更有对整个启蒙教育成功经验和存在的问题的总结。其中提出的许多问题，都值得我们重视，即使是在页下注的注释中所提出的诸多问题，如对王相、李光明庄研究重要性的说明，都不容忽视。

有必要指出，在"文化大革命"期间的"批林批孔"运动中，为了批判孔子的需要，出版了大量的"供批判用"的所谓"几份宣扬孔孟之道的材料"。如人民出版社 1974 年 9 月（第二版）出版的一本同名小册子，就收录了《三字经》《千字文》《名贤集》《弟子规》《二十四孝图说》《朱柏庐治家格言》《改良女儿经》《神童诗》8 种传统童蒙读物。笔者收藏的另一本没有注明出版单位的《批林批孔资料》（1974 年 8 月），分两部分。第一部分收录有《三字经》《女儿经》《增广贤文》和《千字文》，而第二部分则收录有《弟子规》《名贤集》《闺训千字文》和《神童诗》。另一本《几份宣扬孔孟之道材料的批注》，是专供军队批判之用的，其中对《三字经》《千字文》《名贤集》《增广昔时贤文》《朱柏庐治家格言》《闺训千字文》《改良女儿经》《神童诗》《弟子规》《二十四孝图说》10 部"宣扬反动没落阶级意识形态孔孟之道的大毒草"逐一批注，批注选择有针对性的内容进行，包括原文、注释和批判。批注之后，附有全部 10 部蒙书和《小儿语》的全文。这些所谓批判材料的出版，在那个很少有有价值书读的年代，实际上为对传统文化了解不多的青年，提供了一份精神营养，引起了他们对传统蒙学读物的重视，人们阅读的不是言不及义的批判，而是简练精辟的原文。另外，也为今后一个时期的蒙学读物的热销，奠定了基础。20 世纪七八十年代的地摊上，这类读物非常流行。岳麓书社在筹备出版选题的时候，正因为注意到湖南出版界以前的出版物中，以传统蒙学读物印数最多，因此有了《传统蒙学丛书》的出版和风行。

五 新时期的蒙学研究

1980 年以来，传统蒙学读物的出版极为繁盛。由于十分受大众欢迎，这类读物出版的品种很多，或丛辑，或单篇，或加注释，或作翻译，或意在齐备，或旨在辑要，或为普及之用，或为研究之需，林林总总，不胜枚举。而且，这类读物几乎都无一例外地印刷量大，行销广，即使是在所谓的出版不景气、多家出版社竞相出版以至形成多头撞车的情况下，这类读物依然十分畅销。无论质量好坏、卷帙大小、定价高低，一般印数都在万册以上，并且每多重印，一本书印刷数达到十万册的并不在少数。如岳麓书社 1986 年出版的《幼学琼林》，开机就印刷了 25 万册；上海古籍出版社 1988 年印行标点本《三》《百》《千》，在 7 个月内 4 次重印，发行近 20 万册；岳麓书社的《三字经》在 1986—1997 年间重印 10 次，发行达 83.5 万册。在大量出版的蒙学读物中，虽然颇多粗制滥造之作，但也有不少严肃认真和有意义的工作。

　　由喻岳衡先生主编、岳麓书社出版的《传统蒙学丛书》，是众多的蒙学读物中出版最早、持续最久、卷帙最多、影响最大、用功最深、质量最高的一种。全套丛书都有周谷城先生的总序，每一册都有主编或专家学者的前言。读者从中既能获得对整个中国传统蒙学读物的总体认识，也能对某一具体的读本有一个详细的了解。所用的底本，出版社经过了多方面的搜求，尽可能地择善而用，编校也还精良。总之，这是一个可信赖的读本。这套丛书从 1986 年开始出版，十多年间，出版了 10 多册 30 多个品种，其中 1997 年统一封面、整齐版式、同时印刷的就有《三字经》《百家姓》《千字文》《千家诗》《唐诗三百首》《幼学琼林》《龙文鞭影》《重订增广》《声律启蒙》《五字鉴》10 册。据笔者所知，这套丛书还包括《读书作文谱》《千金裘》《捷径杂字·包举杂字》等。值得注意的是，在出版《传统蒙学丛书》的同时，岳麓书社还组织出版了《新蒙学丛书》，如《新声律启蒙》《新幼学琼林》等。

　　笔者也编辑过一套《蒙学辑要》，由山西教育出版社 1992 年 3 月出版。全套辑要包括《蒙学便读》《蒙学歌诗》《蒙学须知》和《蒙学要义》4 册。大体说来，《蒙学便读》所收录的 16 种和《蒙学歌诗》所收录的 26 种主要是蒙学课本，《蒙学须知》所收录的 13 种，是有关蒙童学规、学则和道德礼仪方面的文献，《蒙学要义》所收录的 19 种，则是有关训蒙意义和方法的文献。此外，《便读》和《歌诗》之前所冠的《中国传统启蒙教材概观》一文，对我国传统蒙学读物的发展变化和类型特征有一个综合性的论述。《须知》前所冠的《中国传统蒙学述评》，则对传统蒙学的重要性、训蒙的内容和方法作了说明。《要义》后所附的《中国传统蒙学论著目录（初稿）》，视其内容性质、据其撰著体例，并兼顾数量的多少，分为 12 类，共著录蒙学读物 1300 多种。其中有漏收和滥收的内容，但这个书目，是迄今著录数量最多的蒙学书目。

　　自 20 世纪 90 年代以来，笔者以训诲劝诫文献作为自己的主要研究课题，蒙学作为训诲劝诫文献之一，是精力投注较多的领域。笔者在这方面的主要成果还有以下论文和著作：

　　《元代的蒙学》，《北京师范大学学报》（社会科学版）1992 年增刊。

《"蒙学热"透视》，《中国典籍与文化》1992 年第 3 期。

《〈二十四孝〉研究》，《北京师范大学学报》（社会科学版）
1995 年增刊。

《历史类传统童蒙读物的体裁和特征》，《史学史研究》1997 年
第 1 期。

《〈百家姓〉的改编及其原因》，《文史知识》1998 年第 2 期。

《〈千字文〉的流传及其影响》，《中国典籍与文化》1998 年第
2 期。

《〈千字文〉的续作及其改编》，《中国典籍与文化》1998 年第
3 期。

《清代以前的启蒙教材》，《文史知识》1999 年第 1 期。

《清代启蒙教材述要》，《文史知识》1999 年第 3 期。

《传统启蒙教育的使命——朱熹的论说》，《中国书院》第 5 辑，
湖南教育出版社 2003 年版。

《塾师的社会地位和社会形象》，台湾《国文天地》第 20 卷第
3 期。

《传统学塾中塾师的辛酸苦痛》，《中国典籍与文化》2004 年第
4 期。

《蒙学读物的历史透视》，湖北教育出版社 1996 年版。

其中既有点的研究，也有面的论述；有的单涉一朝，有的论及历代；
既有论文，也有专著。可以说，笔者是 10 余年来，蒙学研究成果较为集
中的研究者。

进入 20 世纪 90 年代以后，蒙学读物的出版逐渐沉寂，而蒙学研究进
一步深入。传统启蒙教育的研究，逐渐从持续了很长时间的"蒙书热"
中走出来，正在克服仅重教材而轻其他的偏失，以及教材中又仅重韵语体
的教材而轻其他的偏失，可以说蒙学研究正在一步步走向深入。

近十年来，很多人把蒙学研究作为自己的学位论文，如华东师范大学
池小芳的博士论文《明代小学教育研究》（作者在该文的基础上，写成了
《中国古代小学教育研究》一书，1998 年由上海教育出版社出版）、北京
师范大学施克灿的博士论文《明代社学研究》、首都师范大学王艳香的硕

士论文《明清时期童蒙读物中的历史教育初探》、华中师范大学梅蕾的硕士论文《简论隋唐童蒙教育文献的特点和源流》等等，这既表明蒙学研究在走向深入，也预示着蒙学研究今后将有更多新人加入和更多的研究成果出现。

有必要特别介绍一下北京大学哲学系陈来博士发表的一篇题为《蒙学与儒家世俗伦理》① 的论文。这篇文章认为：中国文化的价值结构体系有两种，一是少数圣贤经典中记载的理想的价值体系，二是一般民众生活和日常行为所表现的实际价值取向，简单地说，也就是世俗儒家伦理和精英儒家伦理。作者认为：世俗的儒家伦理和精英儒家伦理不同，它主要不是通过儒学思想家的著作去陈述它，而是由中下层儒者制定的童蒙读物形成并发生影响的。这种通俗儒家伦理读物的内容，并非简单认同现实的世俗生活，而是体现为家族主义、个人功利与儒家道德伦理的结合，在宋以后的中国历史上，在民众中流传极广。作者的意思归纳起来说，有这样几点：一、在正统的儒家文化之外，有一个民间文化或世俗伦理的存在。二、这个世俗伦理和民间文化有更广大的民众信奉，有更加深厚的群众基础。三、与圣经贤传中所表达的理想的价值体系不同，世俗伦理和民间文化反映的是百姓日常生活的实际。四、在儒家正统文化与民间文化之间，在世俗儒家伦理与精英儒家伦理之间存在着一定距离、一定差别，这种距离和差别特别体现在民间文化或世俗儒家伦理有很强的家族主义倾向和功利主义传统。五、民间文化或世俗儒家伦理是中下层儒者制定的童蒙读物形成的；推而广之，"在中国文化中，中下层儒者实施的蒙学教育才是伦理教化的直接活动"。由此可见，传统童蒙读物与传统文化之间有着深切的关系。

这篇文章还用很大的篇幅阐述了蒙学读物中所蕴含的价值，诸如克制与自我约束、勤俭与惜时、孝悌、善恶与福报、功利与成就等。作者的目的是要说明，韦伯所说的资本主义精神，也就是"一种要求伦理认可的确定的生活准则"，一种已被合法化的、对人会产生心理约束的规范，在中国也有。韦伯创造性地强调，在规范研究方面应当区分专家宗教与大众宗教，区分官方教义与现实生活，把宗教伦理的理想与信徒生活实际所受

---

① 袁行霈主编：《国学研究》第3卷，北京大学出版社1995年版，第27—60页。

的影响区别开来，但遗憾的是，对中国问题的研究，他没有能贯彻这一方法。他用了福兰克林给中下层大众所写的著作、清教徒的宗教小册子和训诫如《劝世文》《良心问题汇编》《基督教指南》来研究基督教文化，并发现了其中的资本主义精神，但他没有用儒家文化中同一层次的材料、用传统童蒙读物来研究中国文化。因此，韦伯说儒教"所代表的只不过是给世上受过教育的人一部由政治准则和社会礼仪规则所构成的巨大法典"，就只能是一种以偏概全的说法。这一论断只适合儒家的精英文化，即由贡生、举人、秀才、进士以及及第后任职的官僚所组成的文化群，而更多的由传统蒙学教育的对象如田夫牧子、村姑里妇所受的教育，其目的并不是科举及第，而只是识字学文化，这一教育所提供给他们的也不是堂皇的国家法典，而是日用伦常。并且他所谓的"中国不发生资本主义的决定性原因，与其说是制度的，不如说是心态的"，也是成问题的。总而言之，韦伯在有关中国问题研究中的错误结论，都是他只就儒家精英文化立论，而忽略了儒家世俗文化，也就是忽略了体现这一文化的传统童蒙读物。而传统的童蒙读物，不仅对于理解中国人的行为方式和心理机制，具有独立的学术意义，而且对于解释东亚以及中国的现代经济发展方面，也能提供若干背景和启示。陈来博士的这篇文章，除了说明童蒙读物与传统文化之间深刻的关系之外，也为童蒙读物的研究打开了一扇豁然开朗的窗口。

在我国台湾和香港地区，近年来有关传统蒙学的研究，也取得了可观的成果。台湾师范大学教育系周愚文教授在他的博士论文《宋代儿童的生活与教育》中，对宋代6种主要蒙学教材作了较深入的研究。周教授还在前人研究的基础上，对唐代重要的童蒙读物《太公家教》做了非常仔细的校勘。

台东师范学院儿童文学研究所林文宝所长的《历代启蒙教材初探》①，简略介绍了包括《千字文》《开蒙要训》《蒙求》《太公家教》《兔园册》《诵诗》《杂抄》《三字经》《百家姓》《神童诗》《千家诗》《二十四孝》《新编对相四言》《朱子治家格言》《日记故事》《幼学琼林》《龙文鞭影》《唐诗三百首》《昔时贤文》《女儿经》和《弟子规》

---

① 林文宝：《历代启蒙教材初探》，万卷楼图书有限公司1997年版。

在内的 21 种启蒙教材。其中辅有大量的插图。从各章后的注释和本书的第一章《前言》中，我们可以对台湾地区传统蒙学研究的情形有一个大致的了解。

敦煌文献中的童蒙读物研究，是传统蒙学研究一个比较集中的领域。《敦煌蒙书研究》后附的《敦煌蒙书研究论著目录》，著录这一领域的研究成果多达 94 项。除了众多的研究论文之外，还有一些专著。如汪泛舟编著的《敦煌古代儿童课本》①，对《开蒙要训》《百行章》《太公家教》三部敦煌蒙书作了整理、注解和研究。对敦煌蒙书研究的集大成之作，当属于台湾学者郑阿财、朱凤玉的《敦煌蒙书研究》②。郑、朱二先生长期从事敦煌蒙书的研究，发表了大量的相关成果，在《敦煌蒙书研究论著目录》中，收录有郑先生的成果 8 项，朱先生的成果 11 项（另有合作翻译 1 项）。两人研究敦煌蒙书的成果，都体现在该书中。

《敦煌蒙书研究》全书 5 章，第一章《绪论》对蒙书的定义和发展、敦煌蒙书的分类作了说明，末章则对敦煌蒙书的特质和价值提出了自己的意见。全书的核心内容，是分三章系统介绍了敦煌写本中识字类、知识类和德行类三类蒙书。识字类蒙书包括《千字文》《新合六字千文》《开蒙要训》《百家姓》《俗务要名林》《杂集时用要字》《碎金》《白家碎金》和《上大人》9 种；知识类蒙书包括《杂抄》《孔子备问书》《蒙求》《古贤集》和《兔园策府》5 种，附带又介绍了《九九乘法歌》；德行类蒙书则介绍了《新集文词九经抄》《文词教林》《百行章》《太公家教》《武王家教》《辩才家教》《新集严父教》《崔氏夫人训女文》《夫子劝世词》和一卷本的《王梵志诗》10 种。对于每一种读物，往往分前言、写本概述、录文、内容性质、体裁形式、撰写或抄写时代、价值和影响、渊源和流传等逐一论述。由于作者长期从事这一论题的研究，因而材料翔实可靠，论点平实可信。

香港商务印书馆的张倩仪女士，从当代时贤约 180 篇（部）的自传和回忆录中，梳理出传主们童年生活的记录，包括教育、家族、环境、游戏和工作、前途、价值观、宗教和女性等内容，写成了《另一种童年的

---

① 汪泛舟：《敦煌古代儿童课本》，甘肃人民出版社 2000 年版。

② 郑阿财、朱凤玉：《敦煌蒙书研究》，甘肃教育出版社 2002 年版。

告别——消逝的人文世界最后回眸》① 一书，其中特别是几乎占全书三分之一的《教育篇》，以多达 23 题的篇幅，对 19 世纪末 20 世纪初的人们接受传统启蒙教材的情形作了生动地论述，"如实活现了中国传统社会流传有绪、行之久远的童年生活形态及终经西风美雨的洗礼而一去不可复返的历程"。

六　蒙学研究中存在的问题

对我国传统蒙学特别是蒙学读物研究的成果还有很多，难以一一举列。尽管已有的成果不少，但相对于内涵丰富、影响深远的传统蒙学和形式多样、数量繁富的蒙学读物来说，还是远远不够的。特别是以往的研究从总体上来说，存在着以下问题：

第一，对传统蒙学读物作为一个整体缺乏研究。以往的研究，大都集中在对单一蒙学读物的介绍上，即使介绍多种乃至数十种，也不过是单一介绍的拼盘，其间没有有机的联系。研究者或者是受研究角度的限制，或是受研究水平的限制，或是受资料、时间等条件的限制，对中国传统蒙学读物发展变化的阶段、各阶段的特征、形成这一特征的社会文化原因等宏观的问题缺乏研究。这不仅使读者在这里只能见到树木而见不到森林，而且，这样的研究也极大地局限了研究者的眼界，阻碍了研究的深入。

第二，一些文章虽然突破了个别蒙学读物的研究，力求把蒙学读物作为一个整体来对待，或者是从一个特定的时代着眼，或者是从特定的类型上考虑。但这类研究主要是对蒙学读物作类型上的划分，流于平面化；对某个时代的童蒙读物作甲乙丙丁的论列和泛泛介绍，流于表面化，实质上是个别介绍的集合。这些研究很少论及某个具体读物或特定类型读物的发展演变及其特点：它的渊源，类型特征，历代的注释、续作、改编以及流传和影响。

第三，现有的关于传统启蒙教育的研究，还停留在对蒙学文献进行研究上，而对蒙学文献研究，基本上停留在蒙学教材研究阶段，即使对传统

① 张倩仪：《另一种童年的告别——消逝的人文世界最后回眸》，台湾商务印书馆 1997 年版，商务印书馆 2001 年版。

启蒙教材进行研究，也存在着重韵语体裁教材而轻其他的偏失。

第四，蒙学文献之外传统启蒙教育的广阔领域，诸如古人对训蒙意义的认识、学塾的兴办和建立、学校的名称和类型、私学和官学的异同、教学的组织和管理、塾师的选聘和辞退、塾师的待遇和收入、塾师的社会地位和社会形象、塾师的业余活动和社会工作、启蒙教育的方法、近代化过程中传统启蒙教育的蜕变、传统启蒙教育的利弊得失等问题，至今很少有人涉及，更少见有价值的研究成果。

对传统蒙学读物缺乏深层次的研究，其中最典型的表现是，由于极少研究专著，研究成果的表现形式主要是专题论文。受篇幅和表述形式的影响，许多问题都不能展开论述，特别严重的是，大多数成果都集中在对常见的几种蒙学读物的介绍上，这种在最表浅层次上的热闹和繁荣，实际上掩盖着这一领域研究的肤浅。或许我们可以从另一个角度看待这一问题，正是由于研究的肤浅和不深入，我们才缺少有一定篇幅的专著，而只能以卷帙单薄的单篇文章的形式出现。

所以，无论是面上的宽广，还是点上的深入，我们都还有很多的工作要做。迄今所有有关传统启蒙教育的研究成果，是我们必须珍视的宝贵遗产，也是我们研究工作的基础和出发点。就像我们不能对他们求全责备一样，我们也不能就此止步，停滞不前。

七　今后一个时期传统蒙学的研究任务

传统启蒙教育的研究内容广泛，论题众多，不同的研究者完全可以根据自己的喜好，在这个领域找到适合自己兴趣的研究对象，为传统启蒙教育的研究做出自己的贡献。为了把传统蒙学研究引向深入，我们认为，在已有研究成果的基础上，今后一个时期，传统蒙学的研究有必要在以下两个方面特别努力。

第一，编制一份完备、翔实的《传统蒙学书目》。

目录特别是专题目录，是从事学术研究最有效、最必要的工具。它不仅提供了相关研究领域文献的具体数量，而且为进一步的查找资料提供了线索，是研究工作的起点和基础。目录的编制工作，本质上是一项摸清家底的工作，是一项确立该研究领域边界范围的工作。

现有的蒙学书目主要有四个，一是收录在《传统语文教育教材论》中、张志公先生所编的《蒙学书目》，二是附录在《蒙学要义》后、笔者所编的《中国传统蒙学论著目录（初稿）》，三是构成《另一种童年的告别·没有一个字相同的教科书》一部分、张倩仪女士所编的《蒙学书简介》和《非汉族识字书或蒙学书》，四是《中华蒙学集成》后的主编韩锡铎先生所编的《知见存本蒙学书目》。这四部目录，对引导人们查找相关文献，提供线索、方便学人、节省时间，曾起过重要作用。但是，它们都存在着程度不同的漏收和滥收的问题，有一些问题还很严重。没有目录固然不行，目录编制得不科学也不行，因而有必要在现有目录的基础上，重新编制一份内容完备、材料翔实、在学术界具有一定权威性质的《传统蒙学书目》。

《传统蒙学书目》的编纂，应以收罗完备为主要目的。除了蒙学教材之外，也收录其他相关文献，如有关蒙学意义、方法等的文献。收罗完备的另一层意思，是指将现在仍存和已经遗失的文献一并收录。现存的注明版本，一些稀见本进一步注明收藏单位。已逸的则注明著录依据，凡见于历代正史艺文志、各省通志府和州县志、藏书目录题跋以及文集、笔记和其他文献者，均予采录。

《传统蒙学书目》的编纂，要注意材料的详实。可以仿胡文楷《历代妇女著作考》和谢国桢《增订晚明史籍考》之例，尽可能多地收集序跋和后人的相关论述，尤其要注意收录那些能证明其蒙学著作性质的论述。一以表明自己收录的依据，再则为研究者提供尽可能多的材料。

《传统蒙学书目》的编纂工作，可按以下步骤进行：

查阅正史艺文志或经籍志。

查阅古今各种公私藏书目录。

查阅地方志中的经籍或艺文部分。

查阅历代文集中的序跋。

查阅历代笔记和其他相关文献。

在按上述步骤进行普查工作的基础上，再按特定的体例分类辑录相关资料。必要时，对不同的说法进行考证，疑似之处，纠合相关文献给出结论，明显的伪误，也有必要辩证。

第二，开展对蒙学文献之外蒙学其他领域的研究。

相对而言，学术界对蒙学文献的研究要充分一些，特别是对蒙学教材，尤其是那些形式上整齐押韵的教材的研究要充分一些，而对文献之外蒙学的其他领域较少涉及。为了把蒙学研究引向深入，有必要弥补这个薄弱环节。这个环节主要包括以下要素：

总论：古人对传统启蒙教育重要性的认识，传统启蒙教育的效果，传统启蒙教育与传统文化的关系，研究传统启蒙教育的意义。

学塾：学塾的类型，学塾的名称及历代的变化，学校数量，校舍建筑，组织形式等。

管理：国家有关的政策和法令，学校的建立、改建及重修，东家的财力及建学动机，学校的财产、经费及其使用，选聘和辞退师儒的机制，对师生的考课及奖惩。

塾师：塾师的资格和要求，塾师的待遇和收入，塾师的延请和辞退，塾师的社会地位和社会形象，塾师的业余活动和社会工作，塾师和东家、学生的关系，近代社会中塾师的变化等。

学生：学生的资格，入学的年龄，学生的人数，学习的费用，学生的升级和升学，学生的出路等。

内容：从以往讨论历代编纂了什么样的启蒙教材，转向探讨历代最常用些什么教材，这是一个全新的问题。

教法：顺应天性，因材施教；宽严相节，宽猛相济；量资循序，少授专精；识字为先，目标单一；先记后讲，逐步深化；寓教于乐，爱养活机，以及死记硬背、严厉体罚等。

余论：传统启蒙教育的利弊得失。如全社会对启蒙教育的高度重视，在教材编纂上类型多样，形式灵便，在教育方法上充分照顾儿童年龄和生理的特殊性，提倡顺应其天性而施教，既不严督苛责，也决不放纵，以及以传授伦理道德为主，而相对轻忽各种知识。

现在从事传统启蒙教育的研究者还不是很多，力量很分散，交流不充分，信息不通畅。我们有必要以这次会议为契机，集合同道，多多交流，分工合作，将传统蒙学的研究提高到一个新的水平。

（原载《百年跨越——教育史学科的中国历程》，鹭江出版社 2005 年版）

蒙学热透视

一

中国历史进入 20 世纪之后，随着西学在中国社会文化生活中分量的加重，传统蒙学便逐渐走向衰落了。其中最典型的标志是，传统蒙学读物失却了自己原有的功能，将启蒙的课堂让给了全新的小学教科书，而走进了学者的书斋里，成了人们研究批判的对象或材料。

然而，20 世纪 80 年代中期以来持续至今的"蒙学热"，显然大大超出了学者研究批判的范围，而别有了大众欣赏凭吊的意义。或者说，正因为超出了学者研究批判的范围，而有了大众的介入，才出现了时下的"蒙学热"。

这场"蒙学热"首先表现为传统蒙学读物的大量出版。由于这类出版物太多，任何图书馆和个人都难能或尚未收藏齐备，以至我们不可能有一个详尽的统计。就其影响较大的来说，可以列举以下诸种：喻岳衡主编，岳麓书社出版的《传统蒙学丛书》；徐梓、王雪梅编注，山西教育出版社出版的《蒙学辑要》；乔桑、宋洪主编，吉林文史出版社出版的《蒙学全书》；汪茂和、蔡翔主编，知识出版社出版的《白话蒙学精选》；陆忠发等编译，浙江古籍出版社出版的《蒙学要览》；都政民、杨春霖主编，陕西人民出版社出版的《中国传统语言文化普及丛书》，以及三秦出版社出版的《中国传统蒙书集成》。三秦出版社出版的《中国传统文化丛书》，收录的也主要是蒙学读物。甘肃人民出版社出版了台湾学者李牧华编注的《传统文化启蒙丛书》。此外，夏初、惠玲编注，北京师范大学出版社出版的《蒙学十篇》；依然、晋才编辑，中国广播电视出版社出版的

《中国童蒙读物大全》；李修松编注，黄山书社出版的《昔时学童启蒙》；吴惚千编注，陕西人民出版社出版的《中国封建蒙学文化评述》等也行销颇广。其他单篇蒙学读物如《幼学琼林》《龙文鞭影》《千家诗》《唐诗三百首》《蒙求》等也有多家出版社出版。以上这些，或丛辑，或单篇，或加翻译，或加注释，或意在齐备，或旨在辑要，或为普及之用，或为研究之需，林林总总，不胜枚举。而且据笔者所知，很多出版社仍在组织人力编写或正在出版这类读物，如吉林人民出版社的《蒙学宝典》，中国少儿出版社的《蒙学精要》，沈阳出版社的《启蒙的读本·蒙学》，三环出版社的《蒙学通书》等。

　　"蒙学热"的另一表现是传统蒙学读物的印刷量大、行销广。尽管近一个时期，纯粹就一般书籍的印刷数量而言，出版可谓不景气，加上各家出版社竞相出版蒙学读物，形成多头"撞车"，但这类读物依然十分畅销。无论质量好坏、卷帙大小，定价高低，一般印数都在万册以上，而且每多重印。上海古籍出版社出版的吴蒙标校的《三字经·百家姓·千字文》，自 1988 年 12 月初版以来，迄止 1991 年 10 月，已重印 12 次，印数多达 74.55 万册，其简体横排本，仅 1991 年 1 至 10 月间，就重印 4 次，印数多达 22.2 万册。岳麓书社出版的《传统蒙学丛书》，有许多种印数都在 10 万册以上，其中有的多达 70 多万册。一位书摊主曾对笔者说："这类书（指蒙学读物）是我们的必备书，有多少就能销多少。"这话极贴切地反映了传统蒙学读物畅销的实情。

二

　　民国时期，虽然在一些乡村乃至大中城市仍沿用传统蒙学读物进行启蒙教学，但总的趋势是新式的小学教育越来越普及，"三、百、千"一类的教学不过是聊胜于无的权宜之计，传统蒙学日益走着下坡路。虽然许多书局如宏大善书局、明善书局、锦章书局、广益书局、老二西堂等也刊印过一些传统蒙学读物，但这类读物不过是众多"劝善之书"的一部分，没有形成蒙学读物的"一花独放"。虽然胡怀琛、王重民、向达等人曾刻意搜求过这类图书，常镜海、郑振铎等人也曾撰文介绍，并有上海儿童读物研究会一类的组织借中华书局所藏，在上海新闸路小学举行过展览，但这些都不过是少数学者和个别组织纯粹的学术活动，并没有引起全社会的回应，更没有造成持久的蒙学热。

1949 年以后，以张志公的《传统语文教育初探》及瞿菊农的《中国古代蒙养教材》为代表，我们对传统蒙学的研究在质量上上了一个台阶，但在社会上，这类读物的流传受到限制乃至被禁绝。"文化大革命"时期，这类读物首当其冲地被焚毁。在 70 年代前期的"批林批孔""评法批儒"运动中，对传统蒙学读物的批判是批孔、批儒的一个重要方面。为着批判的需要，当时曾内部出版印行了一批传统蒙学读物。有正式出版物，如北京出版社出版的《几份宣扬孔孟之道的材料》，也有非正式出版物，如笔者所藏的《批林批孔资料》（一）（二），以及北京图书馆柏林寺库 1974 年 7 月根据馆藏印行的《闺门女儿经》，更多的则是随文加以注释批判的小册子。这种批判资料的出版，使一部分人认识到了这是传统文化的重要载体。因而，在"四人帮"被粉碎后，中国历史走向新时期的黎明，旧时流传极广的《三字经》《百家姓》《千字文》《增广贤文》《名贤集》等在地摊上（那时尚未见正式的书摊）出现，并在社会上广为流传。时下的蒙学热正渊源于此。

20 世纪 80 年代中期以来持续至今的"蒙学热"，还与稍前或同时出现的"文化热"密切相关。

笔者认为：传统蒙学可以说是传统文化中最有代表性的方面，《四书》《五经》所表达的，不过是儒家认为"应该怎样"的道德理想；而蒙学读物相对说来，反映的则是传统文化"是怎么样"的实际。这期间，既有"但行好事，莫问前程""施恩不望报，望报不施恩"的纯粹出自自觉理念的行善，也有"万般皆下品，唯有读书高""满朝朱紫贵，尽是读书人"的功名利禄的引诱；既有"可以寄命，可以托孤，一临大节，死生不渝"的见义勇为，也有"见事莫说，问事不知，闲事休管，无事早归"的明哲保身。因而，这些旧时教孩子们的小玩意儿，比起那些堂皇的儒家经典来，能更真切具体地体现中国传统文化。

通过对历代蒙学读物发展变化的回溯，我们更加坚信这一结论：

唐以前，儒、释、道三教鼎立，任何一教都不具有绝对的垄断地位，启蒙教育也处于起步阶段，并以识字为主。人们学的是"宋延年、郑子方、卫益寿、史步昌"以及"天地玄黄，宇宙洪荒，日月盈昃，辰宿列张"之类。宋以后，理学兴起，所谓的"道统"得到强调，人们接受启蒙教育，读的便是"人之初，性本善，性相近，习相远"。清以后，儒家伦理越来越僵化，要求也更加严格，所谓的"弟子规，圣人训，首孝弟，次谨信。泛爱众，而亲仁，有余力，则学文"也就风行开了。民国时期，由于西学新学的传入，直观教学受到重视，人们学的便是配有插图的"人、手、足、刀、口"。笔者刚进学校门时，正值个人崇拜盛行的"文化大革命"时期，学的第一课便是"毛主席万岁"。在强调爱国主义教育的今天，启蒙教科书的开篇往往是"国旗、国徽、天安门"。可见，在产生或流传于某个时代的蒙学读物中，往往潜藏着这个时代文化的秘密，并且比其他类型的读物，反映得更加典型、充分和鲜明。正如周谷城先生在1985年为岳麓书社出版的《传统蒙学丛书》作序时所说："研究唐五代文化，除了《北堂书钞》《监本九经》，还不妨研究今存《兔园册》残篇；研究宋代文化，除了《困学纪闻》《剑南诗稿》，也不妨研究研究《三字经》和《百家姓》。虽然《兔园册》不必为虞世南所编，《三字经》不必为王应麟所撰，而且《三字经》也不一定只为村夫牧子诵读，但当时普通人所受的教育，以及通过教育而形成的自然观、神道观、伦理观、道德观、价值观、历史观，在这类书中，确实要比在专属文人学士的书中，有着更加充分而鲜明的反映。"这番话很有见地，很值得我们琢磨一番。

正是由于传统蒙学读物往往是特定时代性格和气质的典型体现，透过这扇窗口，我们能把握某个时代的精神风貌，了解这一时代的文化特征。因此，随着文化研究走向深入，也就必然会注意这一领域。事实上，时下的许多蒙学读物，正是以"传统文化""传统语言文化"的名义出版的，许多没有利用这样名号的出版物，实际上也是基于同样深沉的文化背景。

蒙学读物所以能受到大众的欢迎，在社会上广为流传，是由于它采用了人们喜闻乐道的编撰组织形式。传统蒙学读物的编撰，大都使用了整齐的韵语，或三言，或四言，或五言，或七言，并且押韵，有的还直接利用了在社会上广为流传的诗歌。这种读物，读起来上口，听起来悦耳。在旧时适合了儿童的特点，避免了学习的枯燥乏味，在现今也依然能引起人们的兴趣。还有一些读物如《幼学琼林》《对类》等，虽不是韵语，但使用对偶，并且不受字数的局限，而是随内容的需要，当长则长，该短则短，读起来也颇有意趣。特别是一些由绕口令、折字等方法组成的对句，构思精巧，新颖奇异，令人一时豁然领悟，即能永记不忘。至于《声律发蒙》《笠翁对韵》一类的读物，更是综合了韵语和对偶的组织形式，形成更为灵活便捷、变化多样的韵对，尤其受到人们的喜爱。

蒙学读物广为流传，历久不衰的生命力，还在于它从民间广泛吸取养料，从内容到形式，都最大限度地利用了在民间流传的现行材料。从唐代的《太公家教》，到明代吕得胜、吕坤父子的《小儿语》和《续小儿语》，到清代的《增广贤文》和《名贤集》，它们最大的特点，从内容上说是取材广泛。有的集自雅句，有的采自谚语，有文言、有俗言、有直言、有婉言、有劝善言、有勉戒言，有世宦治世言、有隐逸出世言，士农工商，无一不备。从形式上说，则尽量去文就俗，力求通俗易懂，有的干脆采用白话，因而颇为通畅顺口。虽然一些文人指斥"其言极浅陋鄙俚"，"而辞章不能工"，但没文化或少文化的平民百姓却喜闻乐道，乃至几乎家喻户晓，人人皆知，一人诵读，众人"莫不鼓掌跃诵之，虽妇人女子，亦乐闻而笑"，这种情形，在今天依然可见。

三

"蒙学热"的出现，为人们了解中国传统文化提供了一份适宜的教材，推动先期出现的"文化热"进入了一个新的层次。

起始于20世纪70年代末、盛行于80年代的中国传统文化研究，对于反省"文化大革命"教训，推进改革开放的历史进程，曾起过重大作用，但从严格的学术意义上说，它也存在着显而易见的浮泛之弊。研究者往往是从各自学科的角度讨论着多学科带共性的综合性问题，即对文化问题采取了一种非文化的研究，而不是以一种宽广的文化意识来省视具体的问题。这样的研究，每多空疏无根之论。蒙学读物作为传统文化的重要载体，为文化研究提供了一个适宜的对象，使文化研究这样一种眼界、一种意识、一种素养在具体问题的研究中获得了意义。如果说，"蒙学热"借"文化热"而兴起，那么"文化热"则依"蒙学热"走向深入，所以，"蒙学热"的出现并与"文化热"的结合，给"文化热"灌注了新的活力，使中国传统文化研究走向了一个新的层次。

对于广大民众来说，"蒙学热"的出现则具有另外一种意义，这就是为他们了解中国传统文化提供了一份全面系统而又通俗易懂的材料。特别是在中国社会发生结构性变化的转型时期，具有厚重传统文化色彩的蒙学读物也给了一些喜爱怀旧的人们以心灵的抚慰，使他们能在"天地玄黄，宇宙洪荒，日月盈昃，辰宿列张"的琅琅声中体会到中国文化的雄浑圆融，在"赵钱孙李，周吴郑王，冯陈褚卫，蒋沈韩杨"的韵味中领悟到中华文化的博大精深，也能在"人之初，性本善，性相近，习相远"的平易简洁中理解到中华文化的温煦仁爱。

四

有必要指出的是，目前的"蒙学热"中还存在着许多偏失，而所有的问题几乎都可以归结为单纯牟利的目的。由于这一原因，蒙学研究中的许多领域被人为地冷落，如传统蒙学教育的形式、方法和成败得失等，至今并没有引起人们足够的重视，更谈不上高水平的研究。与此相反，一些蒙学教材却一而再、再而三乃至数十次地被重复整理出版，形成一种虚假的繁荣。因此，时下的"蒙学热"，只涉及传统蒙学于今有利可图的一个方面，准确地说，只能称为"蒙书热"。进而言之，即使对蒙学著作也存在着重教材而轻其他的偏向。有关训蒙的意义、训蒙的方法及启蒙教师经验总结的著作，如宋王日休的《训蒙法》，元许衡的《小学大义》，明王守仁的《训蒙教约》，清张伯行的《小学辑说》、崔学古的《幼训》和《少学》、张行简的《塾中琐言》、石天基的《训蒙辑要》、陈芳生的《训蒙条例》、唐彪的《父师善诱法》、王筠的《教童子法》、计良的《训蒙条要》等，只有极个别的研究者注意到。而对于蒙学研究来说，这些著作往往比蒙学教材更加关系重大。而且，就蒙学教材而言，时下的"蒙学热"中，也存在着重韵语和偶句，而轻语文体的倾向。比如，朱熹的《小学》一书，在旧时一些学者对它"敬信如神明"，认为仅读此书和《四书》，"他书虽不治"，也没有什么遗憾的。历代注释解说之作，多至百家，许多关于蒙学理论的论述，也是围绕它而展开的。因此，《小学》可以说是传统蒙学教育纲领性、指导性著述。然而，对一部如此重要的著作，至今也没有完全整理出版。由此一例可见，时下的"蒙学热"，还有待我们以超脱功利之外的纯学术努力去补偏救失，使之健康地发展。

（原载《中国典籍与文化》1992 年第 3 期）

传统启蒙教育的使命

——朱熹的论说[*]

传统的启蒙教育，通常被称之为小学①。小学是相对于大学而言的，关于小学的目的和意义，亦即传统启蒙教育使命的论述，往往也在和大学相关论述的比照中突现出来。

把小学和大学的教学内容、教育目的以及二者的区别论说得最充分、最精彩的是朱熹。可以说，朱熹在总结前代启蒙教育经验的基础上，确立了传统启蒙教育的使命，并为以后启蒙教育的理论和实践奠定了基调。

一　小学只是教之以事

在朱熹之前，有关小学和大学的区别，主要集中在入学的年龄上。无

---

* 本文 2002 年 5 月 30 日在李弘祺教授和黄俊杰教授主持、由湖南大学岳麓书院和台湾喜马拉雅发展基金会合办、在岳麓书院举行的"中华文明的二十一世纪新意义"第四届学术研讨会——"传统中国教育与二十一世纪的价值与挑战"上发表。

① 但小学的意义，并不仅仅指启蒙教育。张舜徽先生《清人笔记条辨》（中华书局 1986 年版，第 133 页）卷三《札楼》："大氐古初小学，幼仪、内则而已。所谓八岁出就外傅，学小艺，履小节，此周末之所谓小学也。刘歆《七略》，以《史籀》《仓颉》《凡将》《急就》诸篇列为小学，不与《尔雅》《小雅》《古今字》相杂。寻其遗文，则皆系联一切常用之字，以四言七言编为韵语，便于幼童记诵，犹今日通行之《千字文》《百家姓》之类，此汉世之所谓小学也。迨朱熹辑录古人嘉言懿行，启诱童蒙，名曰《小学》，其后《文献通考·经籍考》列之经部小学类，此宋人之所谓小学也。清乾隆中，修《四库全书》，以《尔雅》之属，归诸训诂；《说文》之属，归诸文字；《广韵》之属，归诸声音；而总题曰小学。此清儒之所谓小学也。"显然，清儒所谓的小学，说的是文字、音韵和训诂之学，这是经学的基础，并不是我们所说的启蒙教育。

论是《大戴礼记》所说的"小艺""小节"和"大艺""大节",还是
《公羊传》注所说的"小道""小节"和"大道""大节",抑或是《白
虎通义》所谓的"书计"和"经籍",这些有关教学内容的叙说,都过于
笼统而含混,流于抽象而不具体。它们的着重点在学童的入学年龄问题
上,而且都很整齐一致,这就是"八岁入小学,十五入大学"。

朱熹改换了论述的重点,他没有像前代学者那样在大小学的年龄问题
上做文章。说到入学年龄问题时,他只是轻描淡写地说,古代的人"初
年入小学""自十六七入大学"。① 时间上的这种含混而不确切,表明了他
对入学年龄问题的淡漠。与"八岁入小学,十五入大学"的经典说法的
异趣,与其说他是想故作新奇,毋宁说他是想说明,在入学的年龄问题
上,并没有一个整齐划一的硬性规定,实际上存在着或早或晚的出入。

朱熹论说的重点在小学教育的内容上,而且这一论说也是在辨析和大
学的关系中展开的。

在朱熹看来,小学阶段,"只是教之以事"。如礼、乐、射、御、书、
数之类的技艺,日常生活中孝、悌、忠、信这样的事情;进入大学以后,
则是"教之以理,如致知、格物",以及对谁孝悌忠信、为什么要孝悌忠
信、何以这样而不是那样才算得上是孝悌忠信等。② 他坚定地抱持小学教
之以事、大学教之以理的观点,以至于在各种场合、通过各种形式一再反
复申说。

小学之所以被称为小学,主要不在于学生年龄小,更主要在于与这种
较小的年龄相适应,教的都是一些浅显、具体而微的事情,是一些日常生
活中诸如事亲敬长之类的事情。朱熹说:"小学之事,知之浅而行之小者
也;大学之道,知之深而行之大者也。"③ 大学之所以被称为大学,也不
在于学生的年龄稍大,而是因为在这个阶段,要引导学生透过事情的表
象,深入其本质,搞清楚事情背后深奥的大道理。

而且,小学和大学的这条界限应该划分清楚,各自的教学内容不容混

---

① 黎靖德编:《朱子语类》卷七,中华书局 1986 年版,第 124 页。
② 同上。
③ 张伯行辑:《小学辑说》,《小学集解》卷首,见《四库全书存目丛书》子部第 3 册,齐
鲁书社 1995 年版,第 782 页。

淆。小学阶段要摒绝理，不过问理，只是学事。学会日常生活中诸如事亲敬长之类的切近事情，是小学阶段的主题。"小学者，学其事；大学者，学其小学所学之事之所以。"① 如果不切实际，不顾蒙童多记性、少悟性的特点，教一些超越于事之上的理，不仅无益，而且有害。所以，朱熹特别强调："天命，非所以教小儿。"即使说义理，也只能说一个大概，没有必要也不应该深入，并且要和日常生活中显而易见的事情结合起来解说。"教小儿，只说个义理大概，只眼前事。或以洒扫应对之类作段子，亦可。"② 只要按照要求，依照规范，把事亲敬长、待人接物的礼节掌握了，就完成了小学阶段的教学任务，完成了从事这种教育应尽的义务。"小学是事，如事君，事父，事兄，处友等事，只是教他依此规矩做去。大学是发明此事之理。"③ 通过"只是"等字眼，朱熹把小学教育严格限定在具体的事情上。

朱熹所谓的事，是指礼、乐、射、御、书、数，是指孝、悌、忠、信，是指事亲、敬长，是指洒扫、应对、进退，是指父子之亲、君臣之义、夫妇之别、朋友之交、长幼之序、心术之要、威仪之则、衣服之制和饮食之节。归结到一点，就是儿童日常生活的规范。如果说他所编的《小学》一书，"多穷理之事，则近于大学"，还不足以说清楚什么是他所说的事的话，那么，在他为启蒙教育另编的一部小书——《童蒙须知》中，就体现得极为典型和充分了。朱熹认为，童蒙应该了解的知识，不外乎穿衣戴帽、说话行走、洒扫清洁、读书写字以及诸如睡眠、吃饭、称呼、礼让等杂细事宜。所以《须知》一篇，就衣服冠履、语言步趋、洒扫清洁、读书写文字和杂细事宜五项，逐条列名，一一诠释，极为具体。如《杂细事宜第五》中这样说："凡饮食于长上之前，必轻嚼缓咽，不可闻饮食之声。凡饮食之物，勿争较多少美恶。"④

这样教习日常生活中的规范，也是中国启蒙教育的传统。朱熹认为，《礼记·曲礼》和《列女传》中一些短小而押韵的语句，诸如"衣毋拨，

---

① 《朱子语类》卷七，第124页。
② 同上书，第126页。
③ 同上书，第125页。
④ 朱熹:《童蒙须知》，见陈宏谋编《五种遗规·养正遗规》卷上，见《续修四库全书》第951册，上海古籍出版社2002年版，第6页。

足毋蹶；将上堂，声必扬；将入户，视必下"之类，诸如"将入门，问孰存"之类，可能"皆是古人初教小儿语"。① 这样的教育，都是日常言动中切近的事情，不虚玄，不高妙，切于实用，也适合蒙童的理解能力，体现了小学"只是教之以事"的特点，显然抓住了启蒙教育的根本。

总的说来，"小学是直理会那事，大学是穷究那理"。② 小学阶段学的是"是什么"，大学阶段则要弄明白"为什么"；小学阶段只要知其然，大学阶段则必须追究所以然；小学要掌握的是形而下的事，而大学要弄明白的是形而上的理。

清初学者陆世仪显然理解并赞同朱熹的说法，他依样立说："小学之设，是教人由之；大学之道，乃使人知之。"③ 具体地说，小学是要懂得"文"，"习其事"；大学则要明了"义"，"详其理"。他通过辨析"文"和"义"的不同，来分析小学和大学的分别。在他看来，礼、乐、射、御、书、数之"文"与礼、乐、射、御、书、数之"义"是有明显区别的。"'文'是习其事，'义'是详其理。"④ 任何一件事情，即使像精微的礼乐，也存在着"文"与"义"的不同。学习的过程，有一个"由粗以及精，自有因年而进"的次第。清康熙时的学者李塨，也主张把启蒙教育严格限制在"童幼事"的范围内。当他不满朱熹所辑的《小学》涉及"天道性命"的"郛廓"之理，另编《小学稽业》的时候，有人对他说："小学使之先知其理耳，奚必事之为？"李塨对此很不以为然，论定这样做"将以误学术也"，有害于教育事业，不利于蒙童的成长。⑤

二 大学小学只是一个事

朱熹以前，大学和小学的关系被看成是在不同的对象上做工，在不同的范围内用力，看作学习过程中前承后继的两个环节，因而它们的关系可以说是平行并列或前后衔接的。如果说"小艺"和"大艺"、"小节"和

---

① 《朱子语类》卷七，第 126 页。
② 同上书，第 124 页。
③ 陆世仪：《论小学》，见《五种遗规·养正遗规》卷下，第 27 页。
④ 同上书，第 29 页。
⑤ 李塨：《小学稽业序》，《小学稽业》卷首，见《续修四库全书》第 947 册，第 113 页。

"大节""小道"和"大道"在抽象的意义上还存在着包容关系的话，那么《白虎通义》所说的小学学书计，大学学经籍，《汉书·食货志》所说的小学"学六甲五方书计之事，始知室家长幼之节"，大学"学先圣礼乐，而知朝廷君臣之礼"，《后汉书·杨终传》所说的小学"教之书计，以开其明"，大学"教之经典，以道其志"，其间大小学并没有内在的联系，而完全是一种平行并列的关系。

直到宋代，关于小学和大学关系的论述，依然沿袭着这样的模式。比如，在吕大临看来，"小学之教，艺也，行也；大学之教，道也，德也"。① 小学教学的主要内容，是诸如礼乐射御书数的艺，诸如孝友睦姻任恤的行。而大学教育中德的内容，是从致知到修身的一系列内容，至于道，则是关于治国平天下的原则和方略。在他看来，小学和大学的关系，是前承后继的递进关系。"古之教者，学不躐等。必由小学，然后进于大学。自学者言之，不至于大学所止则不进；自成德者言之，不尽乎小学之事则不成。"② 就道德的培养而言，小学的基本功非常重要，就认识的全面和深刻来说，大学的引申和发展绝对必要。在这样的序列中，按部就班，循序渐进，亦即所谓的"不躐等"，就至关重要。

朱熹将这一平行关系改变为了交叉关系，将前承后继的关系改变为了立体关系。在他看来，小学和大学的关系，并不是作为构成"经籍"元素的"书计"和由"书计"所构成的"经籍"之间的关系，不是一个大概念和小概念的问题，不是局部和整体的关系。小学和大学的区别，也不是"室家长幼之节"和"朝廷君臣之礼"的区别，不是两种完全不同的礼节。在朱熹看来，小学和大学不过是一个问题的两个方面，区别不在于对象不同，范围有异，而在于对同一问题认识的程度有深有浅。

"小学是学事亲，学事长，且直理会那事。大学是就上面委曲详究那理，其所以事亲是如何，所以事长是如何。"③ 小学从有形的表象，大学从无形的本质，对同一件事情用力。小学限于习得和掌握，大学则做进一步致思和理解。所以，大学和小学针对的是同一个对象，服务的是同一个

① 《小学辑说》，《小学集解》卷首，第782页。
② 同上书，第1页。
③ 《朱子语类》卷七，第125页。

目的。正是在这个意义上，朱熹说："古之教者有小学，有大学，其道则一而已。"① 他的学生显然是深刻理解并十分赞同"小学是学其事，大学是穷其理"的观点的，因而在向朱熹请教时也说："大学与小学，不是截然为二。"②

由于小学和大学"只是一个事"，基础打好了，蒙养正了，大学就易为功，所谓的"圣功"就可期。"古人便都从小学中学了，所以大来都不费力，如礼乐射御书数，大纲都学了。及至长大，也更不大段学，便只理会穷理、致知工夫。"③ 大学不是小学学习范围的进一步扩大，而是在既有的框架内，工夫更加绵密，认识更加深邃。不是另行开疆拓土，而是在现有的领域内，认识更加纯熟，更加深刻。有人不明白这个道理，问朱熹说：有这样一种说法，"君子务其远者大者，小人务其近者小者"，你的目的分明是想告诉人们《大学》之道，也就是所谓的"在明明德，在亲民，在止于至善"，为什么又编一本《小学》，并不遗余力地提倡在洒扫应对进退和礼乐射御书数上下功夫呢？朱熹这样回答："学之大小，固有不同，然其为道，则一而已。"④ 他不认为小学和大学有什么本质的不同，不认为二者是可以割裂的，更不是完全对立的。一个人，"方其幼也，不习之于小学，则无以收其放心，养其德性，而为大学之基本。及其长也，不进之于大学，则无以察乎义理，措诸事业，而收小学之成功"⑤。大学和小学名目的不同，只是因为不同年龄阶段的人，适合其学习的内容有差异，这才有了与之相关联内容的高下浅深和先后缓急。这种差别，是同中之异，本质相同，表象有别而已，而不是像古今之辨、义利之分那样决然对立，如香臭、水火、冰炭那样不可调和。"今使幼学之士，必先有以自尽乎洒扫应对进退之间，礼乐射御书数之习，俟其既长，而后进乎明德新民，以止于至善，是乃次第之当然，又何为而不可哉？"⑥

这样来看待小学和大学的关系，它们就不再是平行并列或前后递进的

---

① 《小学辑说》，《小学集解》卷首，第 782 页。
② 《朱子语类》卷七，第 125 页。
③ 同上。
④ 《小学辑说》，《小学集解》卷首，第 783 页。
⑤ 同上。
⑥ 同上。

关系，而是立体交叉的关系。小学是大学的基础，大学是小学的升华。小学以大学为依归，大学以小学为前提。朱熹之后，很多人都继承了这一说法，如元代学者许衡说："先之以小学者，所以立大学之基本；进之于大学者，所以收小学之成功。"① 大学和小学就是这种一为基础、一为旨归相互依倚的关系。小学教育，限于懂得洒扫应对进退之节，并在其中体现出父子之亲、君臣之义、夫妇之别、朋友之交、长幼之序，学会谨守心术之要、威仪之则、衣服之制和饮食之节。而在大学阶段，则要把这些仪文的道理考究清楚，把这些礼节的原则探求明白，在知道了应该怎么做的基础上，进而弄明白为什么要这么做，并把这样的道理和原则推广到人际关系的一切方面，用以指导在其他领域的实践。换言之，小学教育是要学会并遵循传统的行为规范，大学教育则是要把这种行为规范深化为内在的自觉，形成道德意识，并推广运用，达到"从心所欲不逾矩"的境界。

通过改变大小学关系的模式，朱熹突出了小学教育基础性的意义。反过来我们也可以说，正是因为朱熹高度重视小学，他才得以改变传统的小学和大学关系的论述，用启蒙教育来为大学乃至整个人生奠基。

三 敬包得小学

在以阐释义理、兼谈性命为特征的宋明理学那里，敬或主敬，也就是自我抑制的能力，是一种重要的道德修养方法。作为程朱理学的集大成者，朱熹也不遗余力地主敬，并把它落实在了启蒙教育中。

朱熹认为："'敬'之一字，圣学之所以成始而成终者也。"② 敬应该体现在学习的各个环节，贯彻在大小学教育的始终。"为小学者不由乎此，固无以涵养本原，而谨夫洒扫应对进退之节与夫六艺之教；为大学者不由乎此，亦无以开发聪明、进德修业，而致夫明德新民之功也。"③ 大学的进德修业需要敬，小学的涵养本原更是离不开敬。

不错，小学是习其事，知其浅，行之小，但这并不意味着可以只是依

---

① 《小学辑说》，《小学集解》卷首，第784页。
② 同上书，第784页。
③ 同上书，第783—784页。

样画葫芦地完成礼节的形式。儒家从来都认为，完成严肃庄重的礼节，首先是要心存敬畏，满怀虔诚。比如，向尊长揖让，真正的崇敬要比任何小心谨慎地完成每一个仪式都重要得多。在这个问题上，哪怕是蒙童，也不容打折扣，恰恰相反，要趁年幼，在"心知未有所主"的时候，就学会庄重和虔诚。蒙养蒙养，一个"养"字，正是要在"敬"字上着力。

如果说洒扫应进退、礼、乐、射、御、书、数是小学教育内容的形式，那么，敬就是小学教育内容的核心。有人问朱熹，《大学》的开篇就说"大学之道，在明明德，在亲民，在止于至善"，并不曾说主敬，是不是主敬属于小学的工夫、已经为小学所具备了呢？朱熹的回答是这样的，敬正是小学的灵魂。在启蒙教育中失缺了敬，无异于釜底抽薪。

当时启蒙教育中存在的最大问题，在朱熹看来就是失去了敬。敬的缺失，也就从根本上动摇了小学的基础，彻底戕害了小学的本质和核心，最终导致"小学不传"。从小就让蒙童学做对，以用作将来对股、表启和诗联的张本，年纪稍大，"即教作虚诞之文"，从一开始，就以高官厚禄诱导蒙童，把启蒙教育纳入科举考试的轨道，这种"自小失了""意诚心正""庄敬诚实"的颓靡风习，尽管填补起来"实是难"，但也非补上这段工夫不可，非革除这种陋俗不行。有人请教朱熹，我年幼的时候没有能读《小学》，现在能不能就教我《大学》呢？朱熹回答说："授《大学》，也须先看《小学》，只消旬月工夫。"① 无论如何，基础不可或缺，小学的工夫必须要有。当"屡叹年岁之高，未免时文之累"的李周翰向朱熹请教的时候，他依然劝李细去看"某所编《小学》"。②"如今全失了小学工夫，只得教人且把敬为主，收敛身心，却方可下工夫。"③ 没有敬，小学就没有了灵魂；没有了小学，大学就失去了依凭，所谓的"作圣"也就会流于虚妄。

朱熹所说的"小学不传"，显然并不是指小学的组织形式，在教育普及的宋代，小学比周代无论如何要繁盛得多，"小学不传"指的是它的本质和精神，也就是没有能养成蒙童的虔敬之心。朱熹是如此强调敬，以至于他

---

① 《小学辑说》，《小学集解》卷首，第782页。
② 同上书，第783页。
③ 《朱子语类》卷七，第125页。

把敬和小学看作一个大概念和小概念的关系，看作具有包容性的关系。针对"敬当不得小学"的说法，他回答说："某看来，小学却未当得敬，敬已是包得小学。敬是彻上彻下工夫。虽做得圣人田地，也只放下这敬不得。如尧舜，也终始是一个敬。"① 在歌颂尧的德行时，说"钦明文思"，这里的"钦"，也就是敬。其他"如说'恭己正南面而已'，如说'笃恭而天下平'"，说的也都是敬。圣人也只是一个敬，小学就更不在话下了。

正因为朱熹是如此注重敬在小学中的作用，以至于后来一些学者如清代的熊赐履甚至认为，朱熹所编的《小学》，"全是主敬之方"。② 明代的薛瑄也说："《小学》只一'性'字贯之。《立教》者，所以教此也；《明伦》者，所以明此也；《敬身》者，所以敬此也。" "是则性也者，其《小学》之枢纽也与。"③

朱熹如此强调启蒙教育中的敬，与他所谓的小学"只是教之以事""小学是直理会那事""小学者，学其事""小学是学其事"等说法是否矛盾呢？说完全没有矛盾是不符实情的。朱熹时而强调小学"只是教之以事"，"直理会那事"，一幅置"理"于启蒙教育之外、不管不顾的决绝态度，时而又认为可以"说个义理大概"，尽管限定以当下眼前的事情，或者要求用洒扫应对之类的具体事例作例子，但也突破了"只是"或"直"（仅仅）的限定。明末清初的陆世仪就不同意这样的做法："文公有言，古有小学，今无小学，须以敬字补之。此但可为年长学道者言，若童子则可由不可知。"④ 陆世仪也主张："小学之设，是教人由之；大学之教，乃使人知之。"⑤ 与朱熹不同的是，他恪守甚谨，不越雷池一步，为此，他不惜对人们"敬信如神明"的《小学》展开批评："今文公所集，多穷理之事，则近于大学。又所集之语，多出《四书》《五经》，读者以为重复。且类引多古礼，不谐今俗。开卷多难字，不便童子。此《小学》所以多废也。"⑥ 清康熙时的学者李塨，也批评《小学》一书讲"天道性

---

① 《朱子语类》卷七，第126页。

② 《小学辑说》，《小学集解》卷首，第788页。

③ 同上书，第786页。

④ 《论小学》，《五种遗规·养正遗规》卷下，第28页。

⑤ 同上书，第27页。

⑥ 同上。

命"，认为这种"殊郛廓"的"上达"，"皆非童幼事"。①

实际上，把《小学》说成"全是主敬之方"未尝不可，但把敬理解为"天道性命"则有违朱熹的初衷，没有契尽朱熹学说的本质。

对敬，朱熹曾有专门的解释："恭主容，敬主事。有事着心做，不易其心而为之，是敬。恭形于外，敬主于中。自诚身而言，则恭较紧，自行事而言，则敬为切。"② 恭是就容貌上说，敬是就内心而言。"敬，主于中者也；恭，发于外者也。"恭是敬的表现，敬是恭的根本。但朱熹不同意简单地把二者理解为工夫浅深，相反，他认为："本领虽在敬上，若论那大处，恭反大如敬。若不是里面积盛，无缘发出来做得恭。""凡言发于外，比似主于中者较大。盖必充积盛满，而后发于外，则发于外者岂不如主于中者。"③ 所以朱熹所谓的敬，特别是针对启蒙教育所说的敬，固然是"收敛而不放纵"，但更是身心的检束和庄重，甚至可以说是道貌岸然，与吕祖谦回答"教小儿何以为先"时所说的"教以恭谨，不轻忽"是一个意思。恭谨而不轻忽，可以看作对朱熹的敬最精确的解释。洒扫进退应对的礼节之所以不到位，童蒙的规范准绳之所以没有能起到约束作用，归根结底是由于敬的缺失，是轻忽而不恭谨所致。"小童添炭，拨开火散乱。先生曰：'可拂杀了，我不爱人恁地，此便是烧火不敬。所以圣人教小儿洒扫应对，件件要谨。某外家子侄，未论其贤否如何，一出来便齐整，缘是他家长上元初教诲得如此。只一人外居，气习便不同。'"④ 心中有了敬，事情就会做得谨慎。添炭续火，弄得火星四溅，表面是火堆的散乱，实际上是心中没有敬。一个小孩外出时，衣服冠履，端正妥帖，表面是仪容整齐，实则是家长教子有方，孩童的心中有了敬。有了敬，说话做事，就会面貌顿改，气象一新，让人赏心悦目。

四　养得圣贤坯璞

应该说，《易传》中所谓的"蒙以养正，圣功也"的说法，对朱熹把

---

① 《小学稽业序》，《小学稽业》卷首，第113页。
② 《朱子语类》卷六，第122—123页。
③ 同上书，第123页。
④ 《朱子语类》卷七，第127页。

启蒙教育的使命确定为模铸圣贤坯璞有一定的启示意义。对《易传》的说法，朱熹是这样解释的："蒙昧之时，先自养教正当了，到那开发时，便有作圣之功。若蒙昧之中已自不正，他日何由得会有圣功。"① 可见，无论是日后的"做圣之功"，还现实的圣贤坯璞，都要有一个前提条件，这就是"先自养教正当"。他之所以编辑《小学》，就在于为这种教养树立榜样，提供方法，铸就一个栩栩如生的圣贤坯璞。"《小学》体现了作者惊人的信心：他相信这些雄心勃勃的理想和挑战性十足的作品不但能够被初学儿童所理解，并且可以作为一个普遍教育体系的基本方案。"②

圣贤坯璞不是自然生成的，而有赖于养教。而养教的重点除了洒扫应对进退的规范之外，还在于实践和操作这些规范时，养成恭谨而不轻忽，也就是敬。朱熹说："古人由小学而进于大学，其于洒扫应对进退之间，持守坚定，涵养纯熟，固已久矣。大学之序，特因小学已成之功。"③ 正因为小学不仅包括了外在的行，而且涵容了内在的敬，所以小学的功效就非同一般。古代的蒙童，通过学习礼仪之事，在洒扫庭除、应对尊长、进退揖让中，在礼、乐、射、御、书、数的日常社会生活实践中，不仅习得了外在的行，而且培养了内在的心。"古人小学教之以事，便自养得他心，不知不觉自好了。到得渐长，渐更历通达事物，将无所不能。"④ 遇到事情，便从早已娴熟的心上理会，一切应对从心中流出，于是就有运用之妙。而今人"只去事上理会"，难免就事论事、流于皮相的肤浅。

小学的事虽然小，也不具备圣贤的许多知见，但在洒扫应对进退的日常生活规范中，日与性成，习与渐长，日就月将，涵养纯熟，也就铸就了圣贤的坯璞。所以，生活中任何细小的事情，如果满怀恭敬虔诚地按照礼仪规范去做，也就是在圣贤的金庙上不断地添砖加瓦。"古者，小学已自暗养成了，到长来，已自有圣贤坯模，只就上面加光饰。"⑤ "古人于小学存养已熟，根基已深厚，到大学，只就上面点化出些精彩。古人自能食能

---

① 《朱子语类》卷七十，第 1746 页。

② ［美］狄百瑞：《〈大学〉作为自由传统》，刘莹译，见哈佛燕京学社、三联书店主编《儒家与自由主义》，生活·读书·新知三联书店 2001 年版，第 185 页。

③ 《小学辑说》，《小学集解》卷首，第 782 页。

④ 《朱子语类》卷七，第 125 页。

⑤ 同上。

言，便已教了，一岁有一岁工夫。到二十时，圣人资质已自有十分，大学只出治光彩。"① 只有从圣贤的坯璞中，才能走出圣贤，也只有圣贤，才能建树圣贤的功业。从圣贤坯璞中走出来的，具有了成为圣贤的可能性，大学所要做的，不过是在这个坯璞的基础上，稍加打磨，"只就上面加光饰""只就上面点化出些精彩"。如此，教育便完成了自己的使命。

"只就上面加光饰""只就上面点化出些精彩"的说法，虽然针对的是大学，但高度肯定了启蒙教育的作用。这一说法是基于这样的前提：启蒙教育不仅对一个人一生的成长，具有示以准绳、匡其趋向的意义，而且完成了传统社会理想人格的初步塑造。大学所要做的，是在业已具备的坯璞上，做画龙点睛的工夫，只要稍加光饰，就非常完满，一经点化，就展现精彩。

任何教育活动，都包括了知识的传授，而不纯粹是道德的实践。在理学的祖师程颐那里，"涵养须用敬，进学则在致知"。朱熹让主敬和致知交互为助，把道德修养和求知活动有机地结合在了一起。但这并不是说圣人只是道德的楷模，知识水平可以停留在小学的层次。"古者小学已自养得小儿子这里定，已自是圣贤坯璞了，但未有圣贤许多知见。及其长也，令入大学，使之格物致知，长许多知见。"② 朱熹认为，圣贤坯璞之所以是坯璞而不成其为圣贤，主要就在于他缺少圣贤应有的知见。在小学的基础上，通过格物致知，通过逻辑推导，就能生长出圣人应该具备的"许多知见"。"古人小学养得小儿子诚敬善端发见了，然而大学等事，小儿子不会推将去，所以又入大学教之。"③ 在这里，朱熹其实为大学指出了另外的目的，在搞清楚为什么要事亲敬长，弄明白为什么只有这样而非那样是事亲敬长的合宜行为的同时，还要有一定的逻辑推导能力。把由最基本、最切近并为社会公众所认可的道德行为所立足的那个理，推演到包括日常言动在内的社会生活的各个方面，并以这个推演而来的理，作为权衡和判定言论和行为是否合宜的标准，这也是《论语》中所谓的"举一隅而以三隅反""以一知十""告诸往而知来者""温故而知新"的能力。

---

① 《朱子语类》卷七，第125页。

② 同上书，第124页。

③ 同上。

而这种能力的获得，是大学阶段的任务。

五 《小学》是做人底样子

《小学》可以说是朱熹启蒙教育思想的典型体现，其中不仅寄寓着朱熹关于启蒙教育使命的观点，而且引导着传统启蒙教育的发展路向，是一份最典型体现传统启蒙教育功过是非、利弊得失的文献，也是一扇最佳的窥视传统启蒙教育风貌的窗口。

按照小学"只是教之以事""小学是直理会那事""小学者，学其事""小学是学其事"原则，编辑一部启蒙读本，以规范蒙童的日常言动，一直是包括朱熹在内的当时许多人的意愿。朱熹为此编过一部《童蒙须知》，很可能是在编辑《小学》之后，他自己也认为《小学》过于繁难，不适合童子，才又编写了这部相对简洁通俗的读物。陆子寿曾对朱熹说："古者教小子弟，自能言能食，即有教，以至洒扫应对之类，皆有所习，故长大则易语。……某当思欲做一小学规，使人自小教之便有法，如此亦须有益。"朱熹建议说："只做《禅苑清规》样做，亦自好。"① 我们不知陆子寿的想法是否付诸行动，朱熹倒是实实在在地编了一部用以规范蒙童日常行为、用于启蒙教育的《小学》。

这部书是朱熹指导他的弟子刘清之编辑的，凡六卷。"分内外二篇，合三百八十五章，以《立教》《明伦》《敬身》《稽古》为纲，以父子、君臣、夫妇、长幼、朋友、心术、威仪、衣服、饮食为目，使夫入大学者，必先由是而学焉，所谓做人地样子是也。"② 全书完全是选录前人文献编辑而成，其中内篇主要选自儒家经典，外篇则是历代贤德之人的嘉言善行。许衡说："衍内篇之言以合外篇，则知外篇者，《小学》之支流；约外篇之言以合内篇，则知内篇者，《小学》之本源。合内外而两观之，则《小学》之规模节目，无所不备。"③

朱熹本人对这部书偏爱有加，他曾这样夫子自道："后生初学，且看

---

① 《朱子语类》卷七，第 126 页。
② 张伯行：《小学集解原序》，《小学集解》卷首，第 779 页。
③ 《小学辑说》，《小学集解》卷首，第 785 页。

《小学》之书，那是做人底样子。"① 他的学生也尊其所教，在《小学》上颇为用力，《朱子语类》中有很多他们讨论《小学》的记载。不仅是后生初学，而且当一些"错过"小学教育的成人向他请教时，他也建议人读《小学》，以"补填前日欠缺"。

元明清三代政府也十分推尊此书。元末明初学者宋讷曾说："高后尝命女史诵而听之，既而奏曰：'《小学》书言易晓，事易行，于人道无所不备，真圣人之教法，盍表章之？'高皇帝曰：'然。已令亲王、驸马、太学生咸讲读之矣。'由是内而京师，外而郡邑，莫不家藏人诵，而圣贤之教，复明于天下也。"② 清朝的龙启瑞则说："国家以实学取士，自《十三经》《四书》外，特表章朱子《小学》。凡童生入学，复试论题，务用《小学》，著在律令。"③

后代士大夫对此书更是推崇有加，元代的许衡，在给自己的儿子信中这样说："《小学》'四书'，吾敬信如神明。自汝孩提，便令讲习，望于此有得，他书虽不治，无憾也。我生平长处，在信此数书。汝当继我长处，笃信而好之也。"④ 在清代学者张伯行看来，此书完全可以和《大学》比肩并立："孔子以前，大学未有书，自孔子作之，而入德之门在是矣。朱子以前，小学未有书，自朱子述之，而做人样子在是矣。学者读孔子之书，不以《大学》为之统宗，则无以知孔子教人之道。读朱子之书，不以《小学》为之基本，则无以知朱子教人之道。"⑤ 后代学者关于小学的论述，大都围绕这部书而展开。历代注解、论说、改编、节录之作特多，早在明朝弘治年间，就有人说："夫是书之疏释，予以所尝得者与宋元以来诸家著录考之，得其目殆七十余家焉。"⑥

尽管朱熹自己偏爱，历代士人推崇，统治者提倡，但此书正如陆世仪所说，对于启蒙教育来说，这部书有几个致命伤。一是强调主敬，"多穷

① 《朱子语类》卷七，第 127 页。
② 《小学辑说》，《小学集解》卷首，第 786 页。
③ 龙启瑞：《重刊朱子〈小学〉序》，《经德堂文集》卷二，见《续修四库全书》第 1541 册，第 577 页。
④ 《小学辑说》，《小学集解》卷首，第 785 页。
⑤ 《小学集解原序》，《小学集解》卷首，第 779 页。
⑥ ［日］大草公明：《小学旨意存是序》，《小学旨意存是》卷首，日本刻《困勉斋丛书》本。

理之事"，超出了小学"只是教之以事"的范畴；二是全部内容都辑录自"四书""五经"，求全责备，叠床架屋，多有重复；三是其中的内容，都是夏、商、周三代时的礼节，与宋代的风俗相去甚远，违背了朱熹自己以"眼前事"加以说明的原则；四是文字古奥，语句长短不齐，颇棘唇吻，既不便于读，更不适合诵。李塨也批评《小学》一书"殊郛廓。天道性命，上达也；亲迎觐朝，年及壮强者也，以至居相告老诸抚，皆非童幼事。"① 远离蒙童生活的实际。这些问题使得它让国家的律令"徒为具文"，在启蒙的课堂上，不免"多废"的命运。但它流行在学者的书斋里，为影响和主宰启蒙教育的统治者和士大夫所尊崇，因而对我国传统的启蒙教育产生了深远的影响。

《小学》被看作传统学术文化的基础，众多的士人也的确按照这样的顺次和途径研习。清代学者施璜认为，"五经"以"四书"为阶梯，没有读好"四书"，就谈不上读"五经"；"四书"以《近思录》为阶梯，没有读好《近思录》，就谈不上读"四书"；《近思录》则以《小学》为阶梯，没有读好《小学》，就谈不上读《近思录》。要登进升入"五经"的堂室，就必须沿着"四书"的阶梯而上；要登进升入"四书"的堂室，就必须沿着《近思录》的阶梯而上；要登进升入《近思录》的堂室，就必须沿着《小学》的阶梯而上。"此《小学》一书，所以为万世养正之全书，培大学之基本者也。学圣人之学而不务此，如筑室无基，堂构安施乎？如种树无根，灌溉安施乎？故朱子特编是书，以为读书做人基本。要人先从事于小学，然后可以进于大学。即不幸时过而未学者，朱子亦惓惓教人，补此一段工夫也。"② 由《小学》以至《近思录》，而后及于"四书"，驯致"五经"，这是明清时人所确立的读书为学的基本次第。

作为"做人底样子"，《小学》也对一代又一代的人产生了潜移默化、或显或隐的影响。明代学者枫山先生章懋，是一个强调要将《小学》"熟读玩味，字字句句，皆究极精微，务使其理贯彻于胸中，一一体之于身而力行之"的人。在他80岁的时候，一个已经考中了进士的人来向他请教"为学之方"。他没有犹豫，告诉这人还是要读《小学》。这个进士不服

---

① 《小学稽业序》，《小学稽业》卷首，第113页。
② 《小学辑说》，《小学集解》卷首，第788页。

气，对他说："这书我年幼的时候就读过了，现在已经考中了进士，取得了功名，获得了官职，何必再读呢。"章懋告诉他：年幼时的记诵，并没有真正理解，算不得是读。进士回家后，便听从章懋的告诫，开始阅读《小学》，觉得其味无穷。三个月后，他又去谒见章懋。章懋一见他就问："你最近是不是在读《小学》？"进士十分惊奇，反问道："你怎么知道的呢？"章懋回答说："看汝一动一静，一语一默，与前迥殊，吾固知读《小学》有得也。"听了章懋的话，进士惊异于《小学》神奇的功效，"乃大钦服而退"。①

中华民族有着注重启蒙教育的传统，早在《易传》产生的时代，就出现了"蒙以养正，圣功也"的说法，启发蒙昧，剔抉隐默，通过培养使蒙童获得正确的认识，被看作圣人的功德。接受启蒙教育，被看成一个人终身事业的根本，被看作一个人一生成败之所系，因而被认为是大事，也是难事。正因为有这种意识，我国历史上著名的学者和有影响的思想家，大都参与了启蒙教育的工作。他们有的亲自编纂启蒙用书，或者对启蒙教育的方法和意义提出自己的意见，用以指导启蒙教育的实践。如宋代的吕祖谦、吕本中、陈淳、王令、胡寅、方逢辰、真德秀、王应麟等人，元代的许衡、程端礼、胡一桂等人，明朝的吕坤、王守仁、方孝孺、陈继儒、袁黄等人，清代的陆世仪、张履祥、张伯行、陈宏谋、贺瑞麟、王筠等人，乃至民国时期的章太炎等人，都曾在启蒙教育上投注过心力。这提高了教材的质量，保证了教材的权威性，也引起了人们对启蒙教育的重视，不再视其为"浅陋""鄙俚"而不屑一顾，促进了宋元明清时期启蒙教育能持续繁荣。

在这些学者和思想家中，朱熹更是特立突出，作用非凡，影响深远。朱熹编著了众多的启蒙读物，或者说，他的许多著作都曾用作启蒙教材。如在清人贺瑞麟的《西京清麓丛书·蒙养书九种》中，就包括了朱熹所撰的《童蒙须知》《训子帖》《白鹿洞揭示》《敬斋箴》《训蒙诗百首》。在陈宏谋所辑的《养正遗规》中，除了以上所提到的篇名之外，还有《沧州谕学者》《论定董陈学则》《朱子读书法》。此外，在熊大年辑的《养蒙大训》，则收录有朱熹的《孝经刊误》。在朱熹所有的蒙学读物中，

---

① 《小学辑说》，《小学集解》卷首，第787页。

最著名、影响最大的则是《小学》。以《小学》为示范，在相关的论述中，朱熹不仅确立了启蒙教育的使命，而且为传统社会后期启蒙教育的理论和实践奠定了基调。

（原载《中国书院》第 5 辑，湖南教育出版社 2003 年版）

传统学塾中塾师的任职资格

塾师是传统学塾中从事启蒙教育的教师。我国古代的学塾，可以分为三种类型：一是东家延请塾师来家教授自家或亲属子弟的家塾；二是富商显贵、地方政府或家族倡议并出资兴办、免费向特定学童开放的义塾；三是塾师在自己家里，或借祠堂、庙宇，或租借他人房屋，设馆招收学童就读的私塾。家塾和义塾聘请塾师，往往有特定的资格要求。对于私塾中的塾师，社会舆论也有一定的要求和评判标准，这里我们一并当作任职资格看待。

如果说学塾的兴废在于东家，那么学塾办学效果的好坏，关键在于塾师。"义塾既设，全凭塾师。能善于教导，则一塾生徒，均受其益，教成多少好人。倘奉行故事，懒于讲说，则一塾生徒，均为所误。"[1] 如果得其师，教学效果就好，如果不得其人，教学目的就会落空。所以，塾师的选择，是事关重大的事情。"得其师，则一人可教化千百人；不得其师，则车载斗量，无有是处。"[2] 为了保证塾师的质量，达到教学的目的，对塾师任职资格的强调就非常必要。

不同时期、不同地区的人们，对塾师的要求，有着很大的差异。即使在同一时代、同一个地区，各自经济条件的不同和教学目的的殊异，对塾师的要求也不一样。但论及塾师的任职资格时，人们强调最多的是品行、学识、尽心和善教。

---

[1] 余治：《得一录》卷十，见《官箴书集成》第 8 册，黄山书社 1997 年版。

[2] 同上。

一　品行

　　传统的启蒙教育，不仅是传授知识，识字读书，了解初步的文化知识，更重要的是要养成蒙童良好的行为习惯。在论及传统启蒙教育的使命时，朱熹曾反复申说，小学阶段只是教之以事，学会日常生活中诸如事亲敬长之类的切近事情，是小学阶段的主题。所谓的事，是指孝悌忠信，是指事亲敬长，是指洒扫应对进退，是指父子之亲、君臣之义、夫妇之别、朋友之交、长幼之序、心术之要、威仪之则、衣服之制和饮食之节。归结到一点，就是日常生活的规范。因此，对于学生而言，学习的目的，就是要学会做人之道，读书而不明事理，不懂得如何处事，就是无益于己的浪掷时光；对于塾师而言，熏陶学生的气质，矫揉学生的性情，辅成学生的才品，是比授业解惑更重要的工作。

　　学做人比学知识更为重要的学习目的，决定了对塾师品行的强调，胜过对塾师学识的要求。一个合格的塾师，首先必须是学生行事的榜样，视听言动的模范。"师，所以模范人伦者也。"① "盖师所以模范学者，使之成器，因其材力，各俾造就。"② 师模或师范的意义，就在于他直接影响了学生，甚至铸就了学生。"为师者，弟子之所效法。其师方正严毅，则子弟必多谨饬；其师轻扬佻达，则子弟必多狂诞。"③ 塾师只有自己具备良好的品格和风范，才有可能把学生塑造成"圣贤的坯璞"，完成启蒙教育的使命。

　　因此，塾师的品行是比学识优先考虑的要素。所谓"村馆先生，惟乡中有德行者为上，文章次之。不得已则容子弟游学从师，求真才实学者，亦在德行为先也"。④ 一个人，哪怕他的学识足以担任塾师，甚至在科举的征途上有所斩获，获得了功名，但如果处世、保身、治家之道，毫

　　① 任兆麟：《任氏家塾规条十则》，《有竹居集》卷十三，见璩鑫圭编《中国近代教育史资料汇编·鸦片战争时期教育》，上海教育出版社1990年版，第355页。
　　② 余继登：《典故纪闻》卷二，清光绪间《畿辅丛书》本。
　　③ 石天基等：《训蒙辑要》卷一，见徐梓、王雪梅编《蒙学要义》，山西教育出版社1991年版。
　　④ 孔齐：《至正直记》卷四，上海古籍出版社1987年版。

无可取之处，这样的人来充任塾师，结果只能是误人子弟。"学师宜秉公议聘，以冀得人也。学者先德行而后文艺，训读之人，立品不端，纵才华擅长，其本已失。"① 德行是一个人的根本，一个丧失了做人根本的人，是绝对不能充任为人师表的塾师的。清代的李淦，对一般人家延请塾师"只取能文，不论其行"表示理解，认为在科举制度的影响下，教学"期博青紫，非明道德"是一种现实的选择。但他并不赞同这样做，更不希望自己的子孙也如此仿效。他叮咛道："既谓之师，必其范足以为楷模而后可。故当择其文行兼优者为上，文优而大德不逾闲者次之。若品行有亏之人，虽文才出众，教法超群，不敢请也。"② 可见，品行是对塾师最优先的要求。品行欠佳的塾师，人们不是不想请，而是不敢请，结果是不会请。

在强调塾师品行时，一般都是笼统地要求塾师"品行端方""植品端方""行谊谨厚"等等，但一些要求也非常具体。如曾任明朝国子祭酒的魏校，在嘉靖元年制定的一份《社学规》中规定："教读不许罢闲吏员及吏员出身之官，或生员因行止有亏黜退者、丁忧者，及有文无行、教唆险恶之徒，下至道士、师巫、邪术人等，各宜先自退避。"③ 明确规定了什么样的人不能担任社学的教读。在学规实施之后，一旦发现有人"隐情冒教"，一定要查究革除。明末清初的冯班，提醒人们延师一定要慎重，指出："得淳厚有家风者为上，其次则自好喜读书者，市井轻薄，最不可近。"④ 注重的依然主要是品行。《粤东议设启蒙义塾规则》高度注重塾师的选择，强调"必择人品端方，学问通彻，不嗜烟赌，而又不作辍、不惮烦、勤于讲习者，方足以当此任"。⑤ 此外，还有两个具体的要求和塾师的品行直接相关。一是对塾师年龄的要求，二是对塾师的历史或以往经历要了解。

---

① 李德林：《筹议义学经久事宜》，《定颖记事》卷一，《中国近代教育史资料汇编·鸦片战争时期》，第 323 页。

② 李淦：《燕翼篇·延师》，见《檀几丛书》二集卷十一，上海古籍出版社 1992 年版。

③ 魏校：《庄渠遗书》卷九，见《景印文渊阁四库全书》第 1267 册，台湾商务印馆 1986 年版。

④ 冯班：《钝吟杂录》卷一，见《景印文渊阁四库全书》第 886 册。

⑤ 《得一录》卷十。

在一般人的印象中，塾师往往由年老者充任，塾师被称为"老学究""村夫子"就很能说明问题。实际上，主要是因为生计等方面的原因，不少人是在很年轻乃至少年时期开始塾师生涯、走上塾师职位的。如宋末元初的刘诜，7岁而孤，12岁能赋论，"十五为童子师"。① 同时期的著名学者陈栎，不止一次地自称5岁而读书，10岁而能文，15岁"僭越"而为塾师。明代著名大臣杨士奇，年少丧父，家庭贫寒，16岁即在本村任塾师。成化年间的张子静，自幼喜读书，十四五岁，即为里中童子师。如此之类的例子，历代不乏，不胜枚举。

在传统的意识里，年轻人难免轻佻，放浪浮躁，而年老往往和德行关联，所谓"老成""年高德劭"说的就是这个意思。一些年轻人能胜任塾师，人们往往也以年少老成相赞许。如明代泰和人陈雷，"自幼喜学，十岁攻文章，十七为里塾师。升堂讲授，屹然如巨人，乡之号为儒者多不及，诸老先生皆器重之"。② 明代的张俸，"十六为童子师。貌故寝短，然其自居，色恒庄，而教习抵夜分不倦，所至见严惮，以名师称"。③

在选择塾师的时候，人们往往取老成而弃年少。明末清初的黄宗羲主张："民间童子十人以上，则以诸生之老而不仕者充为蒙师。"④ 尹会一任河南巡抚时，"命州县皆分四乡，立社学，简有齿德者为之长"。⑤ 咸丰初年，江苏毗陵屠氏家族，为族中"苦节之子、无力读书"之人设立了"恤孤家塾"。在家塾规条中，专有"择师"一则："师无论同宗异姓，必请醇谨老成、能实心训诲之士。浮薄少年、吸食鸦片、闲游旷课者，不得徇情滥请。"⑥ "浮薄"少年和吸食鸦片、游手好闲并列，排斥在塾师的候选者之外。浙江会稽登荣张氏家族明文规定，塾师不请过于衰老的，但也绝不能请太年轻的。有的还有具体的年龄要求，如明代的吕坤说："今选社师，务取年四十以上，良心未丧，志向颇端之士。"⑦ 明确规定塾师的

---

① 刘诜:《桂隐文集》附录，见《景印文渊阁四库全书》第1195册。

② 王直:《抑庵文集》后集卷三十四，见《景印文渊阁四库全书》第1242册。

③ 王世贞:《弇州四部稿》卷八十四，见《景印文渊阁四库全书》第1280册。

④ 黄宗羲:《明夷待访录·学校》，中华书局1981年版。

⑤ 李元度:《国朝先正事略》卷十五，见《续修四库全书》第538册，上海古籍出版社2002年版。

⑥ 《屠氏毗陵支谱》卷一，清光绪三十年江苏刊本。

⑦ 吕坤:《新吾吕先生实政录》卷三，见《官箴书集成》第1册。

年龄要在 40 岁以上。

为了保证塾师的品质，察访他的过去，了解他的行事，十分必要。为了避免嫌疑，以示公平，有的私塾规定，塾师不得从本族人中聘请。如江苏苏州的范氏家族规定："族中师范颇多，概不敢延与师席，以表至公。"① 但更多的人相信"十室之邑，必有忠信"，认为不必舍近求远，强调要从本地延请。社师在旧时被称为"里社师"，这一名称就表明了童子师主要是本地人。在本地延请塾师，是基于以下几个方面的考虑。一是未必只有外来的和尚才会念经，本地也有合格的师资。二是非本地的塾师，在束修之外，又多了路费、伙食费等开支，增加了成本，而在本地，饮食有在自家的便利，来去没有接送的烦劳，可以节省有限的办学经费。三是外地的塾师，人地生疏，多有隔阂，方言不同，言语有差异，会给教学带来不必要的麻烦。四也是最重要的，外地尤其是远地的塾师，平日品行，难以访问，为人行事，不易了解。而本地的塾师，非亲即邻，相处已久，道德品行，已有公论，能从根本上保证塾师的品质。正因为如此，有的义塾章程明确规定："不得滥延外来无名童生，及测字、相命、打卦之人。"②

二　学识

塾师从事的是传授知识的工作，一个基本的条件是要有一定的学识。没有好的品行不行，有好的品行而没有一定的学养也不行。实际上，古人在强调"行谊谨厚"时，也强调"文义通晓"；在突出"立品端正""品行端方""敦品励行"的同时，也指出"才华擅长""经书熟习""学问通彻"的绝对必要；在强调塾师必须"以身率人，正心术，修孝弟，重廉耻，崇礼节，整威仪，以立教人之本"的同时，也强调"守教法，正学业，分句读，明训解，考功课，以尽教人之事"。③ 归结到一点，就是

---

① 《范氏家乘》卷十五，清乾隆十一年江苏苏州刊本。

② 周凯：《义学章程十条》，《内自讼斋杂刻》第三册，《中国近代教育史资料汇编·鸦片战争时期教育》，第 336 页。

③ 《庄渠遗书》卷九。

要经明行修、品端学粹、品学并称、文行并美。

如果说"节义"是读书人的"门墙","德行"是读书人的"栋宇","心地"是读书人的"基址"的话,那么"文章"就是读书人的"冠冕","学问"就是读书人的"器具","才术"就是读书人的"僮隶"。一个"授经且句读不明,问难则汗颜莫对"① 的人,是难以胜任教师职位的。尽管作一般论述时,人们强调的是品行,但在实际操作的层面,判别一个塾师好坏的最重要标志,其实是他学问的优劣。古代大量有关塾师的笑话,如把《论语》中的"郁郁乎文哉"念成"都都平丈我",把《大学章句序》的开篇句破句读为"大学之,书古之,大学所以教人之",把《百家姓》的开篇句解释为"不过姓李的小猢狲,有了几个臭铜钱,一时就精赵起来"等等,都讽刺了古代塾师"浅陋荒疏无学识"。对塾师浅陋鄙俚、读破句、念错字、臆测杜撰、强作解人的嘲讽,也从一个方面说明了文化知识对于塾师的重要。

一般学塾聘请塾师,主要是看他是否有从教经历,而一些大户人家或官方的选择,标准相对明确一些,这就是看他在科举的路途上,取得了怎样的成绩,获得了什么功名。承乏塾师之职的,最好是经过本省各级考试而取入府、州、县学学习的生员,也就是俗称的秀才。在一些穷乡僻壤,"如无生员,附近童生中之有品行、常考试高取者,亦不妨延订"。② 很多的《义学条规》,都要求地方官员留心采访馆师,城乡蒙馆的老师,要在"本地附近生员儒士内","慎选诚朴自好、不与外事者"。③ 明嘉靖九年,山东巡抚刘节在曲阜县治建立了4所学塾,曲阜县下辖16社,各立学塾1所,选择孔氏家族的生员、儒士20人为塾师,以教孔、颜、孟三族8岁以上的子弟。清雍正时期,云南省东川府设立义学,也是在贡生、生员中,选择那些"熟悉风土、品学兼优之士"充任学师。

品学或文行,过去没有定量化的考察指标,只有在教学实践中才能反映出来,只有通过教学效果才能得到检验。有的人相信,"果其品端学

① 郑晓:《今言》卷三,见《四库全书存目丛书》史部第48册,齐鲁书社1996年版。
② 《义学章程十条》,《内自讼斋杂刻》第三册,《中国近代教育史资料汇编·鸦片战争时期教育》,第336页。
③ 徐栋:《牧令书》卷十六,见《官箴书集成》第7册。

粹，则从游者自众"。品学兼优的塾师，首先能获得蒙童和家长的认可，从其学习的孩童就会多。这样，一个简易的办法就是，"以学生之多寡，定塾师之优劣，并以经书之生熟，察课读之勤惰"。一所学塾，如果学童的人数达不到一定的数量，"非塾师不能认真课读，即品行不满人望"。①这是就有必要查明原因，以礼辞退，另行聘请合格的塾师。

三 尽心

古代塾师，除了要求具备高尚的道德、渊博的学问之外，还要求有对自己工作的忠诚，对东家"信托"的负责，对他人子弟前途的郑重。用古代的话来说，就是尽心，用现代术语来表述，也就是敬业。

敬业就是尊崇自己的职业。如果一个人以一种尊敬、虔诚的心情对待自己的工作，把自己的职业和一种高远而神圣的目标联系在一起，从而对其有一种敬畏的态度，他就具有了敬业精神。塾师教导的对象虽然是蒙童，但正是这些蒙童，他们被寄予了读书明理、延续家业的使命，肩负着通过读书来改变家族命运、光大门楣的重任。他们的身后，或许是寡母的"饮冰茹蘖，艰苦万端，举目无依，专望其子成立"；或许是"单传之子，累世宗祧关系一身"；或许是没有文化的父母，"苦不知学，辛勤拮据，令子从师，专心相托，望眼欲穿"。即使为了这些殷切的希望不至于落空，也有必要尽心加意，全力以赴，何况还有东家和子弟的礼待，就使得这种冀望更加深切乃至沉重。"父母为子延师，竭力措办束修，加意供奉饮馔，安心委付，即如托孤寄命的一般，日望其子明理醒事成人。子弟就拜门墙，尊称之曰先生，亲称之曰师傅，俯躬听受，即如投胎望生的一般，日求其师傅传道授业解惑。"② 一家人一代的兴衰，决定于子弟，而子弟终身的成败，则关系到塾师。这样看来，塾师的工作就不再是一桩简单的事情，而是事关他人前途和家族命运的神圣事业。

"人之子弟，所藉以承先启后，关系甚大。"即便有的子弟没有跟从自己受学，从与人为善的角度出发，也有必要指导提携，曲为成就。"况

---

① 《牧令书》卷十六。
② 《训蒙辑要》卷一。

既受人之托，须当忠人之事，尽心尽力，认真开导，不负专托之盛心。果能成就其子弟，光前裕后，即我之恩德及人处，积德昌后，其又何疑？"如果别人托付之初，自己不愿意接受，或者自量才疏学浅，难当此任，就不应该贸然应允。为了获得修金，不顾实情，轻率应承，草率应付，"或性糊涂，以其昏昏，使人昭昭，究之不能成己，焉能成物？致使人糊涂而来，终于糊涂而去，承先启后，一齐担搁"。这种误人子弟的罪过，等同于图财害命。"凡害人者，不过害人之身，此直害人之心，并及数世。包大尹断以图财害命之罪，可为庸师误人者戒。"①

教育工作是充满感情的培养人、教育人、感化人的工作，这是一项必须投入全部心力的事业。如果缺乏对于教育事业的敬重与热忱，缺乏对于教育对象的热爱和负责，以简单的完成任务、应付差事的心态从事这一工作，不仅是不够的，而且是不称职、不合格的。没有必要否认，塾师受聘执教和设学施教是为了谋得馆谷，获取修金，以仰事俯育。"我以精意教人之子弟，人之金帛养吾之父母，以其所有，易其所无，莫无甚害。"② 但是，教学不是单纯赚取束修的手段，不是一项为了谋生而不得已才从事的活动，而是一件严肃乃至神圣的事业。古人强调做东家的、为父兄的，不可吝惜学费，轻慢塾师，另一方面也劝谕塾师"不可计较学费，而阻人殷殷求教之心"。束修的多少不应该成为是否尽心的考量要素，无论如何，塾师都不应该"以主人厚薄为隆杀"。真正的尽心，就是不计成本和报酬的竭尽所能。即使遇到贫寒人家，根本不能筹办学费的，"亦宜体大道为公之心，竭力施教"。作为教师，最不应该的是因为赀薄而倦教，在自己的所得和自己的付出不相等时，不尽心尽力。"既嫌赀薄，应不受人之请。既受人请，即当忠人之事，岂可草率为教，而误人子弟哉？"③

尽心的另一种说法是不要"欺心"，不能欺蒙别人，更不能欺骗自己。学塾里的学生，和家长的要求并不一致，不同的家长，要求更是千差万别。正是这种不同的要求，常常使塾师处于两难的境地。"课少了主人

---

① 石平士：《童蒙急务》卷一，清道光三十年刊本。
② 林秀仲：《竹轩杂著》卷五，见《景印文渊阁四库全书》第114册。
③ 《童蒙急务》卷一。

嫌懒惰，功多了弟子道难为。"① 要兼顾东家的目标和学生的心性，着实为难。还有是严还是宽，尺度如何掌握，分寸怎样拿捏，也是问题。"一个学生一个主，有爱宽来有爱严。欲待随高就低，又怕玷辱了圣贤；欲待执法径行，又惹出许多詈言。"② 各随其便吧，不符合公平和公正的原则，用同一个尺度来约束，又难免引起一部分家长的不满。这里塾师面临着这么一个两难的局面："典家塾难其人，严则利于子弟，而不能久；狎则利于己，而负其父兄之托。"③ 这时塾师不应该贪惜自己的职位，因循苟且，循人之私，阿谀主人，奉承学生，全然不尽为师的本分，而有必要从东家的长远利益出发，从子弟健康成长的大局考虑问题，做自己认为正确的事情，直道无隐，尽心无愧。旧时所谓的"硕师"和"庸师"的区别就在这里："硕师有抱负识见，合则留，不合则去。庸师无学问以自持，唯佞谀而媚主。"④

四　善教

在论及一个人的有所成就的因素时，旧时说得最多的是个人的天资聪颖和勤学刻苦，此外就是教师的因材施教，训导有方。因此，善教是延请塾师的一个重要条件。一个称职的蒙师，不仅应该能教，而且必须会教。古人特别反对轻易更换塾师，认为这不仅是对塾师个人的不尊重，更是对师道尊严的轻慢。但是，如果遇到不善教的塾师，就连"木铎老人"余治这种极端保守的人，也主张辞退另请。"延师一事，最宜审慎。倘不善教导，即应辞却另请。"⑤

在《变通小学义塾章程》中，余治讲述了这么一个故事：有个人曾入塾五年，没有读诸如《孝经》《小学》《二十四孝》和《日记故事》之类如何做人的书，也不懂得做人的道理，每天只是读几句"四书"，背诵

---

① 《寓意集·村学先生自叙》，胡儋庵原辑、钱慎斋增订：《解人颐》，台湾老古文化事业股份有限公司 1993 年版。

② 蒲松龄：《学究自嘲》，《蒲松龄集》，上海古籍出版社 1986 年版。

③ 周辉：《清波杂志》卷五，见《景印文渊阁四库全书》第 1039 册。

④ 金埴：《不下带编》卷六，见《续修四库全书》第 1262 册。

⑤ 《得一录》卷十。

一些诗文。五年的塾中生活，丝毫无益于生活。所幸的是，一次到他姐夫家，和他姐夫家的塾师陈先生一同下榻书斋。"先生固老成人，善教诲，为我谈古今孝子悌弟及善恶果报事，教我如何事父母，如何待兄弟，如何治家，如何处世，以及立身择友之道，而统贯以两字，曰天理。反复详明，语甚恳切。我偶有一言近理处，先生极口赞叹，以为可教。我始恍然如梦初醒，觉前此所作事，都不可对人，愧汗无地。次夕，又授我小书一本，系先生所手抄，中多诗词，语极粗浅，大约言孝悌忠信等事。并略为讲解，命我读。我即欢喜领受，归而日夕读之，奉为至宝。自是乃恍然于为人之道，有如是其不可苟者，深悔从前之肆无忌惮，而犹幸今之所遇为未晚也。"① 按照传统的观点看来，像陈先生这样，以如何为人处世为教育的核心，循循善诱，多方鼓励，就是善教。善教的塾师，往往能使学生豁然开朗，引领学生走进一个全新的世界，使学生从内心深处，产生一种向善和学习的力量。

历史上受人尊敬的、最能化育人才的塾师，也是那些能针对学生的实情、因材施教、教育方法使用得当的塾师。明代有一位塾师张献可，是进士张选的父亲。他有学有识，尤其善教，但因为年老，不能入地方官学。"而邑中右族，则争迎致以为塾师。翁既每自惜其志之不就，及子选为童子时，而家故贫也，则群之于诸弟子中，而身自教之。翁教子弟，严而有法，温温诲诱，不专诃朴，故诸子弟视翁以为其父兄。其教选也，严于其所以教诸子弟者，不废诃朴，故选视翁以为其严师。选既冠，翁犹为之改所业课，而选畏翁一如童时。为塾师三十年，诸弟子彬彬多成材者。"② 在以"不打不成人"相标榜的学塾里，这位善教的塾师，"严而有法，温温诲诱，不专诃朴"，并用这样的方法将自己和他人的孩子教育成才，难怪学童把他当作自己的父兄，也难怪学童的家长们争相迎致。

在长期的教学实践活动中，广大塾师总结出了许多行之有效的方法。在古代有关启蒙教育的文献中，除了教材之外，流传最多的就是关于教育方法的文献。如宋代王日休的《训蒙法》，明佚名的《教子良规》，清陈芳生的《训蒙条例》、王筠的《教童子法》、唐彪的《父师善诱法》等。

---

① 《得一录》卷十。
② 唐顺之：《荆川集》卷十，见《景印文渊阁四库全书》第 1276 册。

其他如明王守仁的《训蒙大意示教读刘伯颂等》和《教约》、沈鲤的《义学约》、吕坤的《蒙养礼》和《社学要略》，清崔学古的《幼训》和《少学》、张行简的《塾中琐言》、李新庵和陈彝的《重订训学良规》、石天基等人的《训蒙辑要》、计良的《训蒙条要》，以及家谱中众多的塾规，也有相关的论述。这些文献，既是启蒙教学经验的总结，也指导了启蒙教学实践。

不仅塾师和学者注重教学方法的总结、交流和传播，而且一些地方官员也很注意蒙馆中的"训读之方"。叶镇在《作吏要言》中曾建议：地方官员应该将所管辖境内所有蒙馆访问清查、登记造册。"下乡经过，不妨到馆，先与馆师讲究训读之方，示以学徒应读之书。下次经过，复至馆查问奖劝。不徒知馆师学问教法，学徒内有资性可以上进者，亦可物色。"① 馆师的"教读之方"和"教法"，被当作是地方官员检查考核的主要内容。

启蒙教育是为人的一生奠基的工作。早在《易传》产生的时代，就出现了"蒙以养正，圣功也"的说法。启发蒙昧，通过教育使蒙童获得正确的认识，被看作圣人的功德。启蒙教育被看成一个人终身事业的根本，被看作一个人一生乃至一个家族一代成败之所系。"子弟读书，有成有废，乃关系门户盛衰，一家祸福。为师者，成就得一个好人，便即是许大阴功，若耽误人家子弟，亦大伤天理，与寻常亏欠者不同。"② 启蒙教育既是大事，也是难事。而从事启蒙教育的塾师，也远不是人们通常想象的那么简单。"为师难，为蒙师更难。蒙师失，则日后难为功；蒙师得，则后来易为力。"③ 品行、学识、尽心和善教，正是传统社会为了完成启蒙阶段的使命而向塾师提出的任职资格要求。

（原载《教师教育研究》2006 年第 4 期）

---

① 《牧令书》卷十六。

② 沈鲤：《文雅社约·义学约》，见《四库全书存目丛书》子部第 86 册。

③ 崔学古：《幼训》，见《檀几丛书》二集卷八。

明清时期塾师的收入

　　明清时期在家塾、义塾和私塾中从事教学的老师，就是塾师。塾师的收入，并不完全来自于执教授徒。如康熙年间徽州府婺源县庆源村的塾师詹元相，他的束修十分有限。韩国学者权仁溶，根据詹氏的《畏斋日记》统计：1700 年为 1 两 6 钱，1701 年为 4 钱 5 分，1702 年为 2 钱，1703 年为 1 两 7 钱，1704 年为 8 钱，1705 年为 1 两 9 钱 7 分。一年间最多的束修也不到 2 两，塾师的收入在他的经济活动中所占的比重不大，他的主要收入是出租土地、以多种方式收取利息。[①] 除此之外，虽然塾师往往可以获得如张仲礼所说的"在家乡提供绅士服务的绅士收入"[②]，但通过教学所获得的收入，包括束修、膳食和节敬，通常是塾师的主要收入来源。

一　束修

　　束修又作"束脩"，是指致送给教师的酬金，相当于现在的工资。塾师的收入虽然不限于束修一项，但无论何时何地，束修都是塾师最主要的收入。

　　明清时期的学塾，大都因陋就简，花费不多。尤其是义学，主要由百姓捐助设立，"或一家捐一学，或数家公捐一学，或一村立一学，或数村公立一学。馆舍不必择地，修金不拘成数，大以成大，小以成小，各就地

　　① ［韩］权仁溶：《清初徽州一个生员的乡村生活——以詹元相的〈畏斋日记〉为中心》，《徽学》第 2 卷，安徽大学出版社 2002 年版。
　　② 张仲礼：《中国绅士的收入》，上海社会科学院出版社 2002 年版，第 196 页。

方情形变通办理。"① 特别是在各级地方官府敦促设立的情况下，一时能筹措到的资金十分有限，这时束修往往是一所义学的主要开销所在。道光五年（1825），周凯在所发布的《劝谕襄阳士民设立义学告示》中，算了这样一笔账：设立一所义学，最好有四五百金的本金，至少也要有二三百金。如果每年一分利，"其捐数多者可得息四五十金，以三四十金作馆师修脯，十金作学生纸笔；捐数少者得息二三十金，仅作馆师修膳，亦可以图久远"。② 从这一计算中可见，塾师的束修在这里占了绝大部分，在学校收入较少的情况下，只好用所有的收入来保证支付塾师的束修。学塾的建立，往往是"择乡村中庙宇寺观以及大族公祠，通融一二间可容师徒者，作为书屋"。正如唐鉴所说，"义学既无须兴建书屋，则所筹画专在塾师束修。"③ 这也就意味着，塾师的束修是学塾中最必要的也是最主要的支出。

这显然不是个别的事例，而是一种普遍的情形。清同治年间，戴杰任山东陵县县令，创建了赵王寺义学。他在向上级官府禀告的公文中，说他曾经"先后劝据绅富人等捐资，连卑职捐发银两，置买田地共三十四亩二分七厘有零，岁收租价京钱六十八千文，以六十六千文为延师修脯节礼之需，下余两千文存备义学零用"。④ 在赵王寺义学一年 68 千文的总收入中，塾师个人的"修脯节礼之需"，就占了 97% 以上。道光十三年（1833），太谷知县孙衔修复义学之后，为学校制定了规约。规约中规定："谷邑有官地、民房数处，每年收租银 50.95 两，作为塾师修金。向系礼房管理，今移归儒学，庶归实用。塾师修金每年 40 两，端节、中秋每节节礼 2 两，其余作修理房屋之用。"⑤ 太谷县义学的年收入不到 51 两，以前全部用作塾师的束修。

---

① 栗毓美：《义学条规》，《牧令书》卷十六，《官箴书集成》第 7 册，黄山书社 1997 年版，第 367 页。

② 周凯：《劝谕襄阳士民设立义学告示》，《内自讼斋杂刻》第三册，见璩鑫圭编：《中国近代教育史资料汇编·鸦片战争时期教育》，上海教育出版社 1990 年版，第 319 页。

③ 唐鉴：《兴立义学示》，《唐确慎公集》卷五，见《中国近代教育史资料汇编·鸦片战争时期教育》，第 324 页。

④ 戴杰：《创建赵王寺义学禀》，《敬简堂学治杂录》卷二，见《官箴书集成》第 9 册，第 53—54 页。

⑤ 吴秀峰、梁才主编：《太谷教育志》，山西人民出版社 1993 年版，第 16 页。

在收归县儒学管理之后，仍有 44 两用在了塾师的束修和节礼上。在一些学塾，因为有限的收入还要照顾生徒的生活及日用，塾师的修金只占了学塾投入很小的一部分。如浙江会稽的张氏家族，每年用于学塾的投入为 60 千文，蒙师的修金只有 20 千文，而其他杂费则有 40 千文。

　　束修的结算，有三种方式，除了银钱和实物之外，还有用银钱和实物混合结算的。在我国一些商品经济欠发达的地区，往往以实物尤其是粮食作为致送塾师的束修。因为以粮食作为束修非常普遍，所以束修也被称之为馆谷。如明朝万历元年（1573），龙泉翁氏致送塾师的束修，是一年谷 60 石。① 吕坤在《兴复社学》中谈及社师的报酬时也说："大段社师以每岁粟二十石为厚供，少亦不减十二石。多寡之数，以学问与功效为差。"② 清朝顺治五年（1648），江苏苏州吴氏家族规定："延举业师，贴米十二石；句读师，贴米十石。"③ 在明代以谷物结算塾师的酬金较为普遍，直到清朝也没有完全绝迹。

　　有不少塾师的束修，既有谷物，又有银两。正德十六年（1521）的进士黄佐，在所订立的乡礼中要求乡民礼敬塾师："其束修，务从俗加厚。在城大馆，官给银二十两，有司以礼待送。在乡则约正等，率各父兄出谷及菜钱。若待之不以礼，及有始无终者，必罚。"④ 在城镇塾师的束修是官府所给的银两，而在乡村是乡民分摊的谷物和菜钱。万历三十八年（1610），常熟县的 12 名塾师，"每名馆谷十石，俸八两，聘礼各五钱，清明、端阳、中元节仪各三钱"。⑤ 崇祯十四年（1641），陈舜系在黄惟萼家塾为塾师，当时正值明末谷价昂贵，一石米 800 钱。"予昼训书，夜则通宵誊录。是年馆谷得米二十石，办月钱四千八百，皆惟萼一身肩之。又让屋完娶，一切酒米并伊夫妇照

　　① 《龙泉县志》卷五，清光绪四年刊本。
　　② 吕坤：《兴复社学》，《新吾吕先生实政录》卷三，见《官箴书集成》第 1 册，第 470 页。
　　③ 《吴氏支谱》卷十二，清光绪八年江苏苏州刊本。
　　④ 黄佐：《泰泉乡礼》卷三，见《景印文渊阁四库全书》第 142 册，台湾商务印书馆 1986 年版，第 619 页。
　　⑤ 缪肇祖、冯复京纂修：《常熟县儒学志》卷三，见《北京图书馆古籍珍本丛刊》第 51 册，书目文献出版社 1988 年版，第 318 页。

料。"① 待遇非常优厚。谷物和银两一并用作支付手段，可以避免因为粮价波动给塾师生活带来的负面影响，一定程度地保证了塾师基本生活的稳定。当然，在明代，也有一些地区单纯以银两支付塾师的束修。周汝登在《社学教规》中就说："教读在学自爨，则一年之饩，须二十金，少者十五金，视生徒众寡以为隆杀。"②

随着社会经济的发展和商品经济的发达，致送塾师的束修，逐渐以银钱为主。在清代，以实物支付塾师的束修，在文献中已经很少见到。正因为如此，束修被称为"修金"日渐普遍。栗毓美订立的《义学条规》，对塾师的薪俸作了这样的规定："今拟定修金四十两为大学，三十两并二十五两为中学，二十两十数两为小学。"③ 这里所谓的大、中、小学，是指学生的人数多少而言，其中学生 25 名的是大学，20 名的是中学，15 名的是小学。唐鉴在《兴立义学示》中则说："本乡村中生监及童生之有品者，公为聘延，每年束修薪水以二三十金为约。"④ 同治七年，戴肇辰在琼州府筹得银 550 两，发典生息，用作府义学的经费。为此订立的《琼州府义学章程》，对塾师的薪俸也有明文规定："每年修金三十六两，贽敬一两，节敬三两，由本府发琼台书院，监院按月按节支送。"⑤ 山东陵县县令戴杰订立的《劝办义学章程》，规定塾师"常川住塾，每年酌定束修京钱六七十千为准，按季分送"。⑥ 光绪末年，柳堂为山东惠县县令，创立了郭家庄等多所义学，订立的章程规定："每年如得利五十千者，以四十千延请塾师，余作杂费。"⑦ 丁日昌在所制订的《社学章程》中规定："塾师一人，课徒以十人为率，每月酌给束修膳金五千文，月费一千文，

① 陈舜系：《乱离见闻录》卷上，见《明史资料丛刊》第 3 辑，江苏人民出版社 1983 年版，第 246 页。

② 周汝登：《社学教规》，《东越证学录》卷十三，见《四库全书存目丛书》集部第 165 册，齐鲁书社 1997 年版，第 661 页。

③ 《义学条规》，《牧令书》卷十六，《官箴书集成》第 7 册，第 367 页。

④ 《兴立义学示》，《唐确慎公集》卷五，《中国近代教育史资料汇编·鸦片战争时期教育》，第 325 页。

⑤ 戴肇辰：《琼州府义学章程》，《从公三录》，《官箴书集成》第 8 册，第 301 页。

⑥ 戴杰：《劝办义学章程》，《敬简堂学治杂录》卷四，《官箴书集成》第 9 册，第 88 页。

⑦ 柳堂：《创立郭家庄等义学章程》，《宰惠纪略》卷五，《官箴书集成》第 9 册，第 524 页。

按月支领。"① 这些地方政府官员以章程或规条的形式，所作出的有关塾师薪俸的规定，最接近广大塾师的平均水平。清初理学名儒张履祥在《处馆说》中说："今之为师者，子弟从之，必取盈其贽，多者百余金，寡者亦数十金。"② 说的是塾师收入较多的一种情形。

清代各个家塾塾师的束修，与义塾的情况大体相当。以下根据一些家谱，列举清代中后期家塾支付塾师修金的情形，其中主要集中在较为富庶的江浙一带，可以代表塾师束修中等偏上的水平。

时间	地域	家族	束修数量	材料出处
道光四年	江苏常熟	太原王氏	银五两	民国八年《太原王氏家乘》卷七
道光二十一年	浙江会稽	登荣张氏	二十千文	道光二十一年《重修登荣张氏族谱》卷十九
咸丰五年	江苏毗陵	屠氏	三十千文	光绪三十一年《屠氏毗陵支谱》卷一
咸丰八年	浙江绍兴	山阴徐氏	五十千文	民国八年《山阴安昌徐氏宗谱·文海家塾记》
光绪二年	江苏苏州	彭氏	月六千文	民国十一年江苏苏州《彭氏宗谱》卷十二
光绪七年	江苏洞庭	席氏	三十六千	《席氏世谱载记》卷十二
光绪九年	浙江山阴	安昌徐氏	五十千文	《山阴安昌徐氏宗谱》卷二
光绪十二年	河南安阳	安阳马氏	五十千文	光绪十六年《安阳马氏祠堂条规》
光绪十八年	江苏华亭	华亭顾氏	四十千文	《华亭顾氏宗谱》卷七
光绪二十一年	浙江山阴	白洋朱氏	三十千文	《山阴白洋朱氏宗谱》卷五
光绪三十四年	浙江嘉兴	姚氏	六十千文	《姚氏家乘》第五本

在同一个私塾，教学对象不同，束修的多少也有区别。如浙江嘉兴的姚氏家族的私塾，分为东塾和西塾。"子姓十岁以内及十岁外愚钝者，从

---

① 丁日昌：《抚吴公牍·设立社学札暨章程》，《中国近代教育史资料汇编·鸦片战争时期教育》，第 327 页。
② 张履祥：《处馆说》，《杨园先生全集》卷十八，中华书局 2002 年版，第 549 页。

西师学，以八人为式，至多限以十人。至十一岁而读书能有进益者，即宜升至东塾，将东塾之读书难造者为之更换。"西塾的学生的层次较低，而东塾学生的层次要高一些。"子姓十岁以外、资质聪颖可能造就者，从东师学，以六人为式。每日讲读经书之外，课以朱子《小学》，务期修身立品，进退周旋不失为循良子弟。"按姚氏家族的《义庄赡族规条》："东师修金每年八十千文，西师每年六十千文。"①

明清时期众多的小说中，也屡屡提到塾师的束修。明朝浙江夔衷张应俞所著的《江湖历览杜骗新书》，在第十二类《在船骗》中说："侯官县一田秀才出外作馆，年冬归，得束金四十余两，衣被物件，亦十余两，共作两大笼。"明清之际丁耀亢的《续金瓶梅》第四十六回《傻公子枉受私关节，鬼门生亲拜女房师》，说汴京西河桥的严秀才，母子贫穷度日不过，只得求了一馆，教几个小学生读书，每年馆谷不过十五六金。清代顺治年间由一个自称"西周生"的山东人创作的《醒世姻缘传》，第二十三回《绣江县无偿薄俗，明水镇有古淳风》中，说李大郎请"绣江县一个半瓶醋的廪膳"舒忠，来家教育自己的两个孩子。"恐怕先生不肯用心教得，要把修仪十分加厚，好买转先生尽心教道，每年除了四十两束修，那四季节礼，冬夏的衣裳，真是致敬尽礼的相待。"吴敬梓的《儒林外史》是一部表现中国 18 世纪前后江南士绅生活的小说，其中很多处提及塾师和他们的束修。第二回写山东兖州府汶上县有个叫薛家集的乡村，村民们商议请个塾师给孩子们启蒙，商定"每年馆金十二两银子"，其中包括了膳食的费用。第三十六回说虞育德应考进了学，"次年，二十里外杨家村一个姓杨的包了去教书，每年三十两银子"。同一回虞博士曾对自己的夫人说："我自从出来坐馆，每年大约有三十两银子。假使那年正月里说定只得二十几两，我心里焦不足，到了那四五月的时候，少不得又添两个学生，或是来看文章，有几两银子补足了这个数。"第五十五回写盖宽卖了半年的茶之后，"有个人家出了八两银子束修，请他到家里教馆去了"。第四十六回写虞华轩呈上专帖，"敬请余大表兄先生在舍教训小儿，每年修金四十两"。

不同时代、同一时代不同地区、同一地区不同塾师、同一塾师在不同

---

① 《姚氏家乘》第五本，清光绪三十四年浙江嘉兴刊本。

时期和面对不同的教学对象，收入的差距很大。清末山西太原塾师刘大鹏，曾遇到一位因经商失败而去教书的人，"班荆交谈，备言所教童子五、六人，每人送束修钱一千六百文，一年所得不满十千钱，糊口亦不够，何能养家乎，真苦之至也"。① 但刘氏本人运气还不错，遇到一位好东家，对刘氏也很好："前岁定馆时言明：及门者四人，看文者一人，修金一百，馔皆东家备办。此外尚带外徒二人，小儿一人。今者来馆，东家又荐一人及门，未曾言修金多寡，此亦够吾办理矣，世之舌耕者不少，余亦与之为伍耳。"② 在《儒林外史》中，老童生周进60多岁还未考取生员"入学"，在私塾教书，"每年馆金十二两银子，每日二分银子在和尚处代饭"。每天2分合每月6钱的伙食费支付后，周进每月只剩4钱银子，和兖州府汶上县薛家集村民请的塾师的收入一样。李百川的《绿野仙踪》第一回，说冷于冰到了9岁时，父亲冷松请王献述来教他。王献述是"江宁上元县人，因会试不中，羁留在京。此人极有学问，被本城史监生表叔胡举贤慕名请来，与史监生做西宾，教读子侄，年出修仪八十两。只教读了六七个月，史监生便嫌馆金太多，没个辞他的法子，只得日日将饮食、茶饭核减起来，又暗中着人道意：'若王先生肯少要些修金，便可长久照前管待。'献述听了大笑，立即将行李搬移在本城关帝庙暂住，一边雇觅牲口，要起身入都。冷松素知王献述才学，急遣人约请，年出修金一百两，教读于冰"。王献述和周进、薛家集塾师的束修，相差10倍之多。

刊行于道光三十年、题署为石平士编次的《童蒙急务》，在论及"尊师"时，提出要"学钱宜重"。其中指陈了当时塾师收入低下的状况，也提出了自己理想的标准。"近见蒙馆中，富者学钱，止一二千；贫者学钱，止七八百，甚至有二三百文者，殊属不成事体。屈指一堂学生，已有二十余人，统计一年学费，不过十三四千。比之人家雇工，虽见有余，较之有等匠师，则大不足。"可见塾师收入的实情及在整个社会中的经济地位。为此作者告诫那些为父兄的人，既然希望塾师善教勤诲自己的子弟，就不要吝惜学钱。"出得起学钱得，每人一年或四千、五千、六千、七千，务须尽力具办，不可推诿。如顶上极富者，可出五六十千文；即极贫

---

① 刘大鹏：《退想斋日记》光绪十九年五月初八日，山西人民出版社1990年版，第20页。

② 《退想斋日记》光绪二十二年二月初四日，第55页。

者，亦宜有二三千之谱。学人不可多，亦不可太少，或六七人，多则十一二人。总计一年学钱，必有五六十千，少亦要有四十千之谱，方可成事。切莫吝惜不出。"① 表明了一般人心目中塾师收入的理想状况。

塾师的束修，有的"按月支送"，有的"酌送二月"，有的"按季致送"，还有的则是在节令时致送，"族姓子弟，年八岁以上，无力读书者，听其父兄择就近师傅肄业。告明董事，酌助修金若干。分四季，义仓掌管，执事面送塾师。清明、端节、七夕、重阳前一日，子弟持书到仓，董事稽考功课，有益则给，无益则止"②，很少一次性支付的。对此，粟毓美曾解释说："修金按月支送，非过事苛刻也。缘塾师不无更易，一经透支，则修脯既亏，学将中废，固不得不从长计议，定以限制。"③ 束修的分期支付，主要是为了避免因为塾师改易带来的麻烦。另一方面，不少地方的束修是靠利息支付的，只有到了刻定日期，东家或首事才有可能在不动本金的前提下向塾师支付。

在束修问题上，塾师抱怨最多的并不是束修数量的少，而是束修支付的滞后，不能按规定的时间支付塾师的束修。束修数量的多少，是事先说定的，大家心中有数，但是，东家不能及时支付束修，却是许多塾师难言的隐痛。束修不时、拖欠支付不是个别的问题，而是普遍的存在。许多塾师都在诗文中表达了自己的不满："东道不还束修，教师诮以诗曰：'东君何事太蛮擅，束脯终年不肯还。擎伞遮阴专为热，围炉向火只因寒。'"④ 一些诗作则表达了讨要束修而不得的难堪："蒙馆舌耕不自由，读书人到下场头。每逢年节先生苦，亲去沿门要束修。"⑤ 何况这种讨要总被东家敷衍搪塞。由于不能按时支付，导致了塾师及家人希望的落空，使塾师一家人的生活陷于严重混乱。

不按时向塾师支付束修，不仅让塾师抱怨，而且令一些真正尊师的东

① 石平士：《童蒙急务》卷一，清道光三十年刊本。

② 《徐氏义仓规条》，《山阴安昌徐氏宗谱》卷二，清光绪九年浙江山阴刊本。

③ 《义学条规》，《牧令书》卷十六，《官箴书集成》第 7 册，第 368 页。

④ 乐天大笑生编：《解愠编》卷一，《历代笑话集续编》，春风文艺出版社 1985 年版，第 18 页。

⑤ 李静山：《增补都门杂咏·时尚门·散馆》，路工编选：《清代北京竹枝词（十三种）》，北京出版社 1962 年版，第 94 页。

家也愤怒。"又有窭子贫士，妄于束修许而不予。致烦师屡促，或浼人转达，如求乞然。而犹置若罔闻，或故为延缓，甚者有年终挂欠、终归乌有者。有是理哉？"为此，他叮咛自己的后人，"束修宁可量力厚薄，宜慎于始；供馈宁可称家有无，要期于终。万不得效近日作俑者行径也。"① 强调不能用几近欺骗的手段，拖欠塾师的束修，甚至最终不了了之，践踏塾师的尊严，也戕害自家的道德。

除了不能按时支付束修之外，还有束修支付的质量也得不到保证。"束修况复多虚花，料谷腐米如丹砂。输贫偿债两无用，此物如何得养家？"② 支付给塾师的束修，是已经陈腐变质的米谷，既不能用来自家食用，也不能用来偿还债务。实物是这样，银钱也好不到哪里。"收的低银潮色，皆缺戥头。"③ 存在着成色不足、缺斤短两的问题。

二　膳食

塾师的膳食，也就是塾师在教学期间的饮食，问题看似简单，实际情形颇为复杂。

最为塾师所理想的状况是，塾师住在塾馆之中，一日三餐由东家提供，这就是所谓的"供馔宿馆者为上"。但这只有较为富裕的东家才能承受。东家备办的塾师饮食，一般是"常膳二簋：一肉一蔬；宴会四簋：二肉二蔬"。④ 对一些并非大富大贵的人家来说，塾师的日常饮食，是非常沉重的负担。如在张履祥家，"昔者，先孺人延师以教予兄弟，每日炅辄计次日先生膳，不给则纺木棉夜半"。⑤

一些特别富有的家庭，往往专为塾师设灶。清末山西太原塾师刘大鹏说："余之馆馔，皆东家供给，渲儿从余读书，亦不出一钱以摊饭食之

---

① 李淦：《燕翼篇·延师》，《檀几丛书》二集卷十一，上海古籍出版社 1992 年版，第 268 页。
② 《寄怀集·屈屈歌》，胡儋庵原辑、钱慎斋增订：《解人颐》，台湾老古文化事业股份有限公司 1993 年版，第 179 页。
③ 《寄怀集·青毡述苦文》，《解人颐》，第 184 页。
④ 《处馆说》，《杨园先生全集》卷十八，第 546 页。
⑤ 同上。

费，东家之待余，可谓厚矣。平日在馆，一日三餐皆余为吩咐，书童备办，恒择可口者食之，多素而少荤，在己以为过奢，而旁观者反诮余过俭。"①

东家还通过以下几种途径，向塾师提供膳食。一是由东家按顺序安排学生的家庭供给塾师柴、米、油、盐、菜蔬，由塾师本人或其家属自烹自调，这种形式称之为"自爨公养"。浙江山阴安昌徐氏宗族，除向塾师支付"每岁修金五十千文"外，塾师日常所需的"薪米油茶"，由"仓中供给"。② 江苏华亭的顾氏宗族，在"每师每年束修钱四十千文"外，又向每位塾师提供二十四千文伙食钱。在这里，"公养"由家族动用"公仓"或"公库"统一付给。

二是由离学校近而且有供膳能力的学生家庭轮流供膳，这种形式称之为"吃转饭"。供饭天数和轮流方式各不相同，由各家共同商定。"农民平常不易吃肉，但给老师送饭，每顿饭必有肉有鱼有菜。菜是自己种的，鱼到河里捉，肉则到街上买。"③ 也有以一家为主，塾师吃住在一家，另几家帮助一些银钱和食物的情形。在私塾中的塾师，学生往往也要送些生活必用品，如一斗米、一斤油、一斤盐、一斤茶、一斤烟，即所谓"升米四斤"，用作塾师的口俸。

另一种情况是，食宿完全由塾师自行解决，东家概不负责。河南安阳马氏家族规定："先生满年修金五十千文，节敬饭食俱在内。"④ 光绪二年，江苏苏州彭氏家族支付给塾师的"月修陆千文，节敬饭食俱在内"。⑤ 两个家族都明确规定，在向塾师支付的束修中，就包括了膳食和节敬的费用，不会另行支付。一般情形是，如果另外提供膳食，塾师的束修可能会低一些；如果塾师自行解决膳食问题，则束修可能会高一些。但由于束修没有一个为全社会接受的共同标准，高低也只是一个相对的概念。

雍正八年成书的《姑妄言》第九回《邬合苦联势利友，宦尊契结酒

① 《退想斋日记》光绪二十七年七月十八日，第101页。
② 《山阴安昌徐氏宗谱》卷二，清光绪九年刊本。
③ 张倩仪：《另一种童年的告别——消逝的人文世界最后回眸》，商务印书馆2001年版，第66页。
④ 《安阳马氏祠堂条规》，清光绪十六年刊本。
⑤ 《彭氏宗谱》卷十二，民国十一年江苏苏州刊本。

肉盟》中的一段，很能说明旧时膳食对于塾师的重要。武弁李太成了显官之后，要雇个塾师来教孙子们识字，以成就文武世家的名声。李太因此请了广教官来，托他帮忙请个塾师。广教官想到了乾行寒，在征得他的同意之后，向李太推荐。李太提出的条件是："一个月只好一两工银（林钝翁评：近来就算是好馆了），饭是自己回去吃（林钝翁评：近来亦多有之）。"广教官笑道："束修多寡倒也罢了。府上这样门第，那里有先生回去吃饭的理？若是住得近还罢了，要住得远，一日回家吃两遍饭就晚了，还读甚么？"李太想了一会，又皱着眉曲指头算了算，说道："供给他吃饭，一日只算五分银子，一年倒要十八两，比工银还多。这是买马的钱少，制鞍的钱多了，成不得。"广教官道："读书的人饮食倒不责备，就是家常茶饭也可款待，只要洁净应时。"李太道："既如此说，一日两顿，就是随常茶饭，只好初一十五吃个犒劳有些肉，闲常是没有的。至于要吃点心吃酒是他自买。"由这段文字及与作者同时的林钝翁的批注可见，对于东家而言，膳食往往是一笔不小的开销，很多情况下甚至超过了束修的费用。在清朝初年，一月一两银子，已经是塾师不错的收入了，这与《儒林外史》写南方的穷读书人教馆、每年束脩12两银子的情形完全吻合；即便是在专馆中，东家不提供饮食而由塾师自己回家吃饭的情形，当时也比较普遍。

对于东家不提供塾师饮食的情形，不仅塾师有怨言，而且一些东家也有微词。如清代的李淦曾说："礼有就学，无往教，古之道也。"如果说，不能赴老师家受教而将老师请来家传教还可以接受的话，那么，不向延请来家的老师提供饮食，实在有违尊师之道，难以理解。"邑中有守财卤，竟有不供馈而令师走家食者。致严寒酷暑，常仆仆道途中，尊师之道安在？"①

塾师在塾饮食，有时和学生一同进行，所以有的塾规专门对学童的饮食行为作了规定。"朝夜每食四簋，二荤二素，侯先生就席后，循序入座。不准凌乱，亦不得拣择肥甘，杯盘狼藉。"② 要求学生在饮食时尊重塾师。更多的时候，老师和学生是分头用餐，而且饮食有所不同。"凡庄

---

① 《燕翼篇·延师》，《檀几丛书》二集卷十一，第 268 页。
② 《陆氏葑门支谱》卷十三，清光绪十四年江苏苏州刊本。

学，每日膳馔，虽世守薀盐，不须过腆，然颇宜精洁。酌定晨昏用粥，四人一席，午餐荤素两簋。师席倍之，以昭敬礼之意。"①

一般说来，请得起塾师的应该是经济条件相对较好的家庭，而塾师在东家，受到的礼遇与仆人、雇工完全有别。塾师的饮食，即使不比东家的家人好，但也不至于更差。一般来说，饮食待遇并不低。膳食"由东家供给，而且另开一桌，有荤有素，比较优厚。有时还请先生点菜，十分恭敬。家有宴会，教师坐首席"。②塾师吃饭，往往要有主人陪同。多家合作请塾师的人家，虽然自己平时难得吃到鱼肉，但轮到自己供饭的时候，每顿饭必有肉有鱼有菜。

出乎我们意料的是，对东家提供的饮食粗劣的抱怨，是塾师最为集中的话题之一。在塾师发泄怨愤的《塾师四苦》中，其中之一就是饮食。"今日村庄家，礼体全不顾。粥饭只寻常，酒肴亦粗卤。鱼肉不周全，时常吃豆腐。非淡即是咸，有酱又没醋。烹调总不精，如何下得肚？勉强吃些饭，腹中常带饿。"③在《学究自嘲》中，也有对饮食的自嘲："馆谷渐渐衰，馆谷渐渐衰，早饭东南晌午歪，粗面饼卷着曲曲菜。吃的是长斋，吃的是长斋，今年更比去年赛，南无佛从今受了戒。鱼肉谁买，鱼肉谁买？也无葱韭共蒜薹，老师傅休把谗癖害。"④很多民间故事和笑话，如《解愠编》的《豆腐先生》《笑林广记》的《嘲馆膳诗》，都从东家吝啬的角度，讽刺其向塾师所提供饮食的单调。

三 节敬

在每年特定的节令，或者一学年开始或结束、或者学塾开办或关闭的时候，东家往往会向塾师致送银钱或礼物，这被称为"节仪"。因为节仪是用来表示对塾师礼敬的，所以也被称为"节敬"。有一些私塾，明文规定节敬和膳食都包括在束修之内，在节令时也就不再另行致送。还有一些

---

① 《广义庄劝学规矩》，《范氏家乘》卷十五，乾隆十一年江苏苏州刊本。
② 《另一种童年的告别——消逝的人文世界最后回眸》，第66页。
③ 《寓意集·塾师四苦》，《解人颐》，第130页。
④ 蒲松龄：《学究自嘲》，《蒲松龄集》，上海古籍出版社1986年版，第1749页。

私塾，平时并不向塾师支付束修，而在节令时支付。这时支付的束修，就有了束修和节敬的双重意义。

节令的确定，主要依照我国传统的节日，但各时代或地区也有差别。江苏华亭顾氏的家塾，"每年开馆定于正月二十日，解馆定于十二月二十日，清明、夏至、端午、七月望、中秋、十月朔、冬至七节，每节解馆三日"①。浙江山阴安昌徐氏，则以四节或四季致送修金，也就是清明、端节、七夕和重阳。更多的家族，强调的是六节。如江苏常熟的太原王氏家族规定："塾师修金，六节按节送银五两。"江苏华亭的顾氏家族，在"每师每年束修钱四十千文，伙食钱二十四千文"之外，在开馆和解馆时，还"各送代席钱二千文"。② 在很多地方，最重视的是三节两寿："三节"是指端午节、中秋节、春节，"两寿"则是指孔子诞辰日和塾师生日。

节敬在塾师收入中所占的比例一般不是很大，但对于收入微薄的塾师来说，并不是可有可无的。《儒林外史》中的老童生周进，一年只有 12 两的束修，在每天 2 分合每月 6 钱的伙食费付掉后，周进每月只剩 4 钱银子。但除了正式束修外，他还能得到一些对于他的生活不无裨益的节敬。比如开学第一天学生所送的"贽见"："荀家是一钱银子，另有八分银子代茶；其余也有二分的，也有四分的，也有十来个钱的，合拢了不够一个月饭食。"

一些有力之家设置的义学，塾师的束修由东家统一备办致送，学生的家长不必承担，所谓"义学束修，东道总备，分四次送。每季仲月十五日送一次，其诸学生家，不必又具私礼"。但遇到节令，则随各家情形，不作具体规定，所谓"若节间酒果之仪，或有或无，各随其便"。③ 有的义学规定，遇到节令或先生生日，学生要向先生揖拜，以示礼敬。除最初上学要有"贽见礼"之外，这时不必另备礼物，有送礼物的也不禁止。"先生生日及冬至元旦拜节，如初上学之仪，但不执贽，有行节礼者

---

① 《华亭顾氏宗谱》卷七，清光绪二十年江苏刊本。
② 同上。
③ 沈鲤：《文雅社约·义学约》，见《四库全书存目丛书》子部第 86 册，第 604 页。

随意。"①

在所有的节敬中，贽敬或贽见之仪是最基本的。贽敬或贽见之仪是拜见之贽，也就是学生第一次进学拜见老师敬呈的礼物，一些地方俗称"拜见"。节令或塾师生日时可以不送礼，但第一次进学从师，贽见礼是必不可少的。所谓"子弟入塾，例必具贽见之仪。"学童第一天入塾，按传统习俗，先向孔子的神位跪下磕头，后跪拜塾师，并献上"贽敬"。但用作贽见的不一定非得是银钱或礼物，令人不可思议的是，它可以是用来表明学生或学生家长向善行德的珍惜字纸。"须嘱每人携家中所有残弃字纸，并妇女夹鞋样书簿一本，并路途所拾弃字，作贽见之礼。"② 但这种情形实际上几乎不存在，它不过是该章程作者余治的一种理想化设计。

在一些私塾，除了束修和膳食外，并没有额外的节敬，以至于遭到一些塾师抱怨："节礼包分文未见，到说如今不作。"③ 官方社学或义学的束修有统一的规定："修膳之外，塾师不得向学东索取分文。如课读得力，学东愿酬劳者听。"④ 可见，节敬是基于东家礼节的致送，与束修的性质不同，它并不是必须支付的，有的甚至明文规定塾师不得索要。

"在中华帝国，教学被认为是绅士荣耀的职业。然而，教学虽受人尊敬，但比起绅士从事的大多数其他事物，其收入较低。"⑤ 根据张仲礼的研究，"一个高级官员，比如一个巡抚，估计其年收入约为18万两银子；重要的地方行政官员，比如知县，约为3万两银子；一个学官约为1500两银子，但若为知县服务，则为250两银子"。⑥ 虽然具有绅士身份（通过科举考试而获得功名的人）的塾师，其收入要比非绅士的塾师高很多，但与以上的职业相比，在绅士阶层中，以塾师的收入为最低。不具有绅士资格的普通塾师，一般一年只有30两左右收入，所得就更加低微。在明清时期，一般劳动者的年收入约为10两，与这些人比起来，塾师的收入

---

① 沈鲤：《文雅社约·义学约》，见《四库全书存目丛书》子部第86册，第604页。

② 余治：《变通小学义塾章程》，《得一录》卷十，《官箴书集成》第8册，第629页。

③ 《寄怀集·青毡述苦文》，《解人颐》，第184页。

④ 柳棠：《整顿城关义学》，《宰惠纪略》卷一，《官箴书集成》第9册，第499页。

⑤ 《中国绅士的收入》，第88页。

⑥ 同上书，第196页。

显然又高出许多。总的说来，塾师是知识阶层中收入最低的一个阶层，但从全社会来看，具有绅士身份的塾师，收入足够他和他的家人过上小康生活，而广大普通的塾师，其收入在正常情况下，也能保证一家人的温饱。

（原载《中国社会经济史研究》2006 年第 2 期）

传统学塾中塾师的辛酸苦痛

　　塾师是在传统的学塾（包括家塾、私塾和义塾）中从事教育工作的教师，在旧时有塾师、馆师、蒙师、学师、蒙馆先生、训蒙先生、教书先生、书师、西席、西席夫子、西宾、馆宾、教读、老学究、冬烘先生、村学究、三家村夫子、猢狲王、孩子王等称谓。

　　在传统社会，塾师的社会地位和社会形象存在着有趣的反差：一方面，塾师作为师的一员，与享有最高权威和尊崇地位的天、地、君、亲并列齐观，是传统社会特别是乡村社会的主导力量。乡民不仅把塾师当作知识精英，也当作道德师表来看待。由于具有这样的双重身份，塾师虽然久居乡村，生平行迹，可能不出四五家烟村，甚至贫寒困顿，吃了上顿没有下顿，但"乡邦群黎依信仰望，已崇若嵩岳，戴为一方文宗，奉为当代圣贤"，① 在乡村社会中享有极高的威望。

　　另一方面，相对于更高级的知识分子来说，"多系粗识文字之人"的塾师，对于书文往往强作解人，臆测杜撰，曲解文义，念白字，读破句，留下了众多的笑柄，表现出胸无点墨、荒疏无知的浅陋。对于大多数塾师而言，贫穷是他们的宿命，所谓"吾儒命太薄，室常如悬磬"。② 塾师浸淫于儒家礼仪，习闻熟知，在日常生活中，言动举止，周旋应对，谨守规矩，讲求礼节，决不轻易改变以迁就他人，在别人看来，难免迂腐。特别

---

　　① 王尔敏：《儒学世俗化及其对于民间风教之浸濡》，《近代文化生态及其变迁》，百花洲文艺出版社 2002 年版，第 55 页。

　　② 蒲松龄：《教书词》，杨海儒辑录标点：《聊斋遗文〈教书词〉〈辞馆歌〉〈先生论〉〈讨青蝇文〉》，《文献》1987 年第 1 期，第 81 页。

是塾师"凭三寸不烂舌，单讲诗云子曰，举动一步三摇，满口之乎者也"① 的举动，也成为人们讥笑的对象。这时，塾师又表现为一幅学识浅陋、清贫穷困、为人迂腐的社会形象。

塾师的社会地位和社会形象之间存在着这么大的反差，那么塾师是如何看待自身的呢？他们如何看待自己的职业，如何评价塾馆中的生活，有什么样的遭际和苦痛？在与东家和生徒的交道中，他们有着怎样的心理呢？在流传到现在的文献中，我们很少看到有为塾师的职业而自豪的记载，相反的记载却比比皆是。许多塾师感叹命运的不公，科场的失意，主人的怠慢和轻忽，生活的艰辛，东家和学生的目的难以调和，塾馆中的冷清和寂寞，等等。总而言之，学塾中的生涯，充满了辛酸。

一 科场失意

古代读书人的出路，不外乎两条，一是出仕为宦，一是从教育才。"儒者不为农工商贾，惟出仕与训蒙而已。出仕不可必得，训蒙乃分内事。果尽其道，则教育人材，亦大有益于天下，己亦藉此代耕，诚兼善之本务也。"② 著名的《袁氏世范》在《子弟当习儒业》一节中也说："士大夫之子弟，苟无世禄可守，无常产可依，而欲仰事俯育之计，莫如为儒。其才质之美，能习进士业者，上可以取科第，致富贵，次可以开门教授，以受束修之奉。其不能习士业者，上可以事书札，代笺简之役；次可以习点读，为童蒙之师。"③

然而，对很多人来说，塾师这一职业，并不是他们自愿的选择，而是出于不得已而为之的无奈。只是在出仕不可得的前提下，才把训蒙当作"代耕"的工具。从进学读书的那一天起，他们特别是把他们送进学塾的父母们，就满怀着"朝为田舍郎，暮登天子堂"的抱负，相信通过精勤的努力能获得学问，而用学问这块敲门砖又能打开科举的大门，"拔身泥

---

① 蒲松龄：《学究自嘲》，《蒲松龄集》，上海古籍出版社1986年版，第1748页。

② 陈芳生：《训蒙条例》，《檀几丛书》二集卷十三，上海古籍出版社1992年版，第275页。

③ 袁采：《袁氏世范》卷中，见《景印文渊阁四库全书》第698册，台湾商务印书馆1986年版，第623页。

淬里，飘迹云霄上"，完成由"白衣"到"公卿"的身份转换，迅速获得丰厚的经济利益和显赫的社会地位。"少年胸襟宽，一心痴想超俗凡。百工技艺不肯为，万卷诗书勤苦读。读书望登天子堂，谁知读书成劳碌？"①然而，得意仕途的只是少数，绝大多数人在科举的道路上半途夭折，没有能赶上曲江宴游、雁塔题名，招致的是与携儿寡妇、被擒将军和失恩宫女相同的命运。

最高远的出仕为宦、显亲扬名、光耀门楣的理想幻灭了，"名标金榜中，宗祖增荣耀，身到凤凰池，恩荣直到老"②成为虚妄，十多年艰苦卓绝的努力最后似乎付诸东流，读书人因而倍感失意。《村学先生自叙》就说得真切明白："小子不是别人，乃是村学堂中一个先生是也。每忆少年时，通今博古，焚膏继晷，窗前勤苦十年余。学成文武艺，几向棘闱酣征鏖战，龙门点额暴腮。争奈命途多舛，时运不济。避曲江之车尘，无长门之际会。因此将田园废尽，身口不支。正是空余文字三千卷，一字何曾疗得饥？"③然而，生活还要继续，不只是只身一人，还有嗷嗷待哺的幼儿和两鬓斑白的双亲，切实的生计容不得总是执着于读书，沉迷于应举。可是一个读书人，面对生计的难题，又能做些什么呢？"农焉而劳之不任，商焉而财之无资，工焉而巧之不素，丐焉而面之无皮。彷徨三思，不知所之。"④不得已，只好为私塾先生。在所有的出路都被堵死的前提下，入塾为师成了唯一的选择。"可知这村学堂中，埋没了多少高才的汉子，枉屈了多少绝学的男儿。苟有丈夫之志气者，岂可依依于斯？"⑤可见，很多人是带着失意走进学塾、走上塾师职位的。

而塾馆中的遭际，让这种失意更平添了几分。

① 蒲松龄：《辞馆歌》，《聊斋遗文〈教书词〉〈辞馆歌〉〈先生论〉〈讨青蝇文〉》，第82页。

② 《懿行集·解学士读书吟》，胡儋庵原辑，钱慎斋增订：《解人颐》，台湾老古文化事业股份有限公司1993年版，第13页。

③ 《寓意集·村学先生自叙》，《解人颐》，第125页。

④ 同上。

⑤ 同上书，第127页。

二　馆中孤寂

学塾特别是家塾中的塾师，往往寓居在他人之家。塾师寓居教授称停馆，塾师称主人为"居停"，也称东家、东主、东君、东道、东翁、馆东、贤东，主人称塾师为西席、西宾、西席夫子，就说明了这种状况。虽然有一些家族规定，尽可能地就近聘请塾师，但由于各种原因，一些塾师所在的学塾和家庭所在地相距很远，以至于只有在解馆之后，塾师才能回家与家人团聚。"倚门糊口，效弹铗之冯驩；寄食资身，同垂钓之韩信。十金虽甚薄，俛首于浊富之门；百里敢辞劳，委身于不亲之地。视生徒犹骨肉，遂弃子与抛妻；以馆舍为福堂，遽离乡而背井。去时动经累月，不道归迟；来时未及半旬，都嫌久滞。"① 为了自己和家人的生计，塾师只好无奈地离别亲人，远走他乡。

"悄然孤枕梦魂多，冷落书斋形影独。"② 长时期地抛妻别子、客居他乡，难免孤寂。"人谁无父母，父母如天地，我的父母倚尽了王氏的门庐；人谁无兄弟，兄弟本同气，我的兄弟冷落了姜家的布被。娇娇滴滴的恩爱夫妻，半抛半离，长夜守着空空的罗帐儿。见骨肉亲生的男女，无倚无靠，镇日看那白白的帐闱。"③ 这里表面上说的是父母有依门之望、兄弟无连榻之乐、妻子空守床闱，实则透露出塾师离别家人的深沉孤寂。

白天和学生在一起还好，傍晚时分，放学之后，孤苦伶仃，日子更是难熬。"有一个苦切的时节，正是书生归去后，灯火未来时，冷冷清清无人管侍，昏昏黑黑独自支离。"④ 更有甚者，有一些东家对塾师的活动百般限制，这不能做，那不得为，只要与教读无关的事情，一概视为玩物丧志。这使得塾师的生活更少生趣，更显得枯索。"有一个主人胶柱鼓瑟，棋不容看，诗不许题。庭无花卉作样，架无经史做媒。谁管你神疲意倦？谁管你昼永夜迟？好苦也，教我怎消遣过得日儿。"⑤ 很多不平，诸多苦

---

① 《寄怀集·卷堂文》，《解人颐》，第 186 页。
② 《辞馆歌》，《聊斋遗文〈教书词〉〈辞馆歌〉〈先生论〉〈讨青蝇文〉》，第 82 页。
③ 《寓意集·村学先生自叙》，《解人颐》，第 126 页。
④ 同上。
⑤ 同上。

闷，正好在这个时候袭来，直至深夜。"月静更残，漏声断续，万事惊心眠不熟。仰面望天天未明，侧耳听鸡鸡正宿。旧愁新闷不可禁，起剔银釭诉衷曲。"① 为此，塾师唱出了塾师艰辛、私塾艰难的《屈屈歌》和《长恨歌》。

还有节令时节，诸如夫妻相会的七夕、阖家团圆的中秋、礼敬双亲的重阳，最令人伤怀。"七月有七夕，七月有七夕，织女本是牛郎妻，他二人也有团圆期。馆舍孤寂，馆舍孤寂，白面书生正惨凄，算今生大半是鳏居。红颜娇妻，有夫守寡他怎知？到不如田舍翁常相依。离恨谁知，离恨谁知？双鲤难传尺素书，买张纸诉不尽相思意。人生乐在家庭，做师傅岂无情？只因八字生前定，红颜有夫常守寡，书生有妻伴孤灯。黄卷有女美如玉，总然窈窕亦是空。"② 学塾中的孤寂，虽然看不见，摸不着，却是很多塾师最深沉的苦痛。

三　饮食粗劣

一般说来，请得起塾师的通常是经济条件相对较好的家庭，而塾师在东家，受到的礼遇与仆人、雇工有很大的不同。塾师的饮食，即使不比东家的家人好，但也不至于更差。一般来说，塾师的收入虽不算多，但饮食待遇并不低。可出乎我们意料的是，对东家提供的饮食粗劣的抱怨，是塾师最为集中的话题之一。

在塾师发泄怨愤的《塾师四苦》中，其中之一就是饮食。"今日村庄家，礼体全不顾。粥饭只寻常，酒肴亦粗卤。鱼肉不周全，时常吃豆腐。非淡即是咸，有酱又没醋。烹调总不精，如何下得肚？勉强吃些饭，腹中常带饿。"③ 在《解愠编》中，收录了一首"村学究"的《供膳诗》，其中这样说："长天午膳日西斜，夹湿连糠又杂砂。一碗苦蒲犹带子，数茎苋菜已开花。村醪入腹双眉皱，野芋沾唇满口麻。难得先生宽度量，一时

① 《寄怀集·长恨歌》，《解人颐》，第181页。
② 《学究自嘲》，《蒲松龄集》，第1750页。
③ 《寓意集·塾师四苦》，《解人颐》，第130页。

收拾不留些。"① 在《学究自嘲》中，也有对饮食的自嘲。

很多民间故事和笑话，则从东家吝啬的角度，讽刺其向塾师所提供饮食的单调。"一东道富吝，三餐豆腐供馆宾，终岁无兼味。至撤帐日，馆宾调《临江仙》一阕留别云：'肥鸡无数，肥鹅无数，那更肥羊无数。几回眼饱肚中饥，这廧淡怎生熬过？早间豆腐，午间豆腐，晚来又还豆腐。明年若要请先生，除非是普庵来做。'"② 难得有一次吃肉的机会，可说起来也可气而可笑："一东家甚吝，馆膳只用片肉一盘，既薄且少。先生以诗嘲之曰：'主人之刀利且锋，主母之手轻且松。一片切来如纸同，轻轻装来无二重。忽然窗下起微风，飘飘吹入九霄中。急忙使人觅其踪，已过巫山十二峰。'近又见一诗云：'薄薄批来浅浅铺，厨头娘子费工夫。等闲不敢开窗看，恐被风吹入太湖。'"③ 这些故事和笑话中，辑录的是塾师的诗作，吐露的是塾师委屈的心声。

四　环境艰苦

《塾师四苦》道出了塾师的种种艰辛，而集中说的是私塾中的环境艰苦。其中的小序说："村愚凡事皆费钱，独至延师训子，偏十分吝惜。予见蒙师往往受苦，因作此叹息之。"可见作者并不一定是塾师，但是一位对塾师困苦具有深刻同情的人。在作者的眼中，塾师的痛苦集中体现在以下四个方面：塾师教学辛苦，一旦开学后，就不能回家，而东家往往不能按时支付修金，这是一苦。私塾破乱不堪，上漏下湿，夏季炎热，冬天寒冷。"塾堂三两间，东穿又西破。上漏并下湿，常在泥涂坐。炎天气郁蒸，难学羲皇卧。一朝朔风起，林端发吼怒。窗破不能遮，飘然入庭户。一吹寒彻骨，再吹指欲堕。曝日无阳乌，拨炉又绝火。"④ 让人难以忍受，这是二苦。寝处简陋，卧具粗疏，"两捆乱稻柴，一条粗衾布，虽有青麻帐，又被鼠咬破。夏间灯烬时，便受蚊虫蠹。倏忽秋冬交，霜雪纷纷堕。

---

① 乐天大笑生编：《解愠编》卷一，《历代笑话集续编》，春风文艺出版社 1985 年版，第19 页。

② 同上。

③ 《笑林广记·嘲馆膳诗》，廖东辑校：《笑林广记二种》，齐鲁书社 1996 年版，第 97 页。

④ 《寓意集·塾师四苦》，《解人颐》，第 129 页。

枕席冷如冰，四体难蹭蹉。三更足不温，四更难捱过。才闻鸡喔声，不寐而常寤。"①夏天蚊虫叮咬，冬天枕席冰凉，难以安寝，这是三苦。东家全然不顾礼仪，用来招待塾师的饮食粗劣，这是四苦。

在《学究自嘲》中，也说及学塾中寒冷时节的景况。"十月北风寒，十月北风寒，有炉无火炭难添，睡宿冷被窝，早起不忌恋。真乃清涟，真乃清涟，室如悬冰灶无烟，众生徒冻得打牙战。天气循环，天气循环，去了那暑伏六月天，冷和热俺也都尝遍。滋味难言，滋味难言，那个苦来那个甜？久于斋诚然心不愿。"②馆中条件已是十分严酷，寂寞时节只有塾师一人独自承担，特别是当东家不闻不问，甚至对塾师的叫苦也充耳不闻时，"早晨无有火，晚上无有灯，念破你那口，总是无人听"，这就更显得悲凉。

五　主人怠慢

其实，对传统的读书人来说，生活和工作环境的艰苦尚在其次，主人的怠慢和轻忽更让人难以忍受。工作环境的恶劣和生活条件的艰苦对主人来说，也可能是一种无法克服的无奈，塾师能够理解，但如果被有意地冷落，无心地怠慢，有意无意地轻忽，则最刺痛塾师的心。作为一个传统的知识分子，塾师是敏感的，而他的自尊也不容受到伤害。

从东家这方面来讲，我们看到的多是对塾师的尊敬。如江苏华亭顾氏宗族在规定延请塾师的条件和塾师和经济待遇之后，又规定对塾师必须格外尊敬。"既择延品行高超，又欲其悉依课程，而善教族众，经帐皆当格外尊敬，毋稍亵慢。开解馆日，族长须到塾迎送，不可怠忽。"③

然而，"行坐皆在人前，分明是上宾模样；志气落于人后，毕竟是末等生涯"。④塾师切身的感受是，塾师普遍而根深蒂固的贫穷，就典型地诠释出这是一项人不愿为却不得不为的"末等生涯"，从事这项职业本

---

① 《寓意集·塾师四苦》，《解人颐》，第129页。
② 《学究自嘲》，《蒲松龄集》，第752页。
③ 《义庄规条》，《华亭顾氏宗谱》卷七，清光绪二十年江苏华亭刊本。
④ 蒲松龄：《卷堂文》，杨海儒辑录标点：《蒲松龄遗文〈塾师四苦〉〈训蒙文〉〈卷堂文〉》，《文献》1988年第4期，第63页。

身，就意味着人穷志短。正是因为塾师不受尊重，社会上才有尊师的呼吁；正是因为人们心底里并不尊师，才有形式上尊师的做作。特别是一些东家的粗疏，更让塾师深感痛苦。"有一个娘子清奇古怪，茶又故晏，饭又故迟。座上青毡既薄，炉中兽炭更希。谁知你身寒脚冷，谁知你口渴肚饥。好苦也，教我怎煎熬过得夜儿。"①

"沿门磕头求弟子，遍地碰腿是先生。"② 相对于素质参差不齐而数量众多的塾师，在塾师的职位稀缺的情形下，塾师为了谋得馆职，有的请人说情，也有的像《闹馆》中的训蒙先生和为贵那样，任由东家提出苛刻的条件，在感叹"教书先生不值钱""君子受艰难，斯文不值钱"的同时，一一含垢忍辱地接受。在这种情形下，一些东家往往更不把塾师当回事。清代嘉庆时期北京地区的一首竹枝词这样说："一月三金笑口开，择期启馆托人催。关书聘礼何曾见，自雇驴车搬进来。"③ 聘请塾师居然没有请帖和礼金，甚至塾师进馆也要自己雇车而来，"只闻来学，不闻往教"在这里遭遇尴尬。

聘请塾师进馆的必要礼节也不顾，塾师进馆之后的遭际就可想而知了。"铺盖明讲自备，仅管火纸灯烟。夏天无有蚊帐，冬里不管煤炭，搬送俱在圈外，来回俱是自颠。"④ "派得馆童使唤难，由来欺负是寒酸。两餐打发全无事，那管先生口渴干。"⑤ 主人在雇请一个专门供学塾使唤的童仆后，此外一切不管不问，而童仆则因为塾师的迂腐可欺，并不好好侍候：灯油要塾师自己添；塾师偶尔外出回来晚了，饭也吃不上。尤其是东家没有理由地随意辞退塾师，有时招呼也不打一个："偶尔宾东不合宜，顿思逐客事离奇。一天不送先生饭，始解东君馆已辞。"⑥ 而在辞退之后，拖欠的束修也不结清。

① 《寓意集·村学先生自叙》，《解人颐》，第 126 页。
② 蒲松龄：《闹馆》，《蒲松龄集》，第 813 页。
③ 《都门竹枝词·教馆》，路工编选：《清代北京竹枝词（十三种）》，北京出版社 1962 年版，第 41 页。
④ 《学究自嘲》，《蒲松龄集》，第 1752 页。
⑤ 《都门竹枝词·教馆》，《清代北京竹枝词（十三种）》，第 41 页。
⑥ 同上书，第 42 页。

六　依人门墙

对大多数塾师来说，在东家的生活条件并不一定比在自己家差。塾师之所以动辄不适应，处处感受到痛苦，都是由一个原因引起的，那就是塾师不是这里的主人。塾师很清楚，自己其实过着依人门墙的生活。如果东家尊重，那意味着客气，那是拿自己当外人；如果东家礼仪没有尽到，那是轻忽怠慢。总之，塾师处在一种极端尴尬的位置。

相传有这么一个笑话：一户官宦人家，延聘塾师教其子弟。一日塾师因事请假还乡，东家令仆人持伞送塾师回家。在路上，塾师问长工识不识字。长工说不仅会识字，而且能赋诗。在塾师的要求之下，长工当即赋诗一首："山前山后雨蒙蒙，长工持伞送长工。酒席筵前分上下，一年工价一般同。"塾师以为长工是在故意讽刺自己，极为恼怒，要把这事告诉东家以惩治长工。第二天，塾师来到书房，正好遇到奶妈送东家的孩子上学，塾师把长工的事情告诉了奶妈。不料奶妈说："他也配比先生？我才与先生一样呢？"塾师一听，万分惊诧，忙问："我们怎么一样呢？"奶妈回答说："我是哄孩子，先生你也是哄孩子。我们两人岂不是一样？"[①] 这虽然是一则笑话，但也足以说明，塾师的在东家虽然享有尊崇的地位，但工作的性质和依人门墙的生涯，被很多人看作与长工、奶妈相似。

塾师虽然对别人把自己比作长工和奶妈感到惊讶和震怒，但很多人对自己的尴尬位置感受得很深切。"自家日常看着几个书生，羁羁绊绊，与犯罪囚徒无异；年终算着几担束修，多多少少，与雇工常行不殊。吃了无数的冷冷热热的饭碗，奈了几多酸酸涩涩的酒卮。给人家亲友，小小心心，犹恐怠慢了宾客；叫人家奴婢哥哥嫂嫂，犹恐冲撞了那厮。"[②] 处在这种依人门墙的位置，只有时时处处小心，不仅要尊重东家及其家人，而且也不能怠慢东家的亲友，甚至不能冲撞东家的奴婢。因为与塾师比起来，他们与东家的关系要更亲近、更随和一些。

---

① 《笑林广记·先生妙喻》，《笑林广记二种》，第 101 页。

② 《寓意集·村学先生自叙》，《解人颐》，第 126 页。

七 不自由

塾师读书人的身份，决定了他必须严格自律，循规蹈矩，把自己的一言一行，都纳入儒家的礼仪规范之中，而不能率性而为。依人门墙的宾客性质，更使得塾师多了一重约束。在学塾中，塾师的动静举止，都在东家和学童的视线之内。这使塾师深切地感受到了不自由，以至于发出了"半饥半饱清闲客，无锁无枷自在囚"① 的感叹。

"放狂又恐玷儒风，已把身心频检束。"② 其实，塾师的这种不自由不是外部强加的，而是由于自律而引起的，因而更为深刻，容不得半点差池。塾师时常在反省自己的言行，惟恐一言有差，一行有失，有背儒士的风范，有损自己的声誉。"身子里好似严姑手里无缘的媳妇，踽踽凉凉，拘拘束束，一星星要循规矩；又似晚母身边失爱的孩儿，孤孤凄凄，怯怯虚虚，半点儿不敢差池。有所言必议之而后言，谁许你乱嘈乱杂；有所动必拟之而后动，谁许你胡做胡为？步履必安详，居处必正静，谁许你懈懈怠怠；衣冠必肃整，容貌必端庄，谁许你离离披披？茶坊酒肆，昔日那慷慨高情，到此来满将抛弃；偷香窃玉，少年的风流狂态，从此后一笔勾除。学两分痴呆，才可骗人欢喜；执一味勤谨，方得免人淹咨。师弟之礼甚严，不可一日放旷；宾主之间不易，能保一世欢娱。……夫六月内暑烁金，也须要戴着帽，披着衣，穿着那布裤子，管着那暑袜儿，热烘烘谁知掩得我肌肤酸臭，怎能够得浴乎沂、风乎舞雩、三叹咏归。十二月寒头冻折腰，也须要把着笔，研着朱，坐着冷板凳，踏着那冷地皮，阴冰冰谁知冻得我鼻涕淋漓，怎能够烹黄鸡、酌村醪、醉倒玉山倾。"③ 塾师在人们的期待中养成了自律的习惯，而这种习惯更进一步提高了人们的期待，塾师就是这样自己关闭了自由的大门，养成了不自由的心性。

实际上，塾师一定程度地放松一下不仅完全必要，而且绝对可

① 《学究自嘲》，《蒲松龄集》，第 1748 页。
② 《辞馆歌》，《聊斋遗文〈教书词〉〈辞馆歌〉〈先生论〉〈讨青蝇文〉》，第 82 页。
③ 《寓意集·村学先生自叙》，《解人颐》，第 126—127 页。

能。那位自嘲的学究就是一个典型。"二月仲春来，二月仲春来，先生馆中好闷哉！闲散心欲把朋友拜。心内暗徘徊，心内暗徘徊，恐怕东主说不该，口问心，依定门儿外。大势难猜，大势难猜，谁想东主到开怀，说走走这个也不碍。喜气盈腮，喜气盈腮，待不多时速回来，有管守怎肯多停待。去的快，来的早，喜坏了东家老。这个师傅想必好，轻易不肯出学门，工夫一定做不少。明日出豆腐，管他一个饱。"① 表面上是一次放松，结果也是皆大欢喜，但其中的不自由表现得仍很典型：外出要请示东家，而且徘徊犹豫，许久也难以开口，在外更是不敢久留。所以，《学究自嘲》是把它作为"十二月炎凉"之一来叙述的。从这里可以很清楚地看出，塾师的不自由主要是塾师自我约束造成的。

八　无所适从

在家塾中，尤其是在专馆，学生虽然是孩童，但相对塾师来说，他又是学塾的主人。学生和家长的要求并不一定完全一致，有时甚至截然相反。对于孩童如《逃学传》中的夏才来说，往年家人为他请的塾师，"念书写字不好也是好，讲书作文不会也是会，将所作的文字多多加上些圈圈点点，逢人夸奖，说我是大成之器，日后有发解发魁之望。"这样的塾师，就是"头顶绝好的师傅"。而现在的塾师，"他自上学以来，执笈掌板，拿腔作势，坐在一把椅子上动也不动，恰如泥塑的相似，钉子锭住一般。你说厌弃不厌弃！每日讲书作文，全不放我游走游走，比坐牢的更甚一遭"。这就是"最不在行的师傅"。② 但夏才的家人辞退前任而聘请现在的塾师，说明了他们对塾师的要求和评价迥然有别。

正是这种不同的要求，常常使塾师处于两难的境地。"又有一般难处的事务，正是担轻又不得，步重又难支。课少了主人嫌懒惰，功多了弟子

---

① 《学究自嘲》，《蒲松龄集》，第 1748 页。
② 蒲松龄：《逃学传》，《蒲松龄集》，第 1742 页。

道难为。"① 要兼顾东家的目标和学生的心性，着实为难。这不只是个别塾师的难处，而几乎是一种普遍的现象。"课少东君言懒惰，功多弟子结冤愁（仇）。宽严都是难为处，谁与先生一解忧？"② 功课多少，是宽是严，很难让东家和弟子皆大欢喜。

在家塾的专馆中是如此，在家塾的散馆和私塾、义塾里就更是这样。"一个学生一个主，有爱宽来有爱严。欲待随高就低，又怕玷辱了圣贤；欲待执法径行，又惹出许多詈言。无奈何，好教我千难了万难。"③ 同一个家庭父子的要求可能不同，不同的家庭喜好更是大相异趣。各随其便吧，不符合公平和公正的原则，用同一个尺度来约束，又难免引起一部分家长的不满。

在传统教育特别是启蒙教育中，体罚常常被看作是一种有效的施教手段。塾内塾外，人们以"不打不成人，打到做官人"相标榜，认为责打有助于学生的成长。"教不严，师之惰。"严师是人们对塾师的最高评价，而所谓的严，则集中体现在责打学生上。

但塾师在学塾有时却无法施展平常的手段，不能体现出塾师引以为骄傲的严。"有一等学生犟头倔脑，教东做西，无廉无耻，说是说非。人家内眷又护痛，东道又不知。虽有扑作教刑，交我也难施。"④ 哪怕学生再顽皮，再不听话，塾师也不便责打。家长心疼自己的孩子，不希望塾师体罚责打，这被看作"护短"。"教育规矩严，护短不容加鞭扑；教育无功程，又责先生才不足。"⑤ 家长的"护短"，让塾师投鼠忌器，不能放手实施教学。

九　束修不时

在束修问题上，塾师抱怨最多的并不是束修数量的少，而是束修支付

① 《寓意集·村学先生自叙》，《解人颐》，第 126 页。
② 蒲松龄：《先生论》，《聊斋遗文〈教书词〉〈辞馆歌〉〈先生论〉〈讨青蝇文〉》，第 84 页。
③ 《学究自嘲》，《蒲松龄集》，第 1752 页。
④ 《寓意集·村学先生自叙》：《解人颐》，第 126 页。
⑤ 《辞馆歌》，《聊斋遗文〈教书词〉〈辞馆歌〉〈先生论〉〈讨青蝇文〉》，第 82 页。

的滞后，不能按时在节令等传统支付束修的时节支付。东家不能及时支付束修，却是许多塾师难言的隐痛。

对于羞于谈钱的塾师来说，讨要束修就是很难堪的事情了："蒙馆舌耕不自由，读书人到下场头。每逢年节先生苦，亲去沿门要束修。"① 何况这种讨要总被东家敷衍搪塞："讨束修指东说西，要归不得。"东家不能按时支付，导致塾师及家人希望的落空。学究以自嘲的口气诉说了这种失望："三月到清明，三月到清明，先生馆中暗计较，黄边钱想必得两三吊。心中乐陶陶，心中乐陶陶，打算籴米又治烧，早叮咛务必都凑到。神思徒劳，神思徒劳，海底明月实难捞，顾体面怎肯开口要？满腹心焦，满腹心焦，东家说是宽宽着，无奈何只得干赔笑。清明节雨纷纷，老先生归故村。到家中添一闷，只望腰缠十万贯，谁想竟是无半文。依着槐树穿黄袄，谁想给了一个嘴鼓墩。今日当了袄，明日当了裙。"② 由于家境贫寒，一家人的生活都指靠那点有限的束修，在还没有拿到手的时候，其用途就已经早早地做好了规划。塾师也早就不顾颜面，要求东家早做准备。不料东家最后还是没有按时支付，而是让塾师再宽限宽限，塾师也毫无办法，只得陪着东家无奈地笑，而这使塾师一家人的生活陷于严重混乱。

不按时向塾师支付束修，不仅让塾师抱怨，而且令一些真正尊师的东家也愤怒。"又有窭子贫士，妄于束修许而不予。致烦师屡促，或凂人转达，如求乞然。而犹置若罔闻，或故为延缓，甚者有年终挂欠、终归乌有者。有是理哉？"为此，他叮咛自己的后人，"束修宁可量力厚薄，宜慎于始；供馈宁可称家有无，要期于终。万不得效近日作俑者行径也。"③ 强调不能用几近欺骗的手段，拖欠塾师的束修，甚至最终不了了之，践踏塾师的尊严，也戕害自家的道德。

束修不时、拖欠支付看来不是个别现象，而是普遍存在的问题。"东道不还束修，教师诮以诗曰：'东君何事太蛮擅，束脯终年不肯还。擎伞

---

① 李静山：《增补都门杂咏·时尚门·散馆》，《清代北京竹枝词（十三种）》，第94页。

② 《学究自嘲》，《蒲松龄集》，第1749页。

③ 李淦：《燕翼篇·延师》，《檀几丛书》，第268页。

遮阴专为热，围炉向火只因寒。'"① 围着火炉向火是因为寒冷，拿着伞遮阳光是因为炎热，塾师之所以甘愿承受孤寂、艰苦、轻忽等种种屈辱，完全是为了自己和家人的生计，是为了得到束修。而东家的拖欠支付，对本来贫寒的塾师家庭来说，无疑是雪上加霜，也更加重了塾师"四民士农工商，独学究堪嗟"② 的悲凉。

除了不能按时支付束修之外，还有束修支付的质量也得不到保证。"束修况复多虚花，料谷腐米如丹砂。输贫偿债两无用，此物如何得养家？"③ 支付给塾师的束修，是已经陈腐变质的米谷，既不能用来自家食用，也不能用来偿还债务。实物是这样，银钱也好不到哪里。"收的低银潮色，皆缺戥头。"④ 存在着成色不足、缺斤短两的问题。

"人知为师之乐，不知为师之苦；人知为师之尊，不知为师之贱。"⑤ 只有身在其中的塾师，才能痛切地感受到学塾中的苦痛。"乃今斯文渐丧，世教日衰，师况之寂寥，谁堪告语？舌耕之苦痛，只可自知。"⑥ 在尝遍了种种辛酸之后，只有对从事塾师职业的悔。"墨染一身黑，风吹胡子黄。但有一线路，不作孩子王。"⑦ 有人从此打定主意，发誓要告别学塾，逃出苦海。还有人还写下了《辞馆歌》，想象着离开学塾后悠闲自在的生活。

真有别的出路吗？"既不能推车打担，又不能播种力田，为农夫而身力懦弱，作商贾而少本无钱。"⑧ 瞻前顾后，要解决生计问题，一介书生没有别的选择，已经是穷途末路，无可奈何，只得仍然继续塾师的生涯。"身将离而仍合，心欲改而悔迟。饥来青灯不谌（堪）煮，寒时黄卷难为衣。不得已，还借教书为活计，依然假馆作生涯。束修数金奉身去，束帖十二送愁来。于是背井离乡，舍我田园而不顾；咬文嚼字，求人衣食欲何

---

① 《解愠编》卷一，《历代笑话集续编》，第 18 页。
② 《学究自嘲》，《蒲松龄集》，第 1748 页。
③ 《寄怀集·屈屈歌》，《解人颐》，第 179 页。
④ 《寄怀集·青毡述苦文》，《解人颐》，第 184 页。
⑤ 《学究自嘲》，《蒲松龄集》，第 1748 页。
⑥ 《先生论》，《聊斋遗文〈教书词〉〈辞馆歌〉〈先生论〉〈讨青蝇文〉》，第 83 页。
⑦ 《学究自嘲》，《蒲松龄集》，第 1752 页。
⑧ 《先生论》，《聊斋遗文〈教书词〉〈辞馆歌〉〈先生论〉〈讨青蝇文〉》，第 84 页。

之？恋蜗角之微名，直（置）妻孥于行路；谋蝇头之小利，难侍父母于庭闱。"① 新的一年，塾师又要离家远行，开始新一轮辛勤艰难、屈辱孤苦的生活。

（原载《中国典籍与文化》2004 年第 4 期）

---

① 《先生论》，《聊斋遗文〈教书词〉〈辞馆歌〉〈先生论〉〈讨青蝇文〉》，第 83 页。

塾师的社会地位和社会形象

塾师是在传统的学塾（包括家塾、私塾和义塾）中从事教育工作的教师。在旧时，塾师有众多不同的称谓。一般称塾师、馆师、蒙师、学师、蒙馆先生、训蒙先生、教书先生、书师、教读，这些称谓主要是针对塾师的工作性质而言，属于没有褒贬的中性。一些官绅殷富之家或几家平民小户联合聘请塾师来家设塾，则尊称塾师为西席、西宾、馆宾，更正式的则称西席夫子。传统的学塾，往往位于人烟稀少的穷乡僻壤，塾师因此有村学究、三家村夫子的虐称。学塾中的学生，小的四五岁，大的十多岁，正是好动顽皮的年龄，塾师也被戏称为猢猴王、孩子王。在很多人眼里，塾师年老力衰，学问浅薄，眼光狭隘，思想固陋，因而常以老学究、冬烘先生相讥讽。

塾师这些不同的称谓，透露出塾师的社会地位和社会形象存在着有趣的反差。具体说来，在传统社会中，塾师具有很高的社会地位，相反，塾师的社会形象则不怎么完美，往往是人们讥笑的对象。

一 塾师的社会地位

天、地、君、亲、师是中国传统社会的最高权威，是民间认可的尊崇对象。虽然这一说法在明朝末年才正式出现，但早在先秦时期，就已经有了这样近似的组合："礼有三本：天地者，生之本也；先祖者，类之本也；君师者，治之本也。无天地恶生？无先祖恶出？无君师恶治？三者偏亡焉，无安人。故礼上事天，下事地，尊先祖而隆君师，是礼之三本也。"① "民生于三，事之如一。父生之，师教之，君食之。非父不生，非食不长，非教不知生之族也，故壹事之。唯其所在，则致死焉。报生以死，报赐以力，人之道也。"② 在《大戴礼记·礼三本》和《史记·礼书》中，也有与此相似的说法。宋明时期，这样的说法进一步被强调，直到明朝末年，天、地、君、亲、师的秩序结构得以最终形成。

在这一秩序结构中，师尽管忝陪末席，在实际社会生活中，师与君和亲的权力和地位也绝不相称，但它毕竟与享有最高权威和尊崇地位的君亲并列齐观，在传统社会中具有至尊的地位。塾师作为师的一员，是传统社会特别是乡村社会的主导力量，在社会上还是受人尊敬的。而且，塾师受人尊崇的社会地位，与其说是人们日常供奉的这一牌位决定的，毋宁说，这一牌位是塾师社会地位的一个缩影。

一般学塾聘请塾师，主要是看他是否有一定的学识，是否有从教的经历。而一些大户人家或官方的考核选择，标准相对明确一些，这就是看他在科举的路途上，取得了怎样的成绩。承乏塾师之职的，最好是经过本省各级考试而取入府、州、县学学习的生员，也就是俗称的秀才。在一些穷乡僻壤，如没有生员，也从"童生中之有品行、常考试高取者"中延请。③ 明清时期在乡社广泛设置义学或社学，往往是在当地或附近的贡生、生员中，选择那些"熟悉风土、品学兼优之士"④ 充任学师。

塾师中这一部分人，获得了诸如生员的资格，取得了乡绅的地位，就更受尊崇。"一得为此（指生员），则免于编氓之役，不受侵于里胥；齿于衣冠，得于礼见官长，则无笞捶之辱。故今之愿为生员者，非必其慕功名也，保身家而已。"⑤ 绅士作为"齐民之首""乡民之望"，在社会上享有许多政治、经济、身份和法律上的特权。如地方官对待绅士要"交以

---

① 《荀子·礼论》。

② 《国语·晋语一》。

③ 周凯：《义学章程十条》，《内自讼斋杂刻》第三册，见璩鑫圭主编：《中国近代教育史资料汇编·鸦片战争时期教育》，上海教育出版社 1990 年版，第 336 页。

④ 昆冈等修：《钦定大清会典事例》卷三百九十六，见《续修四库全书》第 804 册，上海古籍出版社 2002 年版，第 310 页。

⑤ 顾炎武：《生员论》上，《亭林文集》卷二，见《顾亭林诗文集》，中华书局 1983 年版，第 21 页。

道，接以礼，固不可权势相加"；绅士可自由见官。平民百姓称官吏为
"大老爷"，而称没有官衔的举人、贡生、生员、监生为"老爷"。绅士用
贵重的质料做服饰，以区别于平民。绅士参加某些礼节仪式，并主持各种
祭祀。甚至绅士犯罪，都不会上刑，若罪行很重必须严惩，须先革去绅士
的身份；地方官在遇到绅士犯罪时，不能自行处置，而必须向上级申报。
绅士还享有重要的经济特权：他们可以免除为政府服徭役，他们还可以免
缴、少纳或不纳种种苛捐杂税。他们中的有些人，如廪生与在国子监就读
的监生，还能领到政府的月例钱；在政府补贴之外，还能得到本家族、各
种民间势力的捐资，以使其专心攻读圣贤书。

对一部分塾师来说，既然是生员的一分子，既然拥有绅士的身份，也
就获得了相应的特权，获得了上自官府、下至百姓的尊敬。

对一部分塾师来说，学塾不过是他们在科举之路上暂时歇脚的驿站。
他们处在亦教学亦备考的过程中，具有塾师和考生的双重身份。有朝一
日，他完全有可能"将读过的黄卷青灯，要换他玉带紫绶。凭着俺胸中
才八斗，凭着俺笔尖楷蛇走，凭着俺文章贯牛斗，必定要一声雷震九洲
（州），必定要万言策当朝奏，必定要插金花，饮玉酒，压金鞍，骑紫骝，
五日人中争驰骤！有时男儿得志时愿酬，世态炎凉一笔勾"。① 在科举的
道路上高歌猛进，实现从"朝为田舍郎"到"暮登天子堂"的跨越，"拔
身泥滓里，飘迹云霄上"，完成由"白衣"到"公卿"的身份转换，完成
从绅到官的地位转变，彻底改变贫穷坎坷的命运，迅速获得丰厚的经济利
益和显赫的社会地位。

有这么一个真实的故事："常熟东子忠，以义塾生员求与科考。知府
胡可泉出一对云：'义塾生员，非廪非增非附。'子忠云：'苏州太守，曰
清曰慎曰勤。'太守嘉之，准与学，是科即中乡魁。"② 很多著名的学者和
官员，在飞黄腾达之前，都曾做过塾师。如明代的魏大中，18 岁便继承
父职，在西塘邹家村作塾师，直到万历四十四年中进士后，才告别了塾师

---

① 蒲松龄：《先生论》，杨海儒辑录标点：《聊斋遗文〈教书词〉〈辞馆歌〉〈先生论〉〈讨
青蝇文〉》，《文献》1987 年第 1 期，第 84—85 页。

② 《博趣集·玉堂巧对》，《解人颐》，台湾老古文化事业股份有限公司 1993 年版，第 92
页。

生涯。塾师这种潜在的能力和可能的前途，也让乡民们不敢藐视而心存尊敬。

塾师作为古代乡村的知识分子，他是当地的知识精英。"绅为一邑之望，士为四民之首。"① 比起周围不识字或少识字的村民来说，他们是居于士、农、工、商"四民"之首的士人。传统士人不同于农、工、商之处在于，他们以研习儒家学说为己任，以传播知识为专职。人们按照知识精英的标准来看待他，他也以知识精英的标准来要求自己，自觉主动地承担作为一个知识精英所应该承担的社会责任。在乡村社会，塾师除了教学工作之外，还承担了几乎所有和知识有关的社会工作，比如：为别人的孩子起名命字；为人撰写墓表、墓志铭；逢年过节为别人拟撰并书写对联；帮助本族乃至其他宗族编修家谱；甚至观天文、查地理，为亲邻占卜吉凶、推算人生命理、看相、堪舆等。"村塾师儒，受人顾问最繁多的应用文，则为书信之撰写及指导。"除此之外，"尚有祝寿、入学、封典、旌表、车驾、迎送、铺肆择卜、招墟赛会、酬神打醮等等民间常有之活动，在在须借帖书公启以表达。人事称呼，区别琐细，规矩分明，不可紊乱"。② 这些文牍书启，塾师要么从旁顾问，要么亲自动手，总之是脱不了干系。乡村社会中与文化知识相关的活动中，只有拟定土地房产买卖契约，和为他人代写诉讼文牒，因为事关利益，与律法勾连，容易导致争执，产生是非，为洁身自爱、为村民道德楷模的塾师所不屑为，而有专门的"讼棍"从事和经纪代劳。

知识和道德之间本来就有难分难解的关系，特别是中国传统的学问，具有极为厚重的伦理色彩，几乎都有着程度不同的道德说教。关系世道人心，阐明性学治法，从来都是传统学者治学和著述时，必须首先考虑的问题。羽翼经训、垂范方来的"不朽之作"固然是"千秋法鉴"，即便是"识小"的游艺之作，也要归结为"养心之一助"。这样，知识和道德就密不可分地联系在一起。在某种意义上我们可以说，传统的知识就是关于道德的知识，道德是传统知识体系的核心内容和首要原则。

---

① 《钦颁州县事宜·待绅士》，见《官箴书集成》第3册，黄山书社1997年版，第676页。

② 王尔敏：《儒学世俗化及其对于民间风教之浸濡》，见《近代文化生态及其变迁》，百花洲文艺出版社2002年版，第48、49页。

在这种知识和道德水乳交融的社会中，一个拥有知识的人，理所当然地被别人和他自己认为有比别人更高尚的道德。所以，乡民不仅把塾师当作知识精英，而且也当作道德师表来看待。塾师自己也按照道德师表来要求自己，除了自己谨学慎行、严格自律、循规蹈矩、躬自践履之外，塾师还教导乡民，劝善规过，落实儒家礼仪，维系社会风习。如果说"村塾所在，即为一方儒学中权、道德推动据点"，① 那么，塾师便是其中的关键。所谓"学校为观摩之地，绅士乃教化所先。惟闭户潜修，立品敦行，庶可表率四民，仪型乡里"。②

由于具有知识精英和道德师表的双重身份，塾师虽然久居乡村，生平行迹，可能不出四五家烟村，甚至贫寒困顿，吃了上顿没有下顿，但"乡邦群黎依信抚望，已崇若嵩岳，戴为一方文宗，奉为当代圣贤"，③ 在乡村社会中享有极高的威望。江苏华亭顾氏家族规定："师既择延品行高超，又欲其悉依课程，而善教族众，经帐皆当格外尊敬，毋稍亵慢。开解馆日，族长须到塾迎送，不可怠忽。"④

二　塾师的社会形象

在乡村社会，由于塾师周围主要是没有文化的大众，塾师是受这些人尊敬的，享有较高的社会地位。但是塾师的社会形象，却主要是由文人塑造的，至少只有文人，才能把塾师的形象描述并记载下来。而在这些人的眼里，塾师不过是一幅学识浅陋鄙俚、为人穷酸迂腐的形象。

（一）浅陋

相对于没有文化或很少文化的村民来说，塾师是文化精英，但相对于

---

① 王尔敏：《儒学世俗化及其对于民间风教之浸濡》，《近代文化生态及其变迁》，第 50 页。

② 君会一：《士民约法六条》，《健余先生抚豫条教》卷一，《官箴书集成》第 4 册，第 699 页。

③ 王尔敏：《儒学世俗化及其对于民间风教之浸濡》，《近代文化生态及其变迁》，第 55 页。

④ 《义庄规条》，《华亭顾氏宗谱》卷七，清光绪二十年江苏华亭刊本。

更高级的知识分子来说，"多系粗识文字之人"的塾师，往往是浅薄的代称。元代官方文书中曾说："据村庄各社请教冬学，多系粗识文字之人，往往读《随身宝》《衣服杂字》之类，枉误后人。"为杜绝此弊，元朝政府规定："学师比及受请以来，宜于州县学官处预将各经校正点读句读，音义归一，不致讹舛，如此庶免传习差误。"① 正是鉴于塾师文化水平低下，元朝政府规定，塾师在开始教学之前，要接受州县学官的培训，至少要在所教课文的句读上不出错。

在很多文人学者的著述中，"村学究"从来是与浅陋鄙俚画等号的。比如，宋代文学家苏轼，针对石曼卿（延年）《红梅诗》中"认桃无绿叶，辨杏有青枝"句，曾说："此至陋语，盖村学中体也。"苏轼的这番话，在后来一再被人引用，广为流传。宋朝末年的黄震也说："往岁尝过村学堂，见为之师者，授村童书，名《小杂字》。句必四字，皆器物名，而字多隐僻，义理无关，余窃鄙之。"② 在《四库全书总目提要》中，四库馆臣引录明代学者的话，说《释常谈》"援引芜陋，极有可笑""皆谬误不经，似村学究所为"。陈启源在《毛诗稽古编》卷六中说："此特村学究因（刘）瑾语（《诗集传通释》）而傅会，其谬妄本不足辨，聊纪于此，以见大全之贻误后学不浅也。"由塾师教授内容的浅陋鄙俚，进而将塾师也等同于浅陋鄙俚。《西陂类稿》卷二十九中说："语意俚浅可笑，标门别类处，尤大似三家村塾师所为。"

在人烟稀少、穷乡僻壤的山村，塾师"既具一方乡望，又具学识权威，为地方上世事知识来源，塾师实非万能，若无法查考正诂，往往臆测杜撰，强作解人"。③ 为此留下了众多的笑柄。《笑林广记》中就有这么一则塾师臆测杜撰、强作解人的笑话："一童读《百家姓》首句，求师解释。师曰：'赵是精赵的赵字（吴俗谓人呆为赵），钱是有铜钱的钱字，孙是小猢狲的孙字，李是姓张姓李的李字。'童又问：'倒转亦可讲得否？'师曰：'也得'。童曰：'如何讲？'师曰：'不过姓李的小猢狲，有

---

① 《通制条格》卷五，浙江古籍出版社 1986 年版，第 80 页。

② 黄震：《黄氏日钞》卷四十六，见《景印文渊阁四库全书》第 708 册，台湾商务印书馆 1986 年版，第 286 页。

③ 王尔敏：《儒学世俗化及其对于民间风教之浸濡》，《近代文化生态及其变迁》，第 42 页。

了几个臭铜钱，一时就精赵起来。'"① 这样的解说，在懂得确诂正解的人那里，简直毫无道理可言。

不只是在为学生讲书或为村民释疑解惑时，随心所欲地臆说一通，甚至面对白纸黑字也敢乱说一气。"《荆川集》若干卷，购诸京师。其中字本非讹，而间有改窜，不知谁氏之笔。斯人盖妄人也。吾尝见里儒塾师读书不多，遇其所不解，辄以臆变易原文者多矣。"② 《荆川集》中的妄改，虽然不一定出自塾师之手，但说到妄改，也就被人们归之于塾师，由此可见塾师妄改臆说的普遍。在《说郛》卷七十六中，有《少道理》一则。其中举列了 5 项没有道理或少道理的事情，"村学堂讲书"与"不会禅和尚问答""初学读书人策论""田夫论朝政""无证见论讼"并列，当作可令人喷饭的无稽之谈。在一些学者看来，塾师不仅书讲不通，说话也语无伦次，没有条理。成书于北宋徽宗时期的《道山清话》中有这样的记载："予顷时于陕府道间，舍于逆旅，因步行田间，有村学究教授二、三小儿，闲与之语，言皆无伦次。"

强作解人，曲解文义落下了很多笑话，但塾师最严重的问题还在于读破句，读错字，这方面留下的笑柄也最多。"庸师惯读破句，又念白字。一日训徒，教《大学序》，念云：'大学之，书古之，大学所以教人之。'主人知觉，怒而逐之。复被一荫官延请入幕，官不识律令，每事询之馆师。一日，巡捕拿一盗钟者至，官问：'何以治之?'师曰：'夫子之道（盗同音）忠（钟同音），恕而已矣。'官遂释放。又一日，获一盗席者至，官又问，师曰：'朝闻道（盗同音）夕（席同音），死可矣。'官即将盗席者立毙杖下。"后来，这位塾师因"骗人馆谷，误人子弟，其罪不小"，被冥王罚为来生做猪狗，他哀告请让他能做母狗。冥王不明就里，问他是什么原因，他回答说："《曲礼》云：'临财母苟（狗音同）得，临难母苟免。'"③ 这虽然是一则笑话，却也反映出塾师中不乏胸无点墨之人的实情。

把《论语》中"郁郁乎文哉"念成"都都平丈我"的笑话，自宋代

---

① 游戏主人：《笑林广记》卷一，见《笑林广记二种》，齐鲁书社 1996 年版，第 17 页。
② 汪琬：《尧峰文钞》卷二十九，《四部丛刊》本。
③ 游戏主人：《笑林广记》卷二，《笑林广记二种》，第 30 页。

以来流传千年，成为取笑塾师的笑料。在这则极有可能是真实的故事面前，博学的塾师也不免因为自己同类的粗疏鲁莽而羞愧难堪。北宋人"曹元宠《题村学堂图》云：'此老方扪虱，众雏争附火，想当训诲间，都都平丈我。'语虽调笑，而曲尽社师之状。杭谚言：社师读《论语》'郁郁乎文哉'，讹为'都都平丈我'。委巷之童，习而不悟。一日，宿儒到社中，为正其讹，学童皆骇散。时人为之语云：'都都平丈我，学生满堂坐。郁郁乎文哉，学生都不来。'曹诗盖取此也。"①

在我国的民间笑话中，有很多塾师浅陋无知的故事。"训蒙先生爱读白字，东家议明：'每年租谷三石，火食四千。如教一个白字，罚谷一石；如教一句白字，罚钱二千。'到馆后，与东家在街上闲走，见'泰山石敢当'，先生误认'秦川右取堂'。东家说：'全是白字，罚谷一石。'回到书馆，教学生读《论语》，'曾子曰'读作'曹子曰'，'卿大夫'念为'乡大夫'。东家说'又是两个白字，三石租谷全罚。只剩火食钱四串。'一日，又将'季康子'读作'李麻子'，'王曰叟'读作'王四嫂'。东家说：'此是白字两句，全年火食四千一并扣除。'先生作诗叹曰：'三石租谷苦教徒，先被秦川右取乎。二石输在曹子曰，一石送与乡大夫。'又曰：'四千火食不为少，可惜四季全扣了。二千赠与李麻子，二千给与王四嫂。'"② 与这则笑话内容近似、版本不同的故事很多。"一教师肤浅，东道不悦，乃与约：言当出束修谷五十石，每误读一字，则除谷一升。及解馆查算，止余谷二升矣。呼童照数与之，教师大呼曰：'一年心力，只得谷二升，是何言兴，是何言兴？'东家向家童笑曰：'且未量谷，连这二升亦除了。"③《解愠编·儒箴》中的《引马入窑》《落山落水》《错死人》，《笑林广记》中的《抄祭文》《读破句》《赤壁赋》《於戏左读》《中酒》《先生意气》等，都是讥讽塾师"浅陋荒疏无学识"的。

① 田汝成：《西湖游览志余》第二十五卷，上海古籍出版社1980年版，第450页。
② 程世爵：《笑林广记·白字先生》，《笑林广记二种》，第102页。
③ 乐天大笑生编：《解愠编》卷一，见《历代笑话集续编》，春风文艺出版社1985年版，第18页。

（二）贫穷

旧时讥讽读书人贫穷而迂腐，称之为"穷酸""穷措大"。

在旧时，塾师的贫穷是一种普遍的现象和人所共知的事实。"吾儒命太薄，室常如悬磬。"① 这并不只是塾师的无病呻吟，一般人也这么看。"常言道：'贫不习武，富不教学。'大抵教书人，多是寒士。"② 具体到塾师贫穷的事例，也屡见记载。宋代的王安，家庭并不富裕，他的母亲节衣缩食，"聘士教子。塾师姜君庆贫甚，独与二女居。吾母亲为拊养，已而皆资遣之"。③ 塾师姜庆因为家庭贫穷，二位女儿的抚养和出嫁，也要依靠东家。明朝万历年间贡生王心性，"家贫授徒以赡，朝悉凌晨赴馆"。明末山东黄县的王其琗自叙："吾家世素寒，无财物可以济人，身为儒生，诱人子弟正吾分内事。"④ 嘉庆时期佚名的《都门竹枝词》中也有："盘费全无怎去家，穷困潦倒住京华。逢人便说留心馆，房饭钱多不肯赊。"⑤

天津教育名家杨一崑在《津门闻见录》中有一篇脍炙人口的《先生怨》，描写出教书先生的种种辛酸。该文已失传，但他的另一篇《天津论》的文尾，有一段描写教书先生的文字，也很逼真，特转录如下："最可悲的是教书匠，命苦作何商？既不肯调词架讼，又不会说地说房，更不能争行夺市把光棍创，只好把馆商量。大馆六十金，小馆三十两，不够吃饭，只够吃糠，半饥半饱度时光。家有三石粮，不作孩儿王，如虫进罗网，如驴在磨房。偶然有点事，人说工不长。学生不用心，就与教书先生来算账。几个铜钱事，一年一更章，一交冬至把心慌，定了馆方才坦荡荡。如何是长方？如何是长方？"

在许多文艺作品中，塾师更是一幅极为贫寒，乃至极端窘迫的形象。

---

① 蒲松龄：《教书词》，《聊斋遗文〈教书词〉〈辞馆歌〉〈先生论〉〈讨青蝇文〉》，第81页。

② 石平士：《童蒙急务》卷一，清道光三十年刊本。

③ 吕祖谦：《东莱集》卷十三，见《景印文渊阁四库全书》，第1150册。

④ 《黄县太原王氏族谱·家传》，清宣统间刊本。

⑤ 《都门竹枝词·教馆》，见《清代北京竹枝词（十三种）》，北京出版社1962年版，第41页。

《逃学传》中的和为贵先生，"自幼读书，家道贫寒，别无生意，专以教书为业"。因为年景饥荒，自己的学塾"汉阁斋"的学生都辍学"自散而去"，无奈之下，他跑到洛川，希望能重操旧业。"游荡几日，盘费已尽，堪堪饿死"。穷极之际，遇到了想为自己的两个儿子请塾师的礼之用。和为贵急于找到饭碗，答应了礼之用极端苛刻的条件：两顿作三餐，饮食粗劣，睡土炕，枕破砖，被子破乱不堪，又窄又短，束修数量少，要现银还得打折扣，学塾中的笔墨纸砚，要塾师自己出钱买，学塾设在离家很远的寺庙内，塾师要负责"打扫庙宇，供奉香炉，点灯关门"。这也难怪和为贵一再感叹："君子受艰难，斯文不值钱。""教书先生不值钱。"①

极个别的塾师，遇到好的东家或学生发迹之后，也能致富裕，改变贫穷的命运。如章埔"游学武林省城者数十年，弟子从游甚众，馆资甚丰。有一徒发榜道任粤东时，遣使赍书请公赴署游览。公束装一往，资送甚厚。"② 但对于大多数塾师而言，贫穷是他们的宿命。塾师的贫穷不仅是一种普遍的状况，而且历代如此，一直持续到民国时期。

在一些地区，因为供过于求，塾师"有些失业的，变成近乎乞丐一样，名为寒生，揩那些已有职业的读书人的油。他们时常去拜会私塾，希望至少能吃一餐饭，或再弄几文钱。一般塾师也不失礼义，练就了一些专门艺术，在殷勤之中，有对付方法。有时请学生帮忙招呼，学生不必如老师那般拘谨有礼，因而可以用冷僻的句子去考问来人。如果没有学问，寒生只得羞愤而走；若有学问，那么一顿饭和一些资助就少不了。……比这更不堪的，是穿着长破衫，手拿折扇，在长长的街上，一面漫步，一面朗读诗文，在街上三来三往，伸手依次向街旁的商店或人家文雅地接受薄薄的馈赠"。③ 这样的读书人，有的地方直接称之为文丐，与鲁迅笔下的孔乙己没有什么不同。

塾师的个人和家庭生活极其艰难，工作条件也极端窘迫。他们大多长年累月地奔走于穷乡僻壤或小街陋巷，处身于茅舍陋室之中，在恶劣的环

---

① 蒲松龄：《逃学传》，《蒲松龄集》，上海古籍出版社1986年版，1742页。
② 《姜氏家乘·家传》，民国六年浙江刊本。
③ 张倩仪：《另一种童年的告别——消逝的人文世界最后回眸》，商务印书馆2001年版，第63页。

境下从事教学工作。如宋代诗人刘克庄有诗云："短衣穿结半瓠空，所住茅檐仅蔽风。久诵经书皆默记，横挑史传亦能通。青窗灯下研孤学，白首山中聚小童。却羡安昌师弟子，只谈《论语》至三公。"清代著名诗人袁枚也有诗吟道："漆黑茅庐屋半间，猪窝牛圈浴锅连。牧童八九纵横坐，天地玄黄喊一年。"这种恶劣的工作环境，与塾师贫穷的命运紧密相连，也从一个侧面反映了塾师的贫穷。

（三）迂腐

如果说塾师的贫穷还能为别人所理解的话，那么，塾师的迂腐则多为人们所讪笑。在古代社会，"笑娼不笑贫"的人们，笑的是塾师"凭三寸不烂舌，单讲诗云子曰，举动一步三摇，满口之乎者也"[①] 的举动，笑的是塾师放不下架子的清高。"主人问先生曰：'为何讲书再不明白？'师曰：'兄是相知的，我胸中若有不讲出来，天诛地灭！'又问：'既讲不出，也该坐定些。'答云：'只为家下不足，故不得不走。'主人云：'既如此，为甚供给略淡泊，就要见过？'先生毅然变色曰：'若这点意气没了，还像个先生哩！'"[②] 正是为了这点意气，这点架子，或者说是师道尊严，塾师往往表现得极为迂腐。

这种迂腐首先体现在对礼仪的执着上，无论在怎样的景况下，总是忘不了儒家的礼仪。《笑林广记》中，有《学师赞礼》嘲笑塾师的迂腐可笑。"学官爱讲礼节，处处执礼。赞礼生常用在署，无论何事均要赞礼。"[③] 接下来的故事虽然不可信，但说明了塾师在人们心目中，是一幅怎样的迂腐形象。塾师不仅自己恪守不合时宜的礼仪，而且固执地要求人们也用这样的礼仪对待他。比如，有的地方服侍塾师，"给先生泡茶，不由女仆，因为由女人侍候老夫子是不敬的，总由老人家敬谨担任。先生架子十足，四平八稳端坐，见到老人家送茶送点心，从不理会，这样才显示师道的尊严"。[④]

---

① 蒲松龄：《学究自嘲》，《蒲松龄集》，第 1748 页。
② 游戏主人：《笑林广记》卷二，《笑林广记二种》，第 33 页。
③ 程世爵：《笑林广记·学师赞礼》，《笑林广记二种》，第 102 页。
④ 《另一种童年的告别——消逝的人文世界最后回眸》，第 66 页。

塾师的迂腐在教学上，体现为面目可憎的陈词滥调，毫无新义的人云亦云。"解'生长明妃'一首云：'惟其去紫台，故春风面不可见；惟其独留青塚，故环佩声归月下闻。'此乃村学究腐烂讲套语，岂可笺杜乎？"① "乃篇末数语，村学究面目可憎之甚。"②

一个人在社会上拥有的地位越高，越受人尊敬，就越能按照与之相符的道德标准约束自己的行为。塾师浸淫于儒家礼仪，习闻熟知，在日常生活中，言动举止，周旋应对，谨守规矩，讲求礼节，决不轻易改变，以迁就他人，在别人看来，难免迂腐。

塾师的迂腐的确让人觉得可笑，然而，迂腐和虚伪不只是塾师而是所有儒生的本色，而且也并不是毫无可取之处。"如果不迂不伪，实更成为偷苟油滑之徒，民国朝野充斥此类流品。随风摇摆，决不执迂，男盗女娼，毫无饰伪，中国文化势将荡然覆亡。世人向以三家村村夫子之孤陋寡闻、抱残守缺而轻藐之，无人究心于其行经。殊不知彼等虽仕途无缘，似已百无一用，但多拘谨自爱，乐天知命，安分守己，虽不得志，多能独善其身，以淑世任事为怀，以承担民间风教为己任，实乡曲之导师，地方之柱石，一方文教之重镇。其影响之普遍深远，并不下于大圣大贤。"③ 迂腐而不是见风使舵的投机，至少表明了塾师的恪守和执着，虚伪而不是随心所欲的肆行无忌，表明了塾师有所敬畏和顾及。塾师正是"迂腐"地检束着自己的身心，"虚伪"地矫正着自己的言行，实践着儒家的理想。"儒学衰，不在于圣人不出、硕学鸿儒之稀见，而在于村里师儒早已迹绝于天壤之间。村夫子绝迹，乃真正儒学命尽运绝之时。"④ 我们也可以说，儒学衰亡的一个重要特征，就是像塾师这般"迂腐"和"虚伪"的人越来越少。

（原载台湾《国文天地》第 20 卷第 3 期，总第 231 期）

---

① 杨慎：《升庵集》卷五，见《景印文渊阁四库全书》第 1270 册。

② 胡应麟：《少室山房集》卷一百五，见《景印文渊阁四库全书》第 1290 册。

③ 王尔敏：《儒学世俗化及其对于民间风教之浸濡》，《近代文化生态及其变迁》，第 59 页。

④ 同上。

《三字经》的渊源

　　《三字经》是我国传统启蒙教材中最有代表性的一种，也是影响最大的一种。《三字经》之所以历久风行，影响所及，几乎家喻户晓，人尽皆知，一个很重要的原因，是由于它内容丰富，知识性强。《三字经》篇幅不大，全篇仅 1044 个字，但就是在这有限的篇幅中，包含了十分丰富的内容。明朝的吕坤，把它当作增广见闻的读物。清人紫巢氏，在为《三字经注解备要》作序的时候，称它是"一部袖里《通鉴纲目》"。民国时期的章太炎把它和《千字文》作了对比，认为它虽然"字有重复，辞无藻采"，但"启人知识过之"。① 美籍华裔学者陈荣捷也说："《三字经》以一千余字，历举我国文化义理历史典籍，实一小型百科全书。"②

　　《三字经》深得人们喜爱的另外一个更为根本的原因，在于它的形式。它三字一句，句子短小，形式整齐，隔句押韵，读起来上口，听起来悦耳，儿童喜闻乐道；并且，它的前后句自然连贯，语义顺畅，浅显明白，通俗易懂，丝毫没有生拼硬凑的痕迹。

　　在宋代之前，我国传统的启蒙读物，主要是用四言写成的。从残存的遗文和王国维等学者的考证来看，我国最早的启蒙识字读本，如《史籀篇》《仓颉篇》等，都是用四言写成的。著名的《急就篇》主体是三言和七言，末尾最为浅近可读的一段，歌颂汉朝的功德："汉地广大，无不容盛。万方来朝，臣妾使令。边境无事，中国安宁。百姓承德，阴阳和平。风雨时节，莫不滋荣。灾蝗不起，五谷孰成。圣贤并进，博士先生。"正

---

　　① 章炳麟：《重订三字经题辞》，《重订三字经》卷首，见《〈三字经〉古本集成》，辽海出版社 2008 年版，第 244 页。

　　② 陈荣捷：《朱子新探索》，台湾学生书局 1988 年版，第 672 页。

是用四言写成的。被人们视为"稷下学宫之学则"的《弟子职》、成书于六朝时期的《千字文》、唐代广泛使用的《开蒙要训》、成于唐而风行于宋的《蒙求》、介绍姓氏的《百家姓》、传播历史知识的《十七史蒙求》、阐释理学概念的《性理字训》、宋朝末年方逢辰所撰的《名物蒙求》等，都是用四言写成的。在《三字经》出现之后，一些重要的启蒙读物如《龙文鞭影》，还是用四言编写成的。可以说，四字句是传统启蒙读物最主要的编写形式。

用三言这样短小的句子来表达意思，而且通篇如此，还要押韵，这实在不是件容易的事情。正如张志公先生所说："用简短（三四个字）而整齐的韵语，好处在便于记诵，但是往往有两个缺点，一是容易写得艰深难读或者牵强硬凑，一是容易写得贫乏呆板。"[1] 三言相对于四言，虽然只少了一个字，对于成人来说没有什么不同，但对于儿童特别是低幼儿童来说，则意味着负担的减轻，意味着更加容易接受。

以三字一句的形式编写的启蒙读物，虽然以《三字经》最负盛名，但正如俗言所说的那样，罗马不是一天建成的。《三字经》的出现也是渊源有自，是我国传统启蒙教育长期积累和发展的结果。

在《礼记·曲礼》中，有诸如"衣毋拨，足毋蹶；将上堂，声必扬；将入户，视必下"之类短小整齐而又押韵的语句；在《列女传》中，也有诸如"将入门，问孰存"之类的语句。这些语句，教习的都是日常生活中的规范，不虚玄，不高妙，是切近的洒扫应对之类的具体事情，适合蒙童的理解能力，体现了小学"只是教之以事"的特点。朱熹认为，这些短小而押韵的语句，可能"皆是古人初教小儿语"。[2] 正是基于这样的认识，朱熹把这些内容收录在《小学》中。我们注意到，因为时代久远，又没有别的证据，朱熹在作这样的判断时，他用的是一种不肯定的语气。如果朱熹的说法可信的话，那么，早在《礼记》成书的战国及秦汉时期，就已经有了三字一句、用作蒙童诵读的读本了。

在现今依然流传、由汉元帝时的黄门令史游编写的《急就篇》，其主体部分包括三方面的内容：一是姓氏名字，二是服器百物，三是文学法

---

① 张志公：《传统语文教育教材论》，上海教育出版社 1992 年版，第 23 页。
② 黎靖德：《朱子语类》卷七，中华书局 1986 年版，第 126 页。

理。第二、三部分的内容都是用七言编写成的，而第一部分全用三言。它以"宋延年，郑子方，卫益寿，史步昌。周千秋，赵孺卿，爰展世，高辟兵。邓万岁，秦妙房，郝利亲，冯汉强"开始，而以"姓名迄，请言物"转入介绍"诸物"名称。这一部分长达 134 句，在全书中占了很大的篇幅。但它主要是姓名的堆积，前后句没有什么联系，没有什么意义。这种编写形式，主要是中国人姓名的特点决定的，编写者并没有刻意以三字一句编写启蒙读本的意思。

在追溯《三字经》的渊源时，朱熹的《女已志铭》也受到个别研究者的关注。朱熹的《女已志铭》无序文，全部铭文只有 86 个字："朱氏女，生癸巳。因以名，叔其字。父晦翁，母刘氏。生四年，呱失恃。十有五，适笄珥。赵聘人，奄然逝。哀汝生，婉而慧。虽未学，得翁意。临绝言，孝友悌。从母葬，亦其志。父汝铭，母汝视。汝有知，尚无畏。宋淳熙，岁丁未。月终辜，壬寅识。"[1] 陈荣捷在提出这则材料的时候，虽然表明"吾人不敢谓朱子为陈淳《启蒙》之前驱"，但又说："陈淳由四字文而改三字文，非必沿袭前人。假如必须先例，则可取诸其师朱子也。"虽然说"更不敢谓朱子为《三字经》之先例"，但强调"其女虽非幼稚，究尚未学，故此文乃为初学而设之文也"。[2] 而且反复强调朱熹与启蒙教育的关系。

的确，朱熹非常注重启蒙教育，不仅曾编有《小学》和《易学启蒙》，而且编写了《童蒙须知》《训蒙诗百首》，他的《训子帖》《白鹿洞揭示》《敬斋箴》《沧州谕学者》《论定董陈学则》《朱子读书法》《孝经刊误》等，旧时也曾用作启蒙读物。他有关传统小学的论述，不仅确立了启蒙教育的使命，而且为传统社会后期启蒙教育的理论和实践奠定了基调。然而，将这篇为他女儿的墓志而作的铭文，看作"为初学而设"，看作为童幼而作，则显然过于牵强。铭是刻于器物或墓碑上的文字，或者用作自我警示，或者用来称述生平功德，使传扬于后世。作为一种文体，它

---

① 朱熹：《晦庵集》卷九十三，见《景印文渊阁四库全书》第 1146 册，台湾商务印书馆1986 年版，第 173 页。

② 陈淳：《启蒙初诵》，《北溪大全集》卷十六，见《景印文渊阁四库全书》第 1168 册，第 624 页。

往往用三字、四字等整齐的形式写成，如《大学》所载的著名的商之盘铭"苟日新，日日新，又日新"，就是三字句式。朱熹为自己早逝的女儿写的墓志铭，从内容来看，是为了使其生平懿德传扬于后世，从形式而言，则合乎"铭"的文体，与启蒙教育没有什么联系。

朱熹的学生陈淳，倒是实实在在地因为启蒙教育的需要，用三字句式编写了一部适合儿童的读本。他编写的《启蒙初诵》，全篇完好无损地一直保存到现在。陈淳最初编写时，依照传统的方式，用的是四字句，篇名为《训蒙雅言》。作者曾自叙其撰著经过："予得子今三岁，近略学语，将以教之，而无其书。因集《易》《书》《诗》《礼》《语》《孟》《孝经》中明白切要，四字为句，协之以韵，名曰《训童雅言》，凡七十八章一千二百四十八字。"① 全篇四字一句，四句一章，虽然说辑录的主要是儒家经典中的语句，但都经过了作者较大幅度的改编。如述及孔子的部分这样说："孔集大成，信而好古，祖述尧舜，宪章文武。下学上达，好古敏求，发愤忘食，乐以忘忧。进礼退义，温良恭俭，若圣与仁，为之不厌。宗庙便便，乡党恂恂，私觌愉愉，燕居申申。立不中门，行不履阈，不正不坐，不时不食。出事公卿，入事父兄，罕言利命，不语怪神。毋意毋必，毋固毋我，从心所欲，无可不可。"②

《训蒙雅言》编成之后，作者"又以其未能长语也，则以三字先之，名曰《启蒙初诵》，凡十九章二百二十八字。"③ 此篇后来被熊大年收录在《养蒙大训》中，并被改名为《经学启蒙》。《启蒙初诵》以三字句写成：

> 天地性，人为贵，无不善，万物备。
>
> 仁义实，礼智端，圣与我，心同然。
>
> 性相近，道不远，君子儒，必自反。
>
> 学为己，明人伦，君臣义，父子亲。
>
> 夫妇别，男女正，长幼序，朋友信。

---

① 陈淳：《启蒙初诵》，《北溪大全集》卷十六，《景印文渊阁四库全书》第 1168 册，第 624 页。

② 陈淳：《训蒙雅言》，《北溪大全集》卷十六，第 626 页。

③ 《启蒙初诵》，《北溪大全集》卷十六，第 624 页。

日孜孜，敏以求，愤忘食，乐忘忧。

讷于言，敏于行，言忠信，行笃敬。

思毋邪，居处恭，执事敬，与人忠。

入则孝，出则弟，敬无失，恭有礼。

足容重，手容恭，目容端，色容庄。

口容止，头容直，气容肃，立容德。

视思明，停思聪，色思温，貌思恭。

正衣冠，尊瞻视，坐毋箕，立毋跛。

恶旨酒，好善言，食无饱，居无安。

进以礼，退以义，不声色，不货利。

信道笃，执德弘，见不善，如探汤。

不迁怒，不贰过，毋意必，毋固我。

道积躬，德润身，敬日跻，新又新。

祖尧舜，宪文武，如周公，学孔子。

礼三百，仪三千，温而厉，恭而安。

存其心，养其性，终始一，睿作圣。

　　这篇读物主要讲的是儒家的伦理道德，篇幅也很短小，文字多有重复，可知它主要是作为教授伦理道德而编写的，识字的目的并不突出。比起《三字经》来，内容也过于单一，由于主要是集儒家经书中的语句，尽管作者特别注意选择那些"明白切要"的，但也比较古奥难懂。尽管如此，《三字经》对它的继承关系是显而易见的。三字一句的形式姑且不论，二者开篇都谈论人性，并且观点也完全相同。

　　在《三字经》之前，近似的命名也已经出现。与朱熹同时的项安世曾说："古人教童子，多用韵语，如今《蒙求》《千字文》《太公家教》《三字训》之类，欲其易记也。《礼记》之《曲礼》《管子》之《弟子职》、史游之《急就篇》，其文体皆可见。"① 可见《三字训》与《蒙求》《千字文》《太公家教》一样，当时已经广泛地运用于启蒙教育。可惜《三字训》现在已经佚失，我们不知道它的详细内容。由项安世的述说可

---

① 项安世：《项氏家说》卷七，见《景印文渊阁四库全书》第 706 册，第 536 页。

知，为了便于儿童的记诵，它整齐押韵；从书名上，可以推知它用三字写成，而且，这样的命名和它三字一句的编写形式相关联。陈东原先生说《三字经》"当系元初人就《三字训》改作"，只是一种推测，没有任何材料可以证实，但无论是编写形式还是命名方式上，它无疑对《三字经》有重要的影响。

《三字经》是我国启蒙教育传统的结晶，它的出现，是传统启蒙教育长期积累的结果，从形式到内容，都有先例可循，就连它的名称，也显然是取法《三字训》的结果。正因为植根于这样丰厚的传统，它才得以厚积薄发，成为传统启蒙教材最具标志性和代表性的读本。

（原载《文史知识》2006 年第 8 期）

《三字经》的流传

  《三字经》在元朝初年成篇之后，并没有像很多人想象和一些人所说的那样，很快就在社会上广为流传。元朝近百年间，《三字经》不见于任何记载，更谈不上在启蒙的学堂上应用。

  《三字经》在社会上流传开来，是明代的事情，而且是在明代中后期。

  就现有的文献来看，最早说及《三字经》的，是明代的黄佐和吕坤。黄佐在《泰泉乡礼》中，对社学的启蒙教学，曾发表了这样的意见："诵读务贯熟不贵多，如资性能记千字以上者，只读六七百字，不得尽其聪明。年小者，只教一二句而止，勿强其多记。或用《孝经》《三字经》，不许先用《千字文》《百家姓》《幼学诗》《神童酒诗》《吏家文移》等书。以次读《大学》《中庸》《论语》《孟子》，然后治经，句读少差，必一一正之。"① 嘉靖三十一年举人叶春及，在任惠安知县时所作的《惠安政书》卷十一《社学篇》中，也有与这基本一致的说法。吕坤在《兴复社学》中则说："初入社学，八岁以下者，先读《三字经》，以习见闻；《百家姓》，以便日用；《千字文》，亦有义理。"② 黄佐和吕坤是明朝中后期人，二人一致的说法，显然根据的是《三字经》已经被应用于启蒙教育的实际。

  有材料可以进一步证明，在明朝中后期，启蒙教学中已经在使用

---

  ① 黄佐：《泰泉乡礼》卷三，见《景印文渊阁四库全书》第 142 册，台湾商务印书馆 1986 年版，第 617 页。

  ② 吕坤：《实政录》卷三，见《续修四库全书》第 753 册，上海古籍出版社 2002 年版，第 290 页。

《三字经》。明代榆次人阎朴，是嘉靖十一年进士，曾任国子监祭酒等职。明代大臣傅希挚为他所作的墓志开篇就说："公讳朴，字文甫，号又泉，生而颖厚颖敏。五岁，学谕公面授《三字经》，俄即成诵，垂髫读书数行下。学谕公家塾多执经士，每授之经旨，众犹未领解，方绎思，公指摘大义，得言外趣，听者肃然。"① 像阎朴这样，开蒙使用《三字经》，在明朝中后期应该不是个别的情形。

不仅平民子弟，而且王公贵胄乃至帝王人家的子弟，开蒙也往往使用《三字经》。明朝人王世贞的《弇州四部稿》，曾记载明穆宗年幼时读《三字经》之事："今上为皇太子时，甫五龄，遇公等于御道西。召公谓曰：'先生每辛苦。'公等顿首谢，因谓殿下茂龄，宜读书进学。皇太子顾公而曰：'我已读《三字经》矣。'"② 清朝人姚之骃的《元明事类钞》根据《隆庆注略》，记载此事大同而小异。

除此之外，明代还出现了多种版本的《三字经》。在《浙江通志》卷二百四十二中，根据万历《宁海县志》，著录有一部薛国让注解的《启蒙三字经》。《三字经》旧时往往又称《启蒙三字经》或《发蒙三字经》，注者薛国让行藏不详。此书仅为万历《宁海县志》所著录，成书于明朝中后期的可能性比较大。现在所见的《三字经》最早的注本，为赵南星所注，收录在他的《味檗斋遗书》之《教家二书》中。赵南星是明朝万历二年进士，这一注本成书于明朝中后期可知。这样，我们所知的明朝《三字经》的两个注释本，都出现在明朝中后期。根据以上材料集中出现在明朝中后期的实情，我们可以得出这样一个结论：《三字经》在成书近300 年之后，最晚在明朝嘉靖年间，就已经在社会上流传开了。

清朝前期，《三字经》的流传依然平稳地进行着。清顺治三年进士魏裔介，在《与辩若弟》中曾这样说："侄女当令之诵《女儿经》《三字经》，昔忠毅公有《教家二书》，即此。烦寻一本，致之长安。吾曾祖《养生》《弗佛》二论，并希寄来，兄将重刻之。"③ 由魏氏之说，可知

---

① 储大文等：《山西通志》卷一百九十八，见《景印文渊阁四库全书》第549 册，第473 页。

② 王世贞：《弇州四部稿》续稿卷一百三十八，见《景印文渊阁四库全书》第1284 册，第26 页。

③ 魏裔介：《兼济堂文集》卷十，见《景印文渊阁四库全书》第1312 册，第827 页。

《女儿经》《三字经》二书，在当时颇受士人看重，以至于有人视为教家宝典。

在清代前期，已经有多个《三字经》的注本面世。康熙五年，曾编注《五言千家诗》《女四书》《百家姓考略》等多种启蒙读本的王相，以《三字经》一书，"言简义长，词明理晰，淹贯三才，出入经史，诚蒙求之津逮，大学之滥觞也"①，撰注了《三字经训诂》。这一注本在旧时影响较大，成为清朝各个注本的基础。康熙、雍正时常熟人潘子声的《三字经针度》，是一部别具一格的注本，它没有《三字经》的原文，而是胪列其中曾先后出现的 520 个字，对其字音和字义进行注释。这些注本，是在《三字经》业已流传开来的情况下出现的，也对它的进一步流传起了推波助澜的作用。

雍正五年九月，针对署广西巡抚甘汝来等条奏广西土司事宜中，建议在少数民族地区设立义学，延请师儒，教习《三字经》等，以化民成俗，雍正皇帝批评说，这是迂阔而不可行的"识见浅陋"："况土民愚蠢性成，惟在地方官约束严明，使知畏威戴德，庶可收革面革心之效。乃欲以《三字经》《千字文》之类，谓可使之明义理而消凶恶，亦迂阔之甚矣。"② 但这则材料从一个侧面说明，《三字经》这时在汉族地区已经流传颇广，在甘汝来等官员看来，广西少数民族地区也有必要仿效，从学习这部读物开始，作为实施教化的基础。

《三字经》虽然自明朝中期以后，即在社会上流传开来，但影响依然有限。这表现在人们对《三字经》作者的认识，还存在着很大的歧义；获得此书尤其是一个较为完善的版本，还存在着一定的困难；人们不断地对《三字经》进行订补、修改、增广等，一方面反映了《三字经》的影响正在逐步扩大，另一方面说明了它处于剧烈的变动之中，没有得到较为一致的认可。清朝中期之后，最迟在道光年间，《三字经》已经在社会上风行开来。这体现在以下几个方面：

首先是人们对它的评价甚高。在清朝中后期，人们给予了《三字经》

① 王相：《三字经训诂·序》，见《〈三字经〉古本集成》，辽海出版社 2008 年版，第 36 页。

② 《世宗宪皇帝上谕内阁》卷六十一，见《景印文渊阁四库全书》第 414 册，第 691 页。

很高的评价。如朗轩氏说它"天人性命之微，地理山水之奇，历代帝王之统绪，诸子百家著作之原由，以及古圣昔贤由困而享、自贱而贵，缕晰详明，了如指掌"。① 许印芳则称叙此书"句短易读，且使稍知名物义类，可为儒门导先路也"。②

很多人在说及《三字经》时，都认为它是一部不可多得的适宜的启蒙读本。康熙初年，王相首先称它"诚蒙求之津逮，大学之滥觞"。同样是在康熙年间，胡兆瑜感叹："养正之助，莫善于此。"③ 时代愈后，这种认识也愈普遍。特别是在光绪年间，这样的说法屡见不鲜。张谐之称："宋王伯厚先生作《三字经》，言简而赅，为开蒙要本。"④ 刘春霖说："王伯厚所著《发蒙三字经》一书，句短而事略备，文简而义颇赅，最便初学。"⑤ 陈灿先是称赞《三字经》原本"便于初学"，接着又夸赞许印芳的订补本"诚蒙养之善本""有益于蒙养之功"⑥。许印芳则称"此书周遍闾阎，便于初学。"周保璋注意到了因为《弟子规》的风行而对《三字经》所产生的影响，注意到了《三字经》中混入天命、以贤达劝学这样一些"未尽合养正之义"的内容，但也称述"其中'见闻'一大段，实便蒙学"，从而得出了"世俗蒙学书中，此颇雅饬"⑦ 的结论。

其次是版刻甚多。王相的《三字经训诂》一书，在道光年间就有两个刻本：一是道光三年歙西徐士业校刻本，一为道光十三年刻本。潘子声的《三字经针度》，也有道光十年重刻本。吴郡人王琪的《三字经故实》，则有道光十二年王氏有容堂刻本。继乾隆末年陶格的《满汉合璧三字经注解》之后，道光十二年，乾隆四十四年翻译科进士富俊，出版了《蒙

---

① 朗轩氏：《三字经注解备要·原叙》，收入《〈三字经〉古本集成》，第131页。

② 许印芳：《增订发蒙三字经·序》，《增订发蒙三字经》卷首，收入《蒙学之冠——〈三字经〉及其作者王应麟》，宁波出版社2007年版，第140页。

③ 胡兆瑜：《三字经·序》，车鼎贲订补：《三字经》卷首，收入《蒙学之冠——〈三字经〉及其作者王应麟》，第117页。

④ 张谐之：《广三字经·序》，收入《〈三字经〉古本集成》，第169页。

⑤ 《增订发蒙三字经》卷首，收入《蒙学之冠——〈三字经〉及其作者王应麟》，第137页。

⑥ 同上书，第139页。

⑦ 周保璋：《节增三字经·序》，收入《蒙学之冠——〈三字经〉及其作者王应麟》，第217页。

汉合璧三字经注解》。谷连恒的《增补注释三字经》,也有道光二十二年刻本。

继王相注释本之后另一个对后世影响很大的注释本,是贺兴思注、朗轩氏补的《三字经注解备要》。此书原名《三字经注解俗讲》,"道光庚戌春,余适锦城,偶得衡阳贺兴思先生编辑《注解俗讲》一书,翻阅未竟,不禁欣然曰:'此诚古一奇观也。'询其从来,乃自京师中带回抄本,惜哉未传剞劂,不能遍海内而有之"。① 此书所附的《历代帝王源流歌》,以"传至道光三十载,江山悠久万年春"作结,这说明朗轩氏订补刊刻,有绝大的可能是在咸丰年间进行的,而贺兴思的注释,则只能是在道光年间或在此之前。

在此之前,《三字经》以及各种注释和改编本,虽然时有所见,如康熙五十年车鼎贲的订补本、乾隆十六年孙联捷的《三字经心解》等,但十分稀有,颇为少见,远不及道光时期各种版本出现的集中。各种《三字经》的注释本、翻译本和订补本在道光年间集中出现,反映了《三字经》在这时风行的实情。

最后,开蒙诵读《三字经》,在清代中后期有很多例证。早在康熙年间,胡兆瑜在为车鼎贲订补的《三字经》作序时开篇就说道:"余束发时,受读《三字经》。"嘉庆年间,著名医学家陈念祖就说:"童子入学,塾师先授以《三字经》,欲其便诵也,识途也。"② 他编著《医学三字经》一书,用作"学医之始",显然是受其启发。光绪十四年,刘春霖在为许印芳的《增订发蒙三字经》作序中也称:"回忆二十年前,设童蒙馆于荒村破屋间,尝以此书开导来学。"

许多对《三字经》的注释、改编、增补、修订之作,正是一些塾师或父兄在教学过程中发现问题之后而进行的。康熙年间的车鼎贲,意识到了《三字经》中存在着"章句之习""干禄之讹"这样的"小疵","每于课子之暇,欲为订正其千虑之一失"。后来在友人胡兆瑜的襄助之下,"审易其理之有所未醇者,而复增补其语之有所未备者,较之旧帙,遂多数倍。"朗轩氏在获得贺兴思的《三字经注解俗讲》一书之后,誊抄了多

---

① 朗轩氏:《三字经注解备要·原叙》,收入《〈三字经〉古本集成》,第131页。
② 陈念祖:《医学三字经·小引》,中国书店1993年版,第7页。

次。鉴于其中"多有舛讹","不时披览,于余心终觉歉然。兹于馆课之暇,重加订补,与原本稍为详细"。许印芳自己也是"年过半百,谬司教铎,训迪后进,乃职分内事,而训迪之方,首重此书。"他不甘于为尊者讳,不忍心让有明显"败阙"的《三字经》辗转流传,贻误后学。"于是提纲挈领,补其所未备;绳愆纠谬,易其所未安。"最终写成了《增订发蒙三字经》。

有很多文献都说及《三字经》在清朝中后期风行的情形。朗轩氏约在咸丰年间这样说:"宋儒王伯厚先生《三字经》一出,海内诲子弟之发蒙者,咸恭若球刀。"清朝后期,这样的说法更加普遍。如光绪十四年陈灿说:"其书便于初学,风行宇内,人手一编,童而习之。"《增订发蒙三字经》的作者许印芳也说:"今世黄小辈,束发读书,师辄授以坊本《发蒙三字经》。"又说王应麟著述虽富,《玉海》《困学纪闻》等最为著名,但"流传之广,未若此书周遍闾阎,便于初学。"清末刘鹗的《老残游记》第七回中的掌柜,曾对老残这样说:"所有方圆二三百里,学堂里用的《三》《百》《千》《千》,都是在小号里贩得去的,一年要销上万本呢。"这里居于首位的"三",指的正是《三字经》。

(原载台湾《历史月刊》2008 年 12 月号,第 251 期)

《百家姓》的改作及其原因

　　《百家姓》的作者不详，但撰著时代一般都说是宋代。宋代学者王明清最早也最具体详尽地提出了自己对这一问题的意见："如市井间所印《百家姓》，明清尝详考之，似是两浙钱氏有国时小民所著。何则？其首云'赵、钱、孙、李'，盖钱氏奉正朔，'赵'乃本朝国姓，所以'钱'次之。'孙'乃忠懿之正妃，又其次，则江南李氏。次句云'周、吴、郑、王'，皆武肃而下后妃。无可疑者。"①"似是"二字，表明作者对这一问题的意见并不确定，以下的具体论述不过是猜测之词。但后世的学者大都忽略了王氏的疑似之词，而认可了这一说法。如朱国桢、王相、翟灏、乔松年等人众口一词，说《百家姓》是宋初钱塘老儒或越人所作，篇首冠以"赵"姓，是由于"尊国姓"的缘故。

　　实际上，根据有关记载，早在唐代，确切地说在虞世南之前，《百家姓》就已经成书。在明朝人梅鷟的《南雍志·经籍考》卷下中，著录有虞世南《百家》一卷。此书与杜环《千字文》、虞世南《千字文》、赵子昂《千字文》和鲜于《真草千字文》著录在一起，可以肯定，这里的《百家》是虞世南所写的《百家姓》，其撰作虽然不一定出自虞世南之手，但其成书应在虞世南之前。无独有偶，明朝人周弘祖的《古今书刻》，在南京国子监下的法帖类中，也著录有虞世南的《百家姓》。

　　在敦煌文献中，P.4585 和 P.4630 两个卷子都是《百家姓》。P.4630残二叶，每叶十六行，每行六字。其中有"郝连皇甫，尉迟公羊。澹台

---

① 王明清：《玉照新志》卷三，见《景印文渊阁四库全书》第 1038 册，台湾商务印书馆1986 年版。

公冶，宗政濮阳。淳于单于，大（今本《百家姓》作'太'）叔申屠，公孙仲孙，轩辕令狐"这样与今本《百家姓》完全相同的句子。P.4585存二十四行，起句便是"赵钱孙李，周吴郑王，冯陈褚卫，将（当作'蒋'）沈韩杨"，并且每个字都连写两遍。

我们知道，敦煌文献主要是唐五代的写本，虽然其中最晚的年号为宋真宗咸平五年（1002），但宋太宗至道元年（995）以后的文书绝少。按照传统的说法，《百家姓》应该是在960年赵匡胤夺取后周政权，到978年吴越亡国这段时期，在吴越国成书的。三十年间，这篇童蒙读物就传到了遥远的西陲，并在实际教学活动中应用，这无论如何是难以想象的。我国最著名的童蒙读物，从成篇到风行，都历时数百年，可以说正是漫长的时间赋予了它们魅力。如《千字文》在梁朝成篇，直到唐代才风行；《三字经》宋末面世，直至清康熙以后才得大名。《百家姓》的作者不过是一介"小民"，初次面世也不大可能暴得大名，并且有绝大的可能没有镂版印行。特别是这时的敦煌地区，为曹氏所统治，虽说与中央政府保持着受封与朝贡的关系，实际上处于半独立的状态。在这种情况之下，《百家姓》如此快地在这里流传，是绝少可能的。可能更大的是，它早在宋初之前就已成篇，根据上述明朝人的说法，很可能是唐朝的产物。

《百家姓》出于唐代，也有它深厚的社会土壤。东汉中期以降，世家大族势力获得了显著的发展，到魏晋时期更是形成了门阀制度。在这样的背景之下，世重高门、人轻寒微、崇尚姓望便成为迄至唐代普遍的社会风气。如敦煌文献 S.2052，是一份名题为《新集天下姓望氏族谱》的卷子，学者们一般认为它是唐德宗时的作品。它的序文这样说："夫人立身在世，姓望为先。若不知之，岂为人子？虽即博学，姓望殊乖。晚长后生，切须披览。但看注脚，姓望分明。谨录元出州郡，分为十道如右。"其后在十道之下，道下又分州，州下又分郡，以郡为单位，分别介绍了各郡的姓氏。如第一关内道（八）郡有"雍州始平郡出四姓：冯庞宣阴。雍州武功郡出四姓：苏韩是殳。"第二陇右道四郡有"梁州西平郡出三姓：申屠断池。"如此之类，它以便读的形式写成，全篇专门列举姓氏，强调姓氏郡望的重要性并注明了各姓氏的郡望，如此之类，与《百家姓》实有异曲同工之妙。

《百家姓》罗列姓氏，全篇共472个字，除篇末的"《百家姓》终"

四个字之外，另外的 468 个字，由 408 个单姓和 30 个复姓组成，所以《百家姓》共收录有 438 个姓氏，所收姓氏实际上远不止一百家。

《百家姓》有文无义，可以说有形式而无内容，它之所以在旧时的启蒙课堂上历久风行、长盛不衰，在社会上广为流传、影响深广，首先是由于它为人们了解和查验自己的姓氏，特别是郡望提供了依据，而以父系血缘关系为基础结成共同体的人们，对此是有着浓烈兴趣的。其次，《百家姓》上的文字，基本上不重复，适合于做识字课本。特别是它句短押韵，读起来上口，听起来悦耳，也适合儿童的兴味。最后，《百家姓》没有什么意义，对于仅仅习惯于死记硬背的儿童来说，恰好省了一道需要理解的工夫。当蒙童在书中见到自己的姓氏，见到自己所熟识的人的姓氏，在一种亲切感中，显然是会增加阅读兴味的。

一

与其他有影响的蒙学读物一样，《百家姓》流行开来之后，对它进行改编的也很多。至于改编的原因，则不外乎以下二种。

虽然《百家姓》以"赵"开篇，与流行的"尊国姓"的说法，实际上并没有什么关系。但旧时人们信从王明清的说法，认为以"赵钱孙李，周吴郑王"开篇，是"尊国姓"的缘故。如王相说："《百家姓》出《兔园集》，乃宋初钱塘老儒所作。时钱俶居浙，故首赵次钱，孙乃俶妃，李谓南唐主也，此则国之大族。"[1] 丁晏说："宋人尊尚贵姓，故弁其书曰'赵钱孙李'，盖吴越人所作也。"[2] 乔松年也说："《百家姓》，《兔园册》也，宋初越人所作，故以赵钱冠首。"[3] 这种很浓烈的赵宋皇朝的特征，后来的统治者是不愿意让它继续保留的，这是后来《百家姓》不断地被改编的主要原因。

蒙元时期，重编《百家姓》的也有人在。据清代学者翟灏说："近见

---

① 王相：《百家姓考略》卷首，中国书店 1991 年版。

② 丁晏：《百家姓三编·叙》，见《百家姓（外二种）》，岳麓书社 2002 年版。

③ 乔松年：《重订百家姓》跋，见璩鑫圭编《中国近代教育史资料汇编·鸦片战争时期教育》，上海教育出版社 1990 年版。

有包括谜子诗，末题至正三年中吴王仲端引《百家姓》，尽包成谜。其复姓乃有四十四，与今本不同。"① 柴萼的《梵天庐丛录》也有同样的说法。其实，两家之说依据的都是明朝李诩的《戒庵老人漫笔》："近间包括谜子，书名《江边岸》，如《独脚虎》之类，末题岁在癸未至正三年暮春之初，中吴三老先生王仲端引。《千字文》《百家姓》皆尽包成谜。至《百家姓》复姓乃万俟、司马、欧阳、上官、夏侯、诸葛、尉迟、钟离、皇甫、宇文、公孙、申屠、闻人、令狐、慕容、鲜于、公羊、公冶、司徒、司空、闾邱、澹台、胡毋、梁邱、高堂、长孙、由吾、成公、南宫、王孙、士孙、羊舌、第五、五鹿、主父、太史、漆雕、秃发、独孤、谷梁、息夫、乞伏、百里，若干与今本不同，未知何谓，漫志于此。"② 王仲端所引的《百家姓》久已失传，我们不知它仅仅是一个增补本，还是一个全新的重编本，更不知道它如何开篇。但无论如何，以"孪儿只斤"打头的可能性似乎不大。

明朝洪武年间吴沈、刘仲实、吴宗伯所编的《千家姓》，又名《皇明千家姓》，就其书名和编撰人员的构成、编撰经过以及给皇帝的上表来看，可知它是受皇帝之命而编写的，是要进呈给皇帝乙览的。这样的敕撰书，显然不能保持以赵姓打头的原貌，而大大扩充了的篇幅，也为改作提供了极大的方便。"朱奉天运，富有万方。圣神文武，道合陶唐。学弘周孔，统绍禹汤。荡平胡狄，混一封疆。爰革夷习，树立典常。尊崇仁义，劝勉农桑。刈锄强暴，显用善良。具备礼乐，和畅阴阳。胥集贡献，恩普蛮荒。敦复太古，智高百王。御镇海宇，胤世茂康。"这样开篇，可以说是尊国姓与颂皇朝二者兼而有之，以当时的标准看来，这种做法显然是一种最佳的选择。

明朝黄周星（字九烟）也以原本《百家姓》以赵姓开篇为不便，他所编的《百家姓新笺》，自然要以"朱"姓打头："朱王万寿，明时吉昌。国家全盛，胡越向方。江山巩宓，边堵安康。"开篇句"朱王万寿"，既表明了尊崇所谓的国姓，又包含有祝皇帝万寿无疆之意，而随后的"明时吉昌"一句，也表明了对明朝吉祥兴盛的祝愿。至于以下的颂词，也

---

① 翟灏：《通俗编》卷七，中华书局 2013 年版。
② 李诩：《戒庵老人漫笔》卷二，中华书局 1982 年版。

完全为咸丰时人丁晏用来歌颂清朝。有趣的是，黄周星的这部《百家姓新笺》，在收录到清康熙中所刊的《夏为堂集》中时，有了很大的变化，可以说是进行了一番彻底重编。开篇语成了"尚慕隆古，胥仰盛王。万方弘赖，怀葛虞唐。农牧施惠，熊夔司常。胡越全暨，家国寿昌。匡危易暴，周武殷汤。"结语也由"廖湛靡竺，古籍毋闻。大叔宗正，昝逯库乜。终《百家姓》"变成了"上官司马，司徒司空。万俟宗正，《百家姓》终"。这种变化，显然与明清之际的改朝换代有关。

清朝以异族入主中原，"爱新觉罗"的国姓，给有兴趣重编《百家姓》的文人，着实出了一道大难题。好在康熙皇帝以帝王之名所编的《御制百家姓》，为人们解决这道难题提供了一个变通的方法。《御制百家姓》既不能以国姓"爱新觉罗"开篇，更不能以传统的赵姓打头，而是别出心裁，篇首用的是万世师表孔子的姓氏。"孔师阙党，孟席齐梁。高山詹仰，邹鲁荣昌。冉季宗政，游夏文章。盖郜颜闵，芟却苏张。"孔子之后，再就是"亚圣"孟子和孔门诸弟子的姓氏。人们大都认为，《御制百家姓》的特点之一是，除了四言韵语的正文之外，还在每个姓氏的下面注明了郡望，如孔（鲁国）、师（太原）、阙（下邳）、党（冯翊），孟（平昌）、席（安定）、齐（汝南）、梁（陇丘）。其实，这一样的做法在吴沈等人的《千家姓》、黄周星的《百家姓新笺》中就已出现，只不过是这两部书流传不广，不为人们了解罢了。

清朝学者丁晏，在咸丰时期编了三种《百家姓》，统名《百家姓三编》。《新编百家姓》以复姓汇列篇后，便于记诵，并有作者儿子丁寿辰的注释；《百家姓二编》以复姓散附文中，征诸典籍，均依黄周星的《百家姓新笺》重新加以改定；《百家姓三编》则完全是作者自行编撰的，所谓"不因前人，自为创获。"作者曾写有"髀肉已生悲老大，食毛未报感君恩"的诗句，虽处在内忧外患深重的清中期，但作者在自叙中也有"恭际圣朝，首崇颂美"之说。作者的友人杨云书也说他："当此颠沛流离，绮思小品，偶然涉笔，犹见少陵一饭不忘之志。"① 可见他是一位忠君思想很浓的人。他的三种《百家姓》均以"咸丰万寿"开篇，次句分别是"安广吉康""安康吉昌""安贺巩昌"，再接着是"国家全盛，胡

---

① 杨云书：《百家姓三编》跋，见《百家姓（外二种）》。

越（边堵）向方"，随后分别是"江关巩宓，边堵慕王""江山巩宓，边堵慕王""轩辕时古，农宓虞唐"，稍有不同。对于这段开篇语，作者的儿子受父命解释说："首以颂起，尊皇朝也。安康全盛之时，北胡、南越皆知向方，江关巩固而宓安，边塞慕思而归化，升平之象也。"以"咸丰万寿"开篇，既指出了当时的年号，又有尊崇颂赞的意思，与所谓的尊国姓没有什么不同。

二

旧时人们改编《百家姓》的另一个原因，是认为它的字数太少，收录的姓氏颇多遗漏，许多很重要的姓氏都没有收录进来。比如我国常见的复姓有 200 个左右，而《百家姓》只收录了 30 个，不足以反映我国姓氏的全貌。王相在为《百家姓》作笺注时，说它"挂漏实多，识者訾之。"① 黄周星指出它"其间阙漏甚多，单姓如商、岳、涂、来，复姓如左丘、叔孙、鲜于、胡毋之类，指不胜屈"。② 现代学者汪辟疆也说它将一些重要的姓氏，"悉付阙如，未能赅括。"③

早在宋朝，就有一种《千姓编》。《郡斋读书志》著录为三卷，但不著撰者姓名。《直斋书录解题》著录为一卷，注明为"嘉祐八年采真子记"。《宋史·艺文志》史部谱牒类著录为"采真子《千姓编》一卷"。在明焦竑所编的《国史经籍志》卷三谱系类中，也著录有一部一卷本的《千姓编》，并注明吴可几撰。这两部《千姓编》已不传世，是否旨在拾补《百家姓》的阙漏，现在难以确定。

明初成篇的《千家姓》，编写人员除了翰林院编修吴沈之外，还有典籍刘仲实和吴伯宗。吴沈在《进〈千家姓〉表》中说："臣等谨稽诸史牒，质之图籍，旁搜博访，类萃成编，约为韵语，凡为姓一千九百六十有八，名曰《千家姓》，缮写呈上。"④ 实际上，他们主要依据的是户部的黄

---

① 《百家姓考略》卷首。
② 黄周星：《百家姓新笺·小引》。
③ 汪辟疆：《汪辟疆文集·别本百家姓》，上海古籍出版社 1988 年版。
④ 程敏政：《明文衡》卷五，见《景印文渊阁四库全书》，第 1373 册。

册，也就是户口册。《千家姓》比《百家姓》的篇幅增加了许多，全书共有 2168 字，收录单姓 1768 个，复姓 200 个，仅就收录的姓氏数量而言，已是《百家姓》的四倍多。由于收录的姓氏甚丰，旧时人们往往把它当作姓氏大全来看待。如黄周星在介绍自己的《百家姓新笺》完全依据的是原本《百家姓》，亦即所谓的"悉循旧章，略无增损"之后，又说："倘观者犹病其疏漏，则有吴编修之《千家姓》在。"① 在清咸丰九年管廷芬抄本的《千家姓》之后，有一部《千家姓续补》，题"古樜里钟万十千甫辑，门人潘圆宏、黄洪德参订"。其中收录"秃摎偻羿"等 164 个生僻的单姓、"邯郸乌氏"等 8 个复姓，进一步补了《千家姓》之阙。

清代学者崔冕，便没有吴沈等人翻阅户部黄册的便利条件，他所依据的是历代各体史书的传记。通过广为翻阅史传，共得复姓 34 个，单姓 972 个。他将这 1006 个姓氏联属成文，编成了一部名副其实的《千家姓文》。

据《梵天庐丛录》记载，曾国藩也编过一部《五百家姓》，收录单姓和复姓 500 个。收录的姓氏虽不及《千姓编》《千家姓》多，但和《百家姓》比起来，已多出了 60 多个，这就在很大程度上弥补了人们所指出的《百家姓》的阙遗。据说曾国藩在江宁时，曾刊刻过这部书。清末民初，此书已难以得见，现在不知是否尚存人间。

还有一种拾遗补阙的方法，不是像上述作品一样另起炉灶，而是在原本之后直接添加。我们常见本《百家姓》的收束句是"钟离宇文，长孙慕容。司徒司空，《百家姓》终"，但也有一种版本，在"司徒司空"之前，加上了"鲜于闾丘"，以便"《百家姓》终"四字后置，而使"司徒司空"的"空"字与前文押韵。在这之后，更是增添了"亓官司寇，仇督子车。颛孙端目，巫马公西。漆雕乐正，壤驷公良。拓拔夹谷，宰父谷梁。晋楚阎法，汝鄢涂钦。段干百里，东郭南门。呼延归海，羊舌微生。岳帅缑亢，况後有琴。梁丘左丘，东门西门。商牟佘侔，伯赏南宫。墨哈谯笪，年爱阳佟。第五言福，《百家姓》终" 96 个字，其中包括单姓 36 个、复姓 28 个，合"鲜于闾丘"计，一共增加了 66 个姓氏。李诩、翟灏所说的题至正三年中吴王仲端所引的《百家姓》，其中复姓有 44 个，

---

① 《百家姓新笺·小引》。

不知这部《百家姓》是一个彻底的重编本，还是仅仅为一个增补本。但无论如何，从这则材料我们可知，《百家姓》的阙遗早在元至正之前就为人们所意识到了，并开始从事拾遗补阙的工作。清末民初的柴萼也曾说："予幼时读《百家姓》，复姓多至百余，不知何人所增也。"[1] 我们所见到的增补本中，复姓只有 58 个，柴萼所读的本子，则多达一百多个，可见《百家姓》的增补本不止一家。

三

人们改编《百家姓》的第三个原因，是说它有形式而无内容，全篇只是姓氏的堆积，而不能连缀成文，读起来不见有任何意思。黄周星说它"杂乱无文，于义奚取"，王相说它"随口叶韵"，乔松年说它"但纪姓氏而无文义，亦《急就》《凡将》之例"，丁晏说它"杂厕成篇，漫无文义"，崔冕认为它"语无文义"，汪辟疆说它"任意排比，了无意义"，说的都是这个意思。《百家姓》旧时的功用，主要是对学童进行启蒙时的识字教材。但人们更多地希望儿童在识字的同时，也学得一些有益身心的"义理"。希图利用流传甚广的《百家姓》，在它便利的形式之下，注入有意义的内容，使得它有文义，读起更上口，也更便于记忆和背诵，这也是旧时人们改编《百家姓》的另一个重要原因。

以上所介绍的各种改编过的《百家姓》，都不同程度地在这方面做出了努力。就连在这点上用功最少的康熙皇帝的《御制百家姓》，开篇句说阙里是至圣先师孔子的里居，孟子曾做过齐宣王、梁惠王的宾师，也连属得有一定的意义。吴沈等人所编的《千家姓》，尽最大的努力将杂碎散乱的单个姓氏连缀成文。但由于姓氏太多，又不能重复，有些实在不能组织成句，作者便合并同类，把相关的姓氏放在一起。如"牛羊犀象，彪豹狼熊"讲的都是动物，"黄彤赤绛，苍绿青白"说的都是颜色。

《百家姓》"原本计四百七十二字，中为单姓者四百有八，为复姓者三十，并附结语四字"。黄周星的重编本"悉循旧章，略无增损"。[2] 他所

---

① 柴萼：《梵天庐丛录》卷十八，中华书局 1926 年版。

② 《百家姓新笺·小引》。

做的，主要是"离析原文，重加缀缉，律以骈珠，组织成韵。"① 一般认为，此篇颇有义例，组织甚工。清人丁晏的《百家姓三编》，按照作者自己的说法，就是"因周氏之文（按：黄周星旧时多误作周星），窜易涂乙"而成，而现代学者汪辟疆甚至认为它可以与周兴嗣的《千字文》并驾齐驱。汪辟疆称《千字文》"造语极工"，而说黄周星的《百家姓新笺》能与周兴嗣所作并驾齐驱，也主要是说它克服了原本"任意排比，了无意义"的弊端。其中的一些语句，如"萧曹居相，卫霍封侯。陈平阙项，邓禹扶刘"之类，也为丁晏等人所沿用。有人为了使新编的《百家姓》有文义，甚至不惜打破姓氏或者说文字不得重复的编例，以便新编本连属成文时，不至过于生拼硬凑。丁晏就曾指出，黄周星的重编本多出了一"居"字，虽然它"悉循旧章，略无增损"，但与原本比起来，还是多了"路"而少了"辂"，增加了"黎"而减少了"棃"，"臆为增入，斯失之矣。"

曾国藩所编的《五百家姓》，拾遗补阙的意义尚在其次，更为根本的还是要使字成句，句成文。"曾文正公又重作《五百家姓》，凡单复姓共五百家，而字则两千余。盖每句首冠以姓，其下即加二字或三字，就姓之义，联属成句，亦甚有味。文正曾在江宁刻之，今亦不可得矣。"② 它之所以收录单复姓只有 500 家，而字数多达 2000 个，就是因为它句首的一个或两个字才是姓氏，而以下的两个或三个字，是就姓氏的意义联属成句，配属成文。用字能不局限于中国人的姓氏，也可以不避重复，这就为组织流畅方便的语句，提供了极为便利的条件。

清人崔冕之所以要编《千家姓文》，最根本的原因就在于他认为，原本《百家姓》只是纯粹姓氏的堆积，随意排比的文字前后上下没有任何关联，这样组织成的句子也就不可能表达任何意义。因此，他重编的重点所在，就是要改变原本"语无文意"的状况。《四库全书总目》这样说："是编以村塾所传《百家姓》语无文义，因就史传详加翻阅，得复姓三十四，单姓九百七十二，计千余六姓，联属其文，较原书为雅驯，然不及王

---

① 《百家姓三编·叙》
② 《梵天庐丛录》卷十八。

应麟《姓氏急就篇》典核有据也。"① 从四库馆臣"联属成文，较原书为雅驯"的评语来看，应该说作者的目的是实现了的。

近人王石农也编过一部《百家姓》，名为《百家姓鉴编》。此书现在已难以见到，但就有关记载来看，作者的重点所在，是要改变原本"殊无文理"的状况，使之成为能表达一定意义的文章。《百家姓》"但有句韵而无文理。清黄九烟编之成文，妙矣；有王石农者，成《百家姓鉴编》，更为工巧。"② 今人陈东原依本此说，在所著《中国教育史》第二十章中也说："《百家姓》以四字为句，俱系叶韵。今传者凡六百余字。其书殊无文理，仅足为识字之用。清黄九烟编之成文，甚有妙趣。王石农成《百家姓鉴编》，更为工巧。"③

《百家姓》是我国先民训蒙的珍贵遗存，也是传统文化的宝贵遗产。在千余年的流传过程中，它不仅对我国的启蒙教育，而且对传统的学术文化和社会生活，都发生了很大的影响。因此，对这篇读物的研究，是不能以它不到五百字而忽略的。

（原载《文史知识》1998 年第 2 期）

---

① 纪昀等：《四库全书总目》卷一百三十九，中华书局 1965 年版。
② 《梵天庐丛录》卷十八。
③ 陈东原：《中国教育史》下册，福建教育出版社 2009 年版。

《千字文》的流传及其影响

　　《千字文》是南北朝时期梁朝的周兴嗣受梁武帝之命，为诸帝子们编写的一部习字范本。据唐朝人李绰的《尚书故实》说："梁武教诸王书，令殷铁石于大王书中，拓一千字不重者，每字片纸，杂碎无序。武帝召兴嗣谓曰：'卿有才思，为我韵之。'兴嗣一夕编缀进上，鬓发皆白，而赏赐甚厚。"① 这段话把《千字文》成篇的前因后果及全部经过，叙述得非常详尽和生动。唐人韦绚的《刘宾客嘉话录》，记载几乎与此完全相同，《太平御览》文部也有与此基本相同的说法。《千字文》形式整齐，通篇以四言写成，凡250句，共计一千字，所以称之为《千字文》。全篇虽然只有一千个字，而且每个字都不得重复，但这一千个字并不只是简单的堆积，而是组织成了通畅且有文采、并能表达一定意义的250个句子。其中叙述天文岁时、上古历史，宣传伦理道德、传统纲常，渲染了帝都宫殿的雄伟、达官显贵的豪华，讲述了周秦时期政治家和军事家的功绩、中华大地上的名胜古迹等，而且前后语义连贯，很有条理。

　　只用一千个有限而不重复的字，要写出内容如此丰富的文章，并且是形式整齐、语句通畅的句子，又要前后连贯，看不出任何生拼硬凑的痕迹，这不能不叫人说是一件绝大的本领。"局于有限之字，而能条理贯穿，毫无舛错，如舞霓裳于寸木，抽长绪于乱丝，固自难展技耳。"② 但周兴嗣硬是用有限的一千个杂碎散乱的字，组织成了一篇构思精巧、千古传诵的绝妙文章。

---

① 李绰：《尚书故实》，见《景印文渊阁四库全书》第862册，台湾商务印书馆1986年版。
② 褚人获：《坚瓠集》戊集卷四，上海古籍出版社2012年版。

　　《千字文》成篇后，很快就在社会上广为流传，在历史上发生了深广的影响，这从以下几个方面可以看得出来。

一　流传

　　周作《千字文》一面世，就在社会上广为流传。在这一过程中，大书法家王羲之的第七代孙智永禅师，做出了极大的贡献。《尚书故实》在介绍《千字文》的成篇经过之后紧接着说："右军孙智永禅师，自临八百本散与人间，江南诸寺各留一本。"唐朝人何延之也说智永禅师"克嗣良裘，精勤此艺。居永欣寺阁上，临书所退笔头，置之于大竹簏。簏受一石余，而五簏皆满。凡三十年于阁上，临真草《千文》八百余本，浙江东诸寺，各施一本。今有存者，犹直钱数万"。① 宋人吴坰的《五总志》也印证了这一说法："智永禅师居长安西明寺，自七十之八十岁，写真草《千文》八百本。每毕，人争取之。"

　　以下三则材料，非常充分地反映了《千字文》在唐五代时期的流传情况：

　　第一，在敦煌石室中，发现了数量众多的《千字文》的写本。即以斯坦因和伯希和所劫部分的文献为例，在斯坦因所劫的敦煌文献中，《千字文》就有 10 种，而在伯希和所劫的部分，《千字文》的写本更是多达 21 种。很明显，只有《千字文》广泛地应用于启蒙教育，才有这么多作为写字练习的写本被保存下来。

　　第二，王定保的《唐摭言》中，曾说及广陵人顾蒙"避地至广州，人不能知，困于旅食，以至书《千字文》授于聋俗，以换斗筲之资"。② 广州人不知"博览经史，慕燕许刀尺，亦一时之杰"的顾蒙，但却知道应用甚广的《千字文》。所以顾蒙在陷于困境时，能靠书写它来换吃食。

　　第三，在《唐语林》卷六中，有这样的记载："西蜀官妓曰薛涛者，辩慧知诗。尝有黎州刺史（原注：失姓名）作《千字文》令，带禽鱼鸟兽，乃曰：'有虞陶唐。'坐客忍笑不罚。至薛涛云：'佐时阿衡。'其人

---

　　① 董诰等：《全唐文》卷三〇一，中华书局 1983 年版。
　　② 王定保：《唐摭言》卷十，上海古籍出版社 1978 年版。

谓语中无鱼鸟，请罚。薛笑曰：'衡字尚有小鱼子，使君有虞陶唐，都无一鱼。'宾客大笑，刺史初不知觉。"① 刺史和薛涛能熟练地用运《千字文》中的语句，一旁的宾客也能发出会心的大笑，可见《千字文》早已深入人心，也表明了《千字文》已不止盛行在启蒙课堂，还流行于全社会。

二　注释

隋以前，编纂《千字文》的人很多。三国时魏国的钟繇，就编有一部。日本存有一部李暹注本的《千字文》，序中提及钟繇的《千字文》"晋末播迁，载书遇雨，几至靡乱"。王羲之重为编缀缮写，但文理音韵不顺，到梁武帝时，乃命周兴嗣重为次韵。可见王羲之本人也曾编次过一部《千字文》，只是不大成功。梁陈时期，编次《千字文》的人就更多。除了周兴嗣之外，萧子范和梁武帝本人都做过这项工作。大司马南平王"爱文学士，子范偏被恩遇，尝曰：'此宗室奇才也。'使制《千字文》，其辞甚美，王命记室蔡薳注释之。自是府中文笔，皆使草之。"② 而梁武帝所作名为《千字诗》，据《陈书·沈众传》："众好学，颇有文词，起家梁镇卫南平王法曹参军、太子舍人。是时，梁武帝制《千字诗》，众为之注解。"③

在《隋书·经籍志》中，紧随周兴嗣的《千字文》之后，著录有梁国子祭酒萧子云和胡肃的两种《千字文注》。这两种《千字文》，所注对象不知是周作，抑或是钟繇、萧子范或者是梁武帝之作，还是其他学者所作，这里暂且存而不论。而李暹注释的对象，现在可以考定是周作。在敦煌文献中，P.2721 是一卷名为《杂抄》，又名《珠玉抄》《益智文》《随身宝》的卷子，其中提到众多的童蒙读物及其作者，如"《急就章》（史游撰）……《兔园策》（杜嗣先撰之），《开蒙要训》（马仁寿撰之）"。这里，作者都用双行小注标注。在《千字文》下，有"钟繇撰，李暹注"

---

① 王谠撰、周勋初校正：《唐语林校正》卷六，中华书局 1987 年版。
② 姚思廉：《梁书·萧子范传》，中华书局 1973 年版。
③ 姚思廉：《陈书·沈众传》，中华书局 1972 年版。

的双行小注，其下又有单行大字注明"周兴嗣次韵"。这份卷子，除了说明周兴嗣编《千字文》是"重次"，它的基础是钟繇之作（而不是梁武帝的《千字诗》）外，也说明了李暹注本，是现在所知的周作《千字文》的最早注本。

宋朝的葛刚正曾说："梁《千文》书坊旧有注本，不知何人作也，但其中有鄙俚不经之谈。余今援引经史诸书，别为新注。"① 如此说来，宋代注释周作的就有两种，一是书坊的旧注本，二是葛刚正的新注本。据伯希和的《千字文考》，有一部佚撰人名的一卷本的《千字文注》，注释的对象是周作，"森立之假定是宋元间人所撰"，② 不知它与葛刚正所说的书坊旧注本是不是同一部书。

明代有关《千字文》的注释本，尚存的有娄芳著、娄国安刊的《千字文释义》。在《徐氏家藏书目》中，著录有《千字文音韵》二卷。在《文渊阁书目》《秘阁书目》和《也是园藏书目》中，都著录有《千字文句解》一卷。明代还有一部流传很广的童蒙读物，叫做《释文三注》，许多著录此书的目录书，如《文渊阁书目》《内版经书纪略》《秘阁书目》以及《千顷堂书目》等，都注明此书是《千字文》《咏史诗》和《蒙求》三部童蒙读物的注本。这部《释文三注》后来还传到了日本，并出现了《明本排字增广附音释文三注》的复刊本。

清代注释《千字文》的更多，在《亦园丛刻》《重刻徐氏三种本》中，保存有清人汪啸尹辑、孙谦益注的《千字文释义》一卷。而在《贩书偶记续编》中，则著录有清魏瑞斗、魏传征撰的《千字文汇纂音义》。日本人桂五十郎的《汉籍解题》也著录了清孙吕吉所撰的《千字文注》一卷。张志公先生的《蒙学书目》，则著录有清道光年间刊、朱炳南撰的《千字文音释》，以及佚名的《千字文句释》《绘图增注千字文》《百千音义》。

---

① 转引自常镜海：《中国私塾蒙童所用课本之研究》，《新东方》1940 年第 1 卷第 8 期。
② 伯希和：《千字文考》，《图书馆学季刊》1932 年第 6 卷第 1 期。

三 书写

《千字文》面世后，由于它文辞精美，形式整齐，加上所组合的一千个字都不重复，特别是这些字都是常用的汉字，包括了汉字的基本笔画，汉字的结构方式大都能在这一千个字中找到，因而在书法上有较强的代表性，于是成为历代书法家竞相书写的好材料。

早在《隋书·经籍志》中，就著录了《篆书千字文》和《草书千字文》两种。如前所述，隋智永禅师的大量书写，为《千字文》的广为流传做出了很大的贡献。明朝《文渊阁书目》"辰"字号第一厨中，全是法帖，其中著录各体《千字文》20多种，如《篆书千文》二种、《篆隶真草千文》二种、《智永千文》三种、《真草千文》四种、《草书千文》四种以及《三续千文》《四体千文》《大字千文》《宋徽宗草书千文》《怀素千文》《詹孟举千文》《紫芝生千文》，比较其他法帖如《圣教序》《兰亭帖》等，可知《千字文》是被书写得最多的文献。在《晁氏宝文堂书目》法帖类中，则著录有《智永千文》《隶书千文》《大千文帖》《东海草千文》二种、《戴竹楼千文帖》《篆隶千文》《怀素千文》二种、《子昂千文》二种、《宋徽宗草书千文》《徵明草书千文》《衡山大小楷千文》《孙而庵小篆千文》《鲜于伯机草千文》《王中书篆千文》《文衡山真草千文帖》《千文隶刻》《集古隶书千字文》以及刘定之集《序古千文帖》等21种。

毛泽东擅长草书，也特别喜欢读草书字帖，他所收集的历代名帖极其丰富。"1964年12月10日，毛泽东要看各家书写的各种字体的《千字文》字帖。我们很快为他收集了30余种，行草隶篆，无所不有，而以草书为主，包括自东晋以下各代大书法家王羲之、智永、怀素、欧阳询、张旭、米芾、宋徽宗、宋高宗、赵孟頫、康熙等，直到近人于右任的作品。"① 由此可见历代名家书写的《千字文》之多，现存的各种字体的《千字文》之富。除此之外，唐代的褚遂良、孙过庭、李阳冰、裴行俭、

---

① 逄先知：《毛泽东和他的秘书田家英》，见董边等《毛泽东和他的秘书田家英（增订本）》，中央文献出版社1996年版。

辩才等，宋代的王著、李建中、王升等，元代的鲜于枢、揭傒斯、俞和、吴孟思、赵雍、边武等，明代的文徵明、董其昌、张弼、沈粲、王宠、苏眉阳、周伯温、文彭等，清代的张裕钊以及近代的章太炎、沈尹默、黄宾虹等，也都曾写过《千字文》。① 而赵孟頫自述"仆廿年来，写《千文》以百数"。② 文徵明年轻时每天要书写十本《千字文》，以此为"日课"。可见这些大书法家们对《千字文》的喜好非同一般。清前期的孙枝秀，曾以十年之力，集成了《百体千字文》，著名学者徐乾学曾为之作序。

前些年，中国和平出版社为展现当代名家的书法艺术，出版了《当代名家书千字文》丛书。这套丛书共十种，其中包括《启功草书千字文》《沈鹏行草书千字文》《刘炳森隶书千字文》《沈尹默书小草千字文》《刘炳森楷书千字文》《柳倩草书千字文》《钱君匋篆书千字文》《周慧珺行楷书千字文》《康默如篆书千字文》。以上十种，出版社把它们汇集在一起出版，从一个侧面反映出了当代中国的书法成就。

四　游戏

《千字文》限一千个字，不得重复，组织成四言韵语，形式整齐，句子连贯，语义通畅，本身就可以看作是一种文字游戏。在此之后，很多人更是利用《千字文》的名声和影响，在它原有文字的基础上，前缀后加，玩弄文字游戏。在敦煌文献中，有一种倒行的《六字千文》（S.5467），就是如此。"梁□乃付周兴，员外依文次韵。连珠贯玉相韵，艺□传名不休。侍郎□□歌称，天地二仪玄黄，宇宙六合洪荒。日月满亏盈□，阴阳辰宿列张，四时寒来暑往。"除了此页残文之外，另页还有："五谷秋收冬藏。三年润余成岁，十二月律吕调阳。神龙云腾致雨，九月露结为霜。黄金生于丽水，白玉本出昆光。□□□□□□，随后珠称夜光。燕园□称梨枣，蜀郡菜重□□。"此文现存不完整，并多模糊不清之处，而且还有些明显的错字。

同样是在敦煌文献中，还有一种《新合千文皇帝感辞》（S.5780），

① 参见张希广：《〈千字文〉与历代书法家》，《文史知识》1983 年第 7 期。
② 陶宗仪：《南村辍耕录》卷七，中华书局 1959 年版。

其中有这样的文字："天地玄黄辨清浊，笼罗万载合乾坤。日月本来有盈兴，二十八宿共参辰。宇宙洪荒不可侧，□气相催秋后春。四时回转如□电，莺去鸿来愁煞人。三千一闰□□□，云腾致雨又风凉。"虽然变化较大，但还是看得出对《千字文》的利用。

《太平广记》卷二百五十二中，有《千字文语乞社》一条，录自唐朝人侯白的《启颜录》，其中用《千字文》语多达 46 句。清朝学者平步青引录此条，说明"唐人已有以此为戏者"。他还指出了唐朝人及《太平广记》中引用《千字文》语的其他材料："唐立本善画，后拜右相；而姜恪以战功为左相，时人有'左相宣威沙漠，右相驰誉丹青'之嘲。此又在《启颜录》之前。庸按：《广记》卷二百五十六《封抱一》条：'面作天地元，鼻有雁门紫。既无左达承，何劳罔谈彼。'又卷二百五十七《患目人》条：'眼能日月盈，为有陈根萎。不则似兰斯，都由雁门紫。'则又以《千字文》作歇后语。《鉴诫录》载，宋光嗣判小朝官郭延钧进识字女子云：'进来便是宫人，状内犹宫女子。应见容'止可观，遂令始制文字。更遣阿母教招，恨不太真相似。且图亲近官家，直向内廷求事。'则偶用二句，犹之点化成语耳。又判神奇军背军官健李绍妻阿邓乞判改嫁云：'口中争著两张钥。'则亦当时俗语也。"① 可见《千字文》的语句在唐宋时期应用得广泛，也可见此篇在当时脍炙人口，深入人心。

明清时期，小说、戏曲中用《千字文》语非常普遍。人所共知的是《牡丹亭》第十七出《道觋》中，石道姑以《千字文》语自道出身的一段话，其中引录《千字文》语多达 118 句、472 字，接近《千字文》一半的篇幅。钱锺书曾指出过明清小说、戏曲中引录《千字文》的情况："明清小说、院本遂以为打诨窠臼，如《龙膏记》第二一折郭暧语、《蜃中楼》第二一折虾兵语、《品花宝鉴》第八回孙嗣徽语等；《贪欢报》第九回张二官语用《千字文》多至一三四句；《西洋记》第七八回刺撒国王祷求尉仇大王神，神附小童身上，语皆出《千字文》而缩脚为三字句，又《患目鼻人》《决水灌田服罪状》之祖构。""清初署名双溪垡山作《芙蓉楼》第一〇出白须门公上场白亦用《千字文》二十余句。"他还指出过其他文献引用《千字文》语的情况："其它零星数句者如《鸡肋编》

① 平步青：《霞外捃屑》卷五，上海古籍出版社 1982 年版。

卷中载金人入寇谚,《词谑》载《傍妆台》咏薄酒,《谈概》卷二七载袁景文、诸理斋诗,《一夕话》卷二载嘲时少湾诗,更复不少。《南亭四话》卷八载顾立谦作狎客《自悔歌》亦用《千字文》四四句。"①

五　其他

除了在学术文化领域的影响之外,《千字文》也被人们应用到的日常生活之中。由于《千字文》"字无重复,且众人习熟,易于检觅",所以"今之科场、号舍、文卷及民间质库、计簿,皆以其字编次为识"。②雍正元年,礼部议准,乡、会试朱卷,以《千字文》编次,只是将其中"荒""吊""罪""毁""伤""悲""虚""祸""恶""竭""尽""终""贱""离"等75个"不佳字样捡去",另外,亚圣孟子的名字也要避讳,而诸如四、五、六、九这样的数目字"亦皆勿用"。

许多藏书都以《千字文》编号,如明代文渊阁的藏书,即以此编次。自"天"字至"往"字,凡20字。明朝人赵琦美的脉望馆藏书及书目,也是以《千字文》的字序编次的,自"天"字号至"调"字号,共用31字。清代学者鲍廷博所辑的《知不足斋丛书》,也用"天地玄黄,宇宙洪荒"的顺序编页,并且因为有"字之当易",所以改"祸因恶积"为"禄因功积"。直到现在,《北京图书馆藏敦煌遗书简目》也是用《千字文》编的号,其中从"地"字到"位"字,每字百号,而"天""玄""火"三字空缺。

一些大部头的图书如佛藏,也往往用《千字文》编次。如《崇宁藏》《毗卢藏》《圆觉藏》《资福藏》《赵城藏》《碛砂藏》《普宁藏》《洪武南藏》《永乐北藏》《径山藏》(《嘉兴藏》)《清藏》以及《频枷藏》,都是用《千字文》编的号。即使是国外印行的佛藏,如《高丽藏》《天海藏》以及《弘教藏》等,也都是用《千字文》的字序编次的。③佛藏如此,道藏亦然。如明朝人白云霁所编的《道藏目录》,就用的是《千字文》的

---

① 钱锺书:《管锥编》,第二册第742页,第五册第193页,中华书局1996年版。
② 陆以湉:《冷庐杂识》卷七,中华书局1984年版。
③ 参见任继愈《关于影印汉文大藏经的设想》,《文献》1982年第3期。

字序。它始自"天"字号，终至"英"字号。而《大明续道藏经目录》也续用这一字序，从"杜"字到"缨"字。正续目录，共用512字之多，超过了《千字文》一半的字数。俞樾的《隐书》，是一部近似于谜语的书，虽然只有一卷，但其中内容，也是"以《千字文》为次"。从"日、月、盈、昃"起，到"暇、迩、壹、体"，《千字文》篇首的"天地玄黄，宇宙洪荒"八个字没有用。

《千字文》流传得那么广，应用得那样普遍，以至于文人士子不了解它，就会被人们认为是不可思议的事情。因此，《千字文》的语句也就成为测试读书人的题目。清前期的学者褚人获就讲过多个这样的事例，一是明朝的韩雍以之测试吉水诸生。"明韩襄毅（雍）巡抚江西，下车观风，绳检颇严。吉水诸生相与诮曰：'抚军不过《千字文》，秀才安得明邦观海耶？'韩闻之，即以《千字文》出题，策题'闰余成岁'，论题'律吕调阳'。其宿学仅得完篇，初学及肤浅错误者送学道严责。自此诸生悉遵约束。"二是明朝的李贤以之测试余姚诸生。"南阳李文达公贤，先任浙中学使，微行至余姚。有两生对弈，因曰：'宗师至，尚弈乎？'两生曰：'我何书不读，岂惮试？宗师能作百人名题目试我乎？'及试，余姚论题曰'用兵最精'；策题曰'孔门七十二贤，贤贤何德；云台二十八将，将将何功？'诸生茫然，齐起跪问。李曰：'《千字文》且不能记，百人名亦不省，何谓读书？知汝辈今科无一举人在内。'余姚科举极多，是科果无一人得隽者。"①

限于篇幅，有关《千字文》的续作及改编，我们将另文讨论。由以上叙述，可见《千字文》流传之广，影响之深，名头之大。近一千五百年来，这篇仅仅一千字的简短读物，对我国的启蒙教育起过极其重大的作用，对我国的学术文化发生过深远的影响，影响所及，直至我国传统社会生活的各个方面。它的意义和价值，显然不是任何其他同样篇幅的文献所能比拟的。仅就这点而言，我们也可以说，《千字文》是一份现今仍值得我们珍视的宝贵的文化遗存。

（原载《中国典籍与文化》1998年第2期）

---

① 《坚瓠集》丙集卷三。

《千字文》的续作及其改编

　　周兴嗣的《千字文》构思精巧，形式精妙，内容精当，成篇之后，在社会上广为流传。许多人竞相仿效，或在其基础上续作，或对其内容进行改编，或利用它的名义别撰，希图通过组织驾驭一千个字以一展才华。

　　成书于889—897年间的《日本见在书目》，除了著录有周兴嗣的《千字文》以及萧子云的注之外，还著录有三部《千字文》：东绝固《千字文》，宋智达《千字文》，丁觊《千字文》，伯希和称之为"皆为世人未识之本"。① 的确，这几种《千字文》既不见传本，又不见于其他著录，我们难以判定它们与周作《千字文》的关系。

　　现在可以肯定地说，续作《千字文》是从唐代开始的。唐朝的进士周逖，曾撰《千字文》，它以"天宝应道"开篇，所以又名《天宝应道千字文》。"进士周逖改次《千字文》，更撰《天宝应道千字文》，将进之，请颁行天下。先呈宰执。右相陈公迎问之曰：'有添换乎？'逖曰：'翻破旧文，一无添换。'又问：'翻破尽乎？'对曰：'尽。'右相曰：'枇杷二字，如何翻破？'逖曰：'惟此二字依旧。'右相曰：'若有此，还是未尽。'逖逡巡不能对而退。"②

　　欧阳修在《与刘侍读》中有这样的说法："承示《千文》，甚佳。多感多感！或云此是李靖字，唐人集为《千文》。"③ 可见唐代续作《千字文》，除了周逖之外，还有人在。

---

① 伯希和：《千字文考》，《图书馆学季刊》1932年第6卷第1期。
② 封演撰、赵贞信校注：《封氏闻见记校注》卷十，中华书局2005年版。
③ 欧阳修：《文忠集》卷一百四十八，见《景印文渊阁四库全书》第1103册，台湾商务印书馆1986年版。

宋代续作《千字文》的有多家。侍其玮所作的《续千文》，以"浑沌开辟，乾坤刚柔。震兑巽坎，角亢奎娄"开始，而以"枕麟换貂，制芰纫蕙。撰述舛乖，惭作芜菲"结束，篇中以叙述历史知识为主。据葛胜仲的《舅氏〈续千字文〉序》，黄庭坚当时曾有书信给作者，称颂此篇"引辞连类，使不相抵触，甚有功，当与《急就》《凡将》并行也"。①

南宋葛刚正，初摹篆书周兴嗣《千字文》，继得侍其玮《续千文》，终仿作《三续千字文》。此书又名《重续千字文》，它以"太朴肇判，胚浑已萌。穹然旻昊，渺矣寰瀛"开篇，而以"俱诠诂注，俾诲髫幼。序识卷末，聊示悠久"作结，内容包括山水、名物、修身、治道等，作者自为之注。《千字文》《续千文》和《三续千字文》是一个系列的读物，据《三续千字文》之后光绪丁酉四月武进盛宣怀的跋可知，《千字文》中用过的字，《续千文》中即不再用，而《千字文》和《续千文》中用过的字，《三续千字文》中也不再用。

又宋朝人欧阳守道在《刘绍佑〈千文〉跋》中说："吾州名进士刘君绍佑，续兴嗣文，其数如之，而文意非兴嗣所及矣。""兴嗣之文已用者不再用"，也是典型的续作。"自叙乃以为戎账户版勾稽之用"，②表明了它的实用性。可见在宋代，续作《千字文》的有多家。

明清时期，续作《千字文》的就更多。"明以来重次《千字文》者多矣，各竞妍巧，小道有可观焉。"③清中期的罗以智，经过30多年的搜集，得21篇，编成《重次千字文汇编》一书将刊行，他的朋友陆以湉为之作跋，这篇跋文就是一篇《千字文》。它以"惟周兴嗣，凤号多闻。奉武帝敕，次《千字文》"开篇，而以"出笺写竟，可云巨观。后有作者，宜详审焉"作结。④由这篇跋文特别是其中的自注，我们可知《重次千字文汇编》中至少包括有如下九种：

一是吕章成的《野述》，它以"大明洪武，受命嗣天"开篇，而以"臣吕章成，拜手敬书"作结，陆氏称它"辞极详赡""寓指益密"。顾

① 葛胜仲：《丹阳集》卷八，见《景印文渊阁四库全书》第1127册。
② 欧阳守道：《巽斋文集》卷二十，见《景印文渊阁四库全书》第1183册。
③ 陈以湉：《冷庐杂识续编·冷庐臆言》，见《冷庐杂识》，中华书局1984年版。
④ 陆以湉：《冷庐杂识续编·重次千字文汇编跋》。

炎武曾为此篇作序①，而说它的开篇语和收束语分别是"受命配天""顿首敬书"，与陆氏所记稍有不同。

二是康熙时人王锡的《圣德颂千文》，它的开篇语是："奉天承运，皇帝有真。尊荣安富，文武圣神。"

三是乾隆时人彭元瑞的《御制全韵诗恭跋》，其中有"丹笔露垂，墨床星映。平上去入，自初而竟"这样的语句，据说深得乾隆皇帝的赏识。

四是刘凤诰的《阿云严馆师八帙千文》，其中有"云严相公，国之元老。龙飞首岁，登朝最早。再历丙辰，嘉庆建号。绮甲周八，年高德劭"这样的语句。

五是王宝行的《励学篇千文》，篇末的"顾笔悬箴，对纸勒策。道光四年，闰月五日"，显然是指撰作日期。《娄东杂著》中收录有此篇，只是作者题名为王宝仁。由篇首的自序，可见其内容大概："课余多暇，窃仿其体，重为排比，缀成一篇，名曰《励学》。始叙立身处心之要，尽伦饬纪之端，中及六艺源流、百家纂著，而以观天察地、尽人博物之事终焉。《太平广记》称兴嗣夕编缀进上，鬓发皆白，而余以三日之功，始得脱稿。"

六是魏古愚的《女训千文》。

另外，仅杨世英一人，所作的《千字文》就有三篇，一是《太上皇帝纪元周甲授受礼成恭颂千文》，它以"圣人御宇，甲子一周。福洪万祀，业驾千秋"开篇，其中有"丙辰上日，嘉庆元年。嗣皇即位，帝命沛宜。初登大宝，祗受薪传。基承凤夜，离照当天"这样的语句。二是《武业县志跋千文》，它的开篇语是"县称武义，盖自李唐。近连金郡，南达永常"，而结语则是"嘉庆甲子，简牒初成。谁陪执笔，邑人世英。"三是《严慈八十双寿征诗启千文》。

陆以湉在这篇跋文前的小序中，曾提及明朝人徐渭及卓珂的重次《千字文》之作，但说它们"并称于世，惜未得见"。有人说徐渭的《千字文》见于《徐文长集》，实际上徐集中并无此文。顾炎武说："崇祯之元，有仁和卓人月者，取而更次之，以纪先帝初元之政，一时咸称其

---

① 顾炎武：《亭林文集》卷二，见《顾亭林诗文集》，中华书局 1983 年版。

巧。"① 可见卓作在当时的影响。《蕉廊脞录》的作者吴庆坻，指出卓作名为《千字大人颂》，此篇写于崇祯初年，并根据《池北偶谈》，转录有 30 句。它以"大人御天，君子名世。立千秋基，兴诸夏利"开篇，由"郁尊黄金，膳枇素木"和"姑妇任绩，夫男秉杷"，可知此篇将"枇杷"二字离散，王士祯称它"极典切"。② 只是吴氏说此篇也为罗以智的《重次千字文汇编》所收录，与陆以湉所谓的"惜未得见"不同，不知孰是。

陆以湉的《冷庐臆言》本身也是一篇《千字文》。道光二十九年，作者为吏部选补为杭州府教授，六月到任后，写下了此篇。所以开篇就是"道光甲辰，后历五年。时当夏暑，武林服官。学舍寥落，幸离俗缘。谨随老母，宅于斯焉"。篇末语则反映出作者辞官归隐之意，"草莽微臣，匡济匪才。宰邑楚地，既徘且徊。息机改图，养亲良佳。续次千文，以写厥怀"。此篇通畅可读，篇首序中所谓"韵不协于谱，字每更其义，语或失之俚。良由率尔寄兴，致违绳准，亦以见才智疏浅，远逊昔人，为可惭也"。③ 纯属自谦之词。

清朝嘉庆年间的学者张海鹏，也辑录有《千字文萃》，在篇首的《小引》中，他对其中的各种续作《千字文》有这样的评价："本朝儒臣，重加排纂，用效赓扬。词必生新，字惟由旧，范汉铸以为炉，织蕃厕而成锦，抒写任手，变化从心。真许燕之巨制，而翰墨之奇珍也。"此书收录有七种《千字文》：

一是吴省兰的《恭庆皇上七旬万寿千字文》，它根据周兴嗣本重编，以"泰壹仰运，端翰紫维。求几玑表，作对璇议"开篇，而以"秋晖朗霸，晚实珍昆。圣年晋万，臣省兰言"作结。文词颇为古奥，但作者有自注。

二是彭元瑞的《御制全韵诗恭跋千字文》，与《重次千字文汇编》的第三种，实为同一作者、同一部书。它的开篇语是："造化回翰，妙生人心。羲画制字，伦吹审音。"结语则是："熟读百过，赞唱交欣。勉缘陋恧，重次《千文》。"作者也有自注。

---

① 《亭林文集》卷二。

② 吴庆坻：《蕉廊脞录》卷三，中华书局 1990 年版。

③ 《冷庐杂识续编·冷庐臆言》。

　　三是王锡的《毛西河传赞》。这是作者用"千字文体"为清初学者毛奇龄所作的传赞,它的开篇语是:"东土巨士,西河毛公。席世德后,为学者宗。"篇中有"典训必恮,诗书是工。独周孔合,岂庄老通。仁本温克,谦非足恭。文满天下,名超宇中"这样的语句。以"千字文体"为人作传,可以称得上是别具一格。

　　《千字文萃》还收录有黄祖颛的三种《千字文》:《别本千字文》以"天覆地载,曦照月临。鸟飞鱼跃,海岱高深"开篇,而以"雅愿腾霄,次亦荷新。盖此君子,所谓伊人"终篇。《续千字文》以"乾坤怗冒,山泽氤氲。雷轰电掣,雪净冰莹"开篇,而以"撰拟芜词,窥管测蠡"终篇。《再续千字文》则以"循蜚邃谧,澹泊希夷"开篇,而以"金叨膏渥,讴赞毋谖"作结。这三篇《千字文》出自同一作者之手,构成了一个完整的系列,前一篇中已用过的字,后一篇中即不再用。由于可用的字越来越有限,文句也就越来越古奥。

　　最后一种,是明朝人陈鎏的《别本千字文》,它以"於赫浑沌,罅隙联开"开篇,而以"讲说略艰,附赘参考"结尾。作者的目的是想用于训蒙,"但字多隐僻,语又艰涩,不能家喻户晓"。①

　　除了以上较为集中的各种之外,明清时期新编的《千字文》,现在可考的还有如下几种:

　　明朝的周履靖,有《初广千文》《二广千文》《三广千文》《四广千文》,统名《广易千文》,收录在他所辑的《夷门广牍》之中。《广易千文》下注明"嘉禾梅墟周履靖著",但其中的《二广千文》,实即葛刚正的《重续千字文》,《三广千文》实即侍其玮的《续千文》。由《初广千文》中有"历汉而唐,更嗣以传。惟我圣明,承命万年"这样的语句,可知它出于明朝人之手。《初广千文》以"洪荒之始,杳乎邈焉。阴阳机斡,寔分地天"开头,以"大哉孔子,富哉周公。意充典坟,心玩中庸。习此往迹,千字文终"结束,颇为通畅可读。而《四广千文》正好相反,极为晦涩难读。

　　一般认为,周兴嗣所作的《千字文》没有重复,但也有人指出,"女慕贞洁"的"洁"字,与"纨扇圆絜"的"絜"字相通,其中一字是重

---

　　① 褚人获:《坚瓠集》戊集卷四,上海古籍出版社 2012 年版。

字。清康熙时的冯嗣京，"将《千字》内除一'洁'字，增一'寿'字，凑集成篇，题曰《增寿千字文》。篇中自有记载以来，略加撷拾，而不及明代者，以史局未有成书故也"。①《亚谷丛书》的辑者鲍钤曾说此书"枇杷二字，连用未拆，然篇中颇有佳句"。②

清朝的朱崇忠，也曾作过一部《千字文》，以"天地定位，造化生成"开始，而以"木简犹旧，彩笔颇新"结束。此书末署"信宜朱崇忠撰，燕山余铭勋书"，流传不广。

清人龚璁的《续千字文》一卷，收录在《藜照庐丛书》中。它以"亶聪哲后，总握乾纲。佑隆昊宰，眷协穹苍"起头，而以"麟徽豹变，鹄峙鸾锵。珥貂搢珽，袍笏赓扬"结尾。《藜照庐丛书》还收录有况澄的一部《广千字文》，它开篇的四句是："仲尼致教，数仞轩昂。式型悠久，仪范昭彰。"

在《江南通志书目》中，收录有江澜的《千字再集》一卷，此书在清朝即已流传颇稀，难以得见，不知是否尚存。项溶的《集千字文》，则收录在《亚谷丛书》中。此篇"字句牵合，故自为注释，方可意解"。③

在光绪二十九年三月望日出版的第二年（1903）第二期《女学报》上，词翰类中，登载有署名"菽园"的《复阅张竹君女士去岁寄书集千字文代答并问近状》一文。而沈筠的《增广千字文》，则有光绪二十七年沈守经堂刻本。

俞樾的《曲园杂纂》卷四十八，是一卷名为《集千字文诗》的著作，实际上此篇并不是千字文，而是 66 首七言律诗。如第一首诗是："秋尽南中草不凋，微云淡淡雨飘飘。永辞水火兵戎累，如处成康文景朝。金鉴无疲容自照，玉琴有律曲皆调。飞潜动静都如意，龙在深渊凤九霄。"只是这 66 首诗所用的字，都不出《千字文》的范围。

改编之作，都是由于有某种特殊的需要，而认为周作不能满足，所以

---

① 谢启昆：《小学考》卷十四，见《续修四库全书》第 922 册，上海古籍出版社 2012 年版。

② 同上。

③ 同上。

才另起炉灶。这方面的著作太多，现在分述如下：

《梵语千字文》因为有梵文对照，又为唐朝僧人义净所撰，所以又名《梵唐千字文》。与周作《千字文》不同，它是供僧人学习和翻译之用的，内容通俗易懂。它以"天地日月，阴阳圆矩。昼夜明暗，雷电风雨"开篇。在《孝慈堂书目》中，著录有《释文千字文》一卷，不知与此书是否为同一种书。

以四字一句、用一千个不重的字，向儿童介绍历史知识，这是过去常用的方法，我们称这种体裁的历史启蒙读物为"千字文体"。这类读物最主要的有宋胡寅和元许衡各自的《叙古千文》。胡著所述的历史，起自开天辟地之前的太和之气，迄至宋的一统，详于秦以前的历史，而略于此后的记载。此篇最大的特点，是它所谓的"春秋笔法"。朱熹说它"叙事立言，昭示法戒，实有《春秋》经世之志。至于发明道统，开示正涂，则又于卒章深致意焉。新学小童，朝夕讽之，而问其义，亦足以养正于蒙矣"。① 许著虽然用千字文体写成，并且只用一千字，但不受每个字不得重复的限制。如开篇几句这样说："太极之前，此道独立。道生太极，氹三为一。一气既分，天地定位。"短短的几句，就有"太""极""道""一"四个字重复。《宋史·艺文志》所著录的吕氏的《叙古千文》，卓珂的《千字大人颂》，以及吕章成的《野述》，也属于这一类。在《千顷堂书目》中，著录有解延年的《叙古千字文集解》，今未见传本，不知具体内容如何。

明朝的李登，著有《六书指南》二卷。四库馆臣为之解题说："是书成于万历壬辰，用千字文体，以四字为句，辨俗传伪体之字，以诲童蒙，亦颜氏《干禄字书》之类。"② 《千顷堂书目》著录、清初奎壁斋所刊行的李登的《正字千文》，它的开篇语是："古者六书，幼龄亟讲。今也长季，犹然罔罔"，大概就是此书。此外，明人瞿九思也撰有《正字千文》，而汪义成则撰有《同文千字文》。

在性理高唱入云的明朝，向儿童介绍这方面的知识也成为必要，有关这类著作很多，其中用千字文体写成的有夏太和所撰的《性理千字文》。

---

① 朱熹：《跋叙古千文》，《晦庵集》卷八十一，见《景印文渊阁四库全书》第1145册。
② 纪昀等：《四库全书总目》卷四十三，中华书局1965年版。

此书见于《千顷堂书目》的著录，而未见有传本。

清代的何桂珍，"仿周氏千言之作，为学童三复之资"，写成了《训蒙千字文》。此书自"懿惟至道，天地胚胎"开篇，至"黾勉我躬，保以俟命"结尾，用一千个不重的字，向人们讲了一套所谓的"先圣先贤先儒千古之学术心源"。① 对于此篇，作者颇为得意，所以曾把它进呈给皇帝，一些道学先生对它也很推崇，涂宗瀛曾把它和《弟子规》等 12 部蒙学读本并列，辑为《童蒙必读书》。

用《千字文》体写成的女教读物，最著名的是《闺训千字文》，其作者已不可考，一般认为出自清朝人之手。它以"凡为女子，大理须明。温柔典雅，四德三从"开始，而以"予撰此篇，限用千字。试佐坤仪，稍申裨益。愿彼后学，步迹追踪。尔其勉力，寿享遐龄"终篇。全篇所讲的，都是男尊女卑、三从四德、贞操节烈那一套，目的不外乎是培养贤妻良母、孝女节妇。另有一种《女千字文》，与此基本相同，只有个别字的更改和个别语句的颠倒。

在《也是园藏书目》中，著录有一部《养正千字文》，今未见传本。

太平天国除了颁行新编《三字经》之外，还在 1854 年颁行了《御制千字诏》，用作太平天国儿童的启蒙教科书。它以"维皇上帝，独一无二。当初显能，造天及地。万物齐全，生人在世。分光隔暗，昼夜轮递"打头，而以"胡越贡朝，蛮夷率服。任多版图，总归隶属。库满珍品，仓储菽粟。亿兆供球。臣僚辑睦。《千字诏》终"收束。与其他各种《千字文》不同的是，此篇所用不止一千字，而是 1104 字。

还有一些著作，并不限于一千个字，甚至也不一定用四言，却也用《千字文》的名义。早在《隋书·经籍志》中，就著录有《演千字文》五卷，其书早已佚失，内容已不可考。而潘徽曾受秦王俊之命撰《万字文》，也见于《隋书》和《北史·潘徽传》。

清末的刘曾骙，既作《演三字经》，专论修身、教数和劝学，又撰写了《演千字文》，篇幅多达十四卷，分别介绍天地人物，所以又名《天地人物学歌》。此书是《梦园蒙训》的一部分，被称为《梦园蒙训二编》。其字数早已不限于一千字，更没有不得重复的限制。

---

① 何桂珍：《何文贞公文集》卷二，民国三年《云南丛书》本。

此外，有人在《千字文》的基础之上增广扩充，形成了《二千字文》到《万字文》的一系列读物。这类读物在清末民初层出不穷，盛极一时。当时的柴萼曾说："今坊间有《三千字文》《五千字文》《万字文》，皆书贾出资倩人编辑。其体以各字比类相从，有韵无义，不足齿也。"① 常镜海在《中国私塾蒙童所用课本之研究》中介绍《五千字文》时也说："《五千字文》一书，著者姓氏年代均不详，此外尚有《六千字文》《七千字文》《八千字文》《九千字文》等，内容大同小异，因字数而命名者也。其体裁均分为天文、地理、人伦、器用、食品等类，文中亦略有韵。今广益、汇文、锦章等书局，均有石印本者，旁有夹注，每页上有绘图。但私塾中不甚采用，仅供方家参考、好奇者阅览而已。"② 的确，这类读物，纯粹是文人学士的文字游戏，根本不适合对儿童进行启蒙教学之用。

《千字文》早已从启蒙的课堂走进了学者的书斋里，它通过失却用作启蒙教材的代价，而成了学者们研究的对象。但是，与它旧时在启蒙课堂上的红火比起来，现在在学者的书斋里显然是过于受冷落了。对这篇曾对我国传统教育、学术文化乃至社会生活都发生过重大影响的读物的研究，还远远谈不上令人满意，许多问题都没有引起人们的重视。比如，对《千字文》的流传及其影响、续作及其改编这样一些问题不搞清楚，我们就不能对它的意义和价值有一个完整的认识。作者的努力，不过是希图获得这样一种认识的初步工作。

（原载《中国典籍与文化》1998 年第 3 期）

---

① 柴萼：《梵天庐丛录》卷十八，中华书局 1926 年版。
② 常镜海：《中国私塾蒙童所用课本之研究》，《新东方》1940 年第 1 卷第 8 期。

《二十四孝》研究

孝的道德观念，是内容丰富的中华文化最重要的组成部分，它在形成我们民族的性格和气质、影响我们民族精神的发展过程中所起的作用，是任何其他要素所不能比拟的。而在建构和普及"孝"文化方面，有两部典籍起了至关重要的作用，这就是《孝经》和《二十四孝》。这里暂且搁置《孝经》不论，仅就《二十四孝》评介如次。

一 《二十四孝》的成书及渊源

关于《二十四孝》的作者，各种记载不同，王炳照教授征文考献，归纳为三种说法：一是称郭居敬所辑，范泓的《黄籍便览》和《大田县志》都持此说，"郭居敬，大田人，字义祖。性至孝，亲没，哀毁过礼，尝集虞舜以下二十四人孝行之概，序而诗之，用训蒙童。"二是称郭居业所辑，清家秘本《二十四孝诗注》之二十四章孝行录及晚凫山人《重刊女二十四孝》序持此说，"元郭居业辑古今孝子二十四人事迹"。三是称郭守正所辑，狩谷掖斋藏《孝行录》、古抄本《二十四孝》和清韩泰华的《无事为福斋随笔》上持此说，"旧传元郭守敬弟郭守正辑古今二十四孝子行事，成《二十四孝》一书"。① 这三种说法，尽管具体作者不一致，但它们都有一个共同之处，那就是说它成书于元代。

《二十四孝》的作者虽然是元代的人，它的最终成书虽然是元代的

---

① 参见王炳照：《〈二十四孝〉评介》，《蒙学十篇》，北京师范大学出版社 1990 年版，第186 页。

事，但与其他任何广为流传、影响深远的蒙学读物一样，无论是内容还是形式，都可谓渊源有自，是经过长时期积淀和提炼的结果。其中的许多孝亲故事，早就在我国民间广为流传，从唐朝以来，已有把它们裒合在一起的趋向。

在敦煌文献斯 2049 号的背面，有一部《古贤集》，都是以诗句讲的所谓古代贤人的事情。如"孔丘纵然有圣德，中归不免厄于秦。匡衡凿壁偷光□，专锥刺股有苏秦""朱买贫穷被弃身，晏子身微怀智计"之类。在这之后，也讲了古代孝子的故事，如"孟宗冬笋□□□，郭巨夫妻主葬儿。董永卖身葬父母，感得天母助丝织"。其中的孟宗冬笋、郭巨葬儿、董永卖身，就是《二十四孝》中的《哭竹生笋》《为母埋儿》《卖身葬亲》三个故事。

此外，在敦煌文献中，有一份文献标题原缺，后来的整理者依据它的故事内容拟题为《孝子传》。这份文献以伯 2621 号相对完整，王重民等人以它为原本，又比勘了同一内容的斯 389 号、斯 5776 号和伯 3536 号、伯 3680 号，整理出有二十三则故事的《孝子传》，收录在《敦煌变文集》卷八之中。《孝子传》值得我们注意的有以下几点：一是它有二十三则故事，而且最后的一则未完即缺，是否也有二十四则不得而知。尽管它的内容与今传本《二十四孝》有较大的差异，如王循（即王修）、曾参、黄孝理、萨苞、鲍出、鲍永、文让、向生、王武子等人的事迹，均为今传本《二十四孝》所没有，但它裒合的故事数量和全书篇幅，与《二十四孝》大体相当。二是《二十四孝》中的许多孝子故事，如虞舜、姜诗、蔡顺（亦作蔡甚）、老莱子、吴猛、孟宗、子路、闵子骞、董永、郭巨、江革、王祥、王褒等，都曾出现在《孝子传》之中。三是在一些孝子故事之后，也附有诗。如在郭巨故事之后的诗是这样的："郭巨专行孝养心，时年饥险苦来侵。每被孩儿夺母食，生埋天感似（赐）黄金。"王褒故事之后的诗说："王褒慈母怕雷声，每至春间不得宁。及至百年亡没后，语坟犹怕阿娘惊。"[①] 附诗全都用的是七言绝句，与今本《二十四孝》之后的附诗用五言绝句不同，二者在内容上更是存在明显差异，但在简短的叙述文字之后附一首诗，以起提纲挈领或总结全篇的作用，《二十四孝》则与《孝

---

① 王重民等：《敦煌变文集》卷八，人民文学出版社 1957 年版。

子传》如出一辙。

再者，在《敦煌变文集》卷七中，还收录了《故圆鉴大师二十四孝押坐文》，它是根据斯 7 号、斯 3728 号和伯 3361 号编校成的。此篇题为"左街僧录圆鉴大师赐紫云辩述"，它以诗歌的形式劝人为善，其中有"万代史书歌舜主，千年人口赞王祥""郭巨埋儿亲子息，老莱欢着采衣裳""泣竹笋生名最重，卧冰鱼跃义难量"这样的语句。① 这篇材料最值得人们注意的是，它已经用了"二十四孝"这样的名义，尽管全篇中没有二十四个孝亲的故事。

以上几则材料足以说明，《二十四孝》的故事渊源有自，二十四孝的名义也早已成立。从内容到形式，成书于元代的《二十四孝》，都显然是借鉴并吸收了在社会上广为流传的相关文献的结果。

特别有必要说明的是，在元代，哀编《二十四孝》的已远不止一家。除了作者难以论定的今传本《二十四孝》之外，王达善就辑录有一部《二十四孝赞》。谢应芳在《二十四孝赞序》中说："今观郡人王达善所赞二十四孝，哀为一编。其间言孝感之事，什有八九。且以《孝经》一章，冠于卷首，盖取'孝通神明'一语，推而广之，欲使人歆羡而勉于企及，于名教岂小补哉?"② 由这篇序文可知，王辑《二十四孝》有以下特点：一是它名为《二十四孝赞》，从篇名可知，它每个故事的后面可能也有附诗。二是其中颇多孝感之事，这类故事占了其中十分之八九的篇幅，与今本《二十四孝》大体相同。三是全书之首冠有作为儒家经典之一的《孝经》，其中的"孝通神明"一语，奠定了全书的基调。

元代的王克孝，也辑有一部《二十四孝图》，张宪曾为之题诗。《题王克孝二十四孝图》这样说：

> 惟孝先百行，惟子乃克之。问子何以克，帝舜吾其师。
> 父顽而母嚚，乃是舜之孝。苟非处其变，奉养亦常道。
> 不以克自揭，孰知志乎舜？裂素以写图，应使观者信。

---

① 《敦煌变文集》卷七。
② 谢应芳：《龟巢稿》卷九，见《景印文渊阁四库全书》第 1218 册，台湾商务印书馆 1986 年版。

寥寥数千载，孝行耀青史。图今止若斯，余岂非孝子？

侃侃贡公说，英英周子书。举图授其概，自可见其余。

嗟哉客省史，三公出自兹。永持食禄心，常作奉母思。

忠孝不两途，臣子非二身。今日之孝子，后日之忠臣。

谓以子余年，事忠如事母。高步追昔人，珠璧耀千古。

方今风尘际，大义鲜不渝。愿言存壮节，继写忠臣图。①

　　王达善的《二十四孝赞》、王克孝《二十四孝图》和今传本的《二十四孝》都产生在元代，这本身就是值得研究者注意的现象。它至少说明了这样一个事实，经过长时期的提炼，将历代众多的孝亲故事，选取其中一些典型的事例，以二十四则这样适中的篇幅，并以文、诗、画相结合的形式表现出来，到元代已经是十分自然的事情。

　　这里有必要辨明的是，有一种说法，认为《二十四孝》出自南宋著名的思想家朱熹之手。如在林仕荷辑、民国十六年（1927）据旧刊版汇印的《三余堂丛刻》中，第一种书就是《二十四孝原编》，而它的作者就题作朱熹。所谓的《二十四孝原编》，就是今传本《二十四孝》，它之所以称"原编"，是相对这套丛书中的另一种新编《二十四孝》即所谓的《二十四孝别集》而言的。它的作者这里被题名为朱熹，显然是辑者对它真正作者不能断定的臆说和杜撰。虽然朱熹年幼即好《孝经》，并作注释，又有《孝经刊误》这样的著作，但没有任何可信的证据说明《二十四孝》也出自其手。

二　《二十四孝》的内容与影响

　　《二十四孝》是二十四个孝亲故事的汇辑，它们是虞舜《孝感动天》、西周的老莱子《戏彩娱亲》、西周的郯子《鹿乳奉亲》、春秋时期的子路《为亲负米》、春秋时期的曾参《啮指心痛》、春秋时期的闵损《单衣顺母》、西汉文帝刘恒《亲尝汤药》、西汉的蔡顺《拾葚供亲》、西汉的郭巨《为母埋儿》、西汉的董永《卖身葬父》、西汉的丁兰《刻木事亲》、西汉

---

① 张宪：《玉笥集》卷五，见《景印文渊阁四库全书》第1217 册。

的姜诗《涌泉跃鲤》、东汉的陆绩《怀橘遗亲》、东汉的黄香《扇枕温衾》、东汉的江革《行拥供母》、三国时魏国的王褒《闻雷泣墓》、晋朝的孟宗《哭竹生笋》、晋朝的王祥《卧冰求鲤》、晋朝的杨香《扼虎救父》、晋朝的吴猛《恣蚊饱血》、南齐的庾黔娄《尝粪心忧》、唐代崔山南的祖母《乳姑不怠》、宋朝的黄庭坚《亲涤溺器》和宋朝的朱寿昌《弃官寻母》。每个故事都由极为简短的散文写成，在这之后则配有一首五言绝句，如《扼虎救父》是这样的：

> 晋杨香，年十四岁，尝随父丰往田获粟。父为虎曳去，时香手无寸铁，惟知有父而不知有身。踊跃向前，扼持虎颈。虎亦靡然而逝，父才得免于害。
> 深山逢白虎，努力搏腥风。
> 父子俱无恙，脱离馋口中。

这二十四个孝子孝亲的故事，各种版本都一样，只是编排顺序有所不同而已。有的是按时代先后排列的，有的则先帝王而后其他，还有的是分类编排的，如日本宽文九年（1669）正月中尾市郎兵卫覆明万历刘龙田刊张瑞图校本《日记故事大全》卷一中的《二十四孝》，就打乱了时代顺序，而按孝帝类、孝贤类、孝子类、孝妇类、苦孝类、仕孝类、顺孝类、没孝类和病孝类九类编排。

《二十四孝》不过是一篇仅千字左右的小读物，但正是这篇小小的读物，影响了一代又一代的中国人。它的篇幅太小，一般不单独梓行，而往往是配有图画，所以《二十四孝》最通行的版本是《二十四孝图说》。由于它的内容很适合传统社会的需要，它在编例上也采用了故事、图画和诗歌这三种传统蒙学读物中最具魅力的形式，所以它在旧时广为应用于启蒙的课堂中。民国时期，常镜海先生撰著了《中国私塾蒙童所用课本之研究》一文，在这篇文章中，他将自己所介绍的五十三种蒙学读物分为两类，一是"通用之蒙童课本"，一是"选用之蒙童课本"。所谓的"通用之蒙童课本"指的是在旧时流传广、影响大的十五种蒙学读物，它们是《千字文》《百家姓》《三字经》《名贤集》《朱子治家格言》《弟子规》《孝经》《二十四孝图说》《神童诗》《千家诗》《龙文鞭影》《幼学故事琼林》《字课图说》《万事不求人》《杂字》和《小学》节本。① 在这份按照流传程度所开列的十五种蒙学读物中，《二十四孝图说》位于第八位，是很能说明《二十四孝》的影响的。

《二十四孝》的文字简洁，篇幅短小，再加上它配有图画，一般人阅读它并无多大困难。"那里面的故事，似乎是谁都知道的；便是不识字的人，例如阿长，也只要一看图画，便能够滔滔地讲出这一段的事迹。"② 像阿长这样不识字的人，之所以能看一看图画，就能讲出它的故事来，是由于这些人通过其他的途径，比如鼓词之类更加通俗易懂的形式，了解了它的故事梗概。

清朝人吴正修，以世人"快睹而不倦听者莫如鼓词"，而可尚可传的，莫如"古人品定孝行，推其极者有二十四人"。又因为"论起这二十四孝，谁人不知，谁人不晓，但人尽知其名，未必尽知其实"。为了将广为流传的二十四个孝子的故事，"说个明白，讲个的当"，使"那不知者听见，长一番见识，也动一番天良；那知之者听见，添一番新鲜，也生一番鼓舞"。故以鼓词的形式传述二十四位孝子的故事，写成了《二十四孝鼓词》。③ 它有唱词，有说白，唱词以十字一句为主，也有的是三字锦的形式，如有关老莱子《戏彩娱亲》唱词的最初几句是这样的：

> 老莱子，真出奇。七十岁，似婴儿。
> 娱双亲，穿彩衣，袄通红，裤正绿。
> 货郎鼓，在手里，摇一摇，做儿戏。
> 取水来，泼在地，一滑跶，两脚泥。
> 出滴滴，跌倒的，就拭眼，装哭泣。
> 手脚忙，爬不起。老父母，双双立。
> 看光景，笑嘻嘻。一堂上，是有趣。
> 这时节，喜不喜。

---

① 常镜海：《中国私塾蒙童所用课本之研究》，《新东方》1940年第1卷第8期。
② 鲁迅：《二十四孝图》，《鲁迅全集》第2卷，人民文学出版社2005年版，第260页。
③ 吴亚修：《二十四孝鼓词》，见徐梓主编《劝孝——仁者的回报》，中央民族大学出版社1996年版。

无论是唱词还是说白，都极为通俗，因而在旧时流传较广。

有一部《乡村蒙馆演唱的二十四孝》，不知撰者姓名，也不详其成书年代。全篇用七言韵语写成，每一段的长短并不一致，如七孝、八孝和九孝分别只有六句，而二十四孝则长达四十句。虽然篇名中有"二十四孝"，正文中的每一段也分别以"一孝""二孝"直至"二十四孝"标名，但它并不是按《二十四孝》的顺序，逐一介绍二十四个孝子及孝亲的事迹。前二十三孝，每一孝介绍一个人，但在"二十四孝"的开篇却有"二十四孝唱完成，还表一二行孝人"。接着在这一段又介绍了木兰和唐氏，所以它的篇末有"古人行孝多得奇，此书表了二十几"这样的话。其中所表彰的孝亲的子女，如一孝中的五娘、五孝中的曹安、六孝中的崔至、十三孝中的日红、十四孝中的安安、二十一孝中的目莲、二十二孝中的孟子和二十三孝中的缇萦，也都是今传本《二十四孝》所没有的。如此说来，此篇表彰了二十三个或者说是二十五个孝亲的子女，而恰好不是二十四个，它的内容也与流行的《二十四孝》有很大的出入，它之所以题为"二十四孝"，不过是借用这一名义而已。

随着《二十四孝》影响的日益深广，许多人或者沿用它的体例，或者借用它的名义，别撰新著。清朝的高月槎，就辑有一部《二十四孝别集》。它的体例一如原编，也是有文、有诗、有图，诗文图结合，篇幅也与原编相侔。如朱熹《幼通〈孝经〉》是这样的："宋朱文公熹字晦庵，八岁读《孝经》，即知大义，戏为注解。书八字于其后云：'若不如此，便不成人。'自幼明伦理，千秋说晦庵。试看标八字，那个可无惭?"二十四个孝亲的故事，分别指的是周文王姬昌《寝门三朝》、汉曹娥《投江觅父》、汉颜乌《乌助成坟》、汉赵娥《血刃仇人》、汉茅容《鸡不供客》、蜀汉李余《图像公廷》、三国魏王修《邻里罢社》、晋王览《护兄感母》、晋陶侃《不违酒约》、晋赵至《闻耕辍诵》、晋裴秀《使客敬母》、梁韩伯愈《受杖感亲》、齐宣都王铿《梦遇慈亲》、隋花木兰《代父从征》、唐许法稹《母病不乳》、唐王元少《滴血认骸》、宋包拯《登第不仕》、宋朱熹《幼通孝经》、宋王溥《朝服侍立》、宋崔人勇《叱木成马》、宋都昌孀妇吴氏《天赐奇钱》、宋徐积《践地避石》、元祝荣《伏枢灭火》和明杨士奇的《私祭木主》。这些也都是我国历史上著名的孝亲故事，所不同的是，就整体来说，它们较少"孝感天地"的神话，以现在的标准来看，更多可取之处。它之所以被命名为"别集"，则是相对《二十四孝》原编而言的。

在《福寿宝藏》劝孝类的文献中，辑录有一部《前后二十四孝》。所谓的《前二十四孝》，除增加《诵废蓼莪》《礼斗祈代》而删弃《闻雷泣墓》《尝粪心忧》之外，其他二十二个故事的标题与通行本《二十四孝》完全相同。它也是有文、有诗、有画，所不同的是，编排的顺序已经完全改变，文诗画与原编本也不相同。它的诗不再是附在文后，而成了独立的一部分，置于图文之前。所有的诗虽然用五言写成，但不再是五言绝句，而有十六句之多。它的文是用白话写成的，可以视为对原编的翻译，但并不严格遵循原文，而是有所增添。如开篇的《孝感动天》的前几句这样说："舜是一个古代的贤明君主，而且是一个终身慕父母的至性孝子。他出生在一个万恶的家庭里，父亲是顽固的，母亲是愚笨的，还有一个桀骜不驯的弟弟叫做象。"可见，不能把《前二十四孝》等同于今传本《二十四孝》，它最多也只能说是《二十四孝》的别本。《后二十四孝》包括《朝于寝门》《舍肉遗母》《泣血三年》《至老不嫁》《代父从军》《曹娥投江》《上书救父》《三年不雨》《伯愈泣杖》《捧檄而喜》《杀鸡供母》《竹筒盛鱼》《焦饭贻母》《拜谒父像》《乡邻罢社》《束带躬耕》《跪诵孝经》《持瓜奉母》《泣诵药经》《李密陈情》《葡萄奉母》《亲导母舆》《望云思亲》和《泷冈阡表》。它的编例一如《前二十四孝》，每个故事也是先有一首十六句的诗，其次是一幅图，再就是用白话写成的叙述文字。实际上，在辑者那里，《前后二十四孝》是一个整体，并没有像我们现在为着介绍的方便，把它生硬地分离为《前二十四孝》和《后二十四孝》。

除了各种别本和改编本的《二十四孝》之外，还有专门针对妇女的所谓《女子二十四孝》。此篇也不详辑者，著名的"木铎老人"余治同治十年（1871）为它作序，只是说"乡先辈向有《女二十四孝》，悉取古来女训中所述贤女事迹，择其至性过人、足以贯金石而格鬼神、昭然在人耳目者，著为一编。"它按故事人物的时代先后编排，第二十二个故事《诚孝度亲》说的是明海宁张氏女素贞，而紧随其后的《直言谏父》则称"国朝浙江王氏女兰州"，可知此书是清人所作，而且成书于清中期之前。二十四个故事，起自汉朝的缇萦《上书赎罪》，迄于清代的常州刘氏女

《劝母止虐》，都是女子孝亲的事例，但见于《二十四孝》的唐崔山南祖母唐夫人《乳姑不怠》则不见于其中。篇首有张真人《劝孝歌》七绝三首，正文中有注，但没有诗和图。

末了，有必要说一说《二十四孝》在域外的影响。早在平安时代（794—1192），中国的孝子故事就借《孝子传》《孝行录》等文献在日本的知识界和贵族中传诵。到镰仓末期（1300 年前后），《全相二十四孝诗选》亦即今本《二十四孝》传到了日本。由于篇幅短小、价格低廉、亦诗亦画、通俗易懂，所以很快流播开来。到江户时代，特别是在日本文化颇为繁盛的文化、文政、天保年间，《二十四孝》尤为风行，乃至出现了取代《孝经》的势头。与此同时，日本还陆续出版了新的二十四孝作品，诸如《本朝二十四孝》《单口相声二十四孝》《绘画二十四孝》等。直到1990 年 4 月，当东京歌舞伎剧院上演《本朝二十四孝》时，依然十分叫座。①

三 《二十四孝》评议

《二十四孝》所以能产生持久和广泛的影响，当然和我们民族尊老敬长的传统有关，和儒家把孝悌作为伦理道德的核心内容有关，和历代统治者的提倡有关，和许多文人学者的宣传有关，和由于受从众心理影响的大众对孝帝、孝贤和孝子们的崇敬有关。但除了这些全社会的"大气候"之外，也与它在内容和形式上都有许多明显特点的"小气候"有关。

第一，《二十四孝》取材广泛，很有代表性。由《孝子传》到《二十四孝》，这实际上是一个如何取材的过程。中国历史上不乏孝子的典型，历代正史也有记载可据，但如何在儿童和少文化的大众所能接受的不大的篇幅中，又是在繁复的有关孝子的文献中选择有代表性的故事，则是编纂者最重要的工作。《二十四孝》在这点上做得非常成功。它虽然只有短短的二十四个故事，但很有代表性。其中有虞舜和汉文帝那样的帝王，有更多仅仅是靠这点孝亲故事才在历史上为人所知的平民百姓。有六岁的陆

---

① 参见［日］德田进《〈二十四孝〉在日本的传播与衍变》，见陆坚、王勇主编《中国典籍在日本的流传和影响》，杭州大学出版社 1990 年版，第 202—213 页。

绩、八岁的吴猛、九岁的黄香，也有七十岁的老莱子。有拾葚供亲、为母埋儿、卖身葬父、行佣供母等在赤贫困厄之中孝敬孝养父母的典型，也有像为亲负米、亲尝汤药、尝粪心忧、亲涤溺器、弃官寻母等大富大贵之后依然此心不改的事例。孝敬的对象，有生身父母，也有像虞舜和闵损那样孝敬的是后母。有像姜诗那样，夫妻同孝的，也有像丁兰那样，不惜休妻而孝的。有父母在世而孝的，也有在父母去世之后卖身葬父、刻木事亲、闻雷泣墓乃至感叹不能为亲负米那样更深沉痛彻的孝心。孝子多男子，也有像崔山南祖母唐夫人那样的女子。两汉以孝治天下，孝子特多，入选《二十四孝》的也特别多，但从中国历史上有朝代之始的虞，中经周、汉、魏、晋、唐，直到宋，历代都有。诚如《二十四孝鼓词》所说："你看这二十四人，有做朝廷的，有做宰相的；有读书的，有为农的；有富的贵的，有贫的贱的；有老的，有少的；有男的，有女的；有父母双全的，有父母不全的；有父母慈爱的，还有那不慈不爱、打的骂的折腾的。不是一样的人品，不是一样的境遇，也不是一样的事迹，要之总是一个孝字。"可以说，在《二十四孝》中，什么样的典型都有，什么样的人都能在这里找到榜样，这就决定了无论是什么人都应该读一读这本书。

第二，《二十四孝》的编纂和刊刻也颇具特色。它虽然是用散文写成的，但篇幅不大，每个故事少者 20 来字，多的也不过 50 字。文词也还简明通俗，能为蒙童和低文化层次的人所接受。每个故事都配有诗，这些诗或者是综述其事，或者是赞扬其人，总之与散文故事之间有着紧密的联系。读者对于同样的内容，既能读到简明的散文，又能读到提纲挈领、综领全篇的诗歌，能够引发兴趣，激起联想。另外，此书的刊刻，又配上了图画，增加了形象生动和直观的效果，深受儿童的喜爱。如鲁迅在年少时，曾得到一位长辈的赠品《二十四孝图》，"这虽然不过薄薄的一本书，但是下图上说，鬼少人多，又为我一人所独有，使我高兴极了"。① 这样，《二十四孝》就将我国蒙学读物最具魅力的三种形式——故事、图画和韵语有机地结合在了一起。

"哀哀父母，生我劬劳。""哀哀父母，生我劳瘁。""无父何怙？无母何恃？出则衔恤，入则靡至。父兮生我，母兮鞠我。拊我畜我，长我育

---

① 《二十四孝图》，《鲁迅全集》第 2 卷，第 260 页。

我。顾我复我，出入腹我。"① 这是三千年前一位普通百姓，在父母去世后所倾诉的对父母深重的养育之恩的忆念，表达出对不能奉养父母、不能回报恩德的沉痛的愧疚以及失去父母之后无依无靠的哀痛。"吾母高风，首推博爱。遐迩亲疏，一皆覆载。恺恻慈祥，感动庶汇。爱力所致，原本真诚。不作讹言，不存欺心。整饰成性，一丝不诡。手泽所经，皆有条理。头脑精密，擘理分清。事无遗算，物无遁形。"这是毛泽东在母亲去世后，值守灵的悲痛时所写的《祭母文》。的确，对于生养自己的父母的深沉的爱恋，是凡人所应有的一种正常的心理感情，古今中外，无论贫富贵贱，概莫能外。但把这种感情外化为一种道德伦理，乃至将孝道孝行用法律的条文规定下来，则是我国社会的一个非常明显的特点。而在形成这一特点的过程中，《二十四孝》是起了十分重要的作用的。

不必讳言，而且必须指出的是，在《二十四孝》中，存在着许多不近人情乃至令人反感的故事，如《戏彩娱亲》《为母埋儿》之类。七十岁的老莱子，为了父母一时的高兴，穿着花色衣服、装扮成婴儿，假意跌倒和哭泣，他这样做，他父母以此为可笑，都有悖情理。这也就难怪年幼的鲁迅看过一次后，就再不愿看第二回，每次翻到这一页，就快速地把它翻过去。"而招我反感的便是'诈跌'。无论忤逆，无论孝顺，小孩子多不愿意'诈'作，听故事也不喜欢是谣言，这是凡有稍稍留心儿童心理的都知道的。"② 郭巨夫妻，只是因为子分母食，就居然以"儿可再有，而母不可复得"为由，将自己的亲生儿子活埋，在孝亲的同时，这不也是丧尽天良、有悖人伦吗？一般儿童看到这里，引起他们注意的恐怕不是郭巨的榜样，而是像鲁迅那样，担心自己的父亲也是郭巨那样的孝子，担心自己也被愁柴米的父母活埋了。"我从此总怕听到我的父母愁穷，怕看见我的白发的祖母，总觉得他是和我不两立，至少，也是一个和我的生命有些妨碍的人。"③ 这样是培养了恨和怕呢，还是培养了孝呢？正如鲁迅一针见血指出的，这种把肉麻当作有趣，"以不情为伦纪，诬蔑了古人，教坏了后人"。①

此外如《扇枕温衾》《恣饱蚊血》之类，在我们现在看来，也有一些荒唐。还有一些，大力宣传因果报应，如《孝感动天》《卖身葬父》《刻木事亲》《涌泉跃鲤》《哭竹生笋》《卧冰求鲤》之类，有厚重的迷信色彩。假如现实生活真有人以《二十四孝》中的孝子为榜样，但当他不能如书中的孝子那样，获得天赐神助的报应时，他的孝心孝行是不是就要有所改变呢？或者像鲁迅所说的那样，当人们知道了尽孝要以鹿乳奉亲、单衣顺母、卧冰求鲤、扼虎救父、恣蚊饱血、尝粪心忧之后，懂得了孝有如此之难，会不会对以往痴心妄想、想做孝子的计划感到绝望呢？

对《二十四孝》的全面评价，直接关系到对中国整个孝文化的评价，这是一项非本篇小文所能承担得了的工作。我们这里所能指出的只是，在培养大众孝亲敬老的思想感情和全社会孝的伦理道德方面，《二十四孝》是有贡献的，但这种贡献是以极大的代价获得的。它所表彰的，大都是一些被神话、被扭曲了的形象，它所提倡的孝，主要是一种极端化的、有悖人情的孝。《二十四孝》成书和它发挥作用的时代已经成为过去，借鉴它诗、文、画有机结合这种人们喜闻乐道并被证明是行之有效的形式，提炼出它养亲、敬亲、爱亲、孝亲的终极目的，再丰富以符合我们时代需要的具体内容，这才是我们今天应该做的工作。

（原载《北京师范大学学报》（社会科学版）1995 年增刊）

---

① 《二十四孝图》，《鲁迅全集》第 2 卷，第 262 页。

《弟子规》的意蕴与意义

近一段时间来，有关《弟子规》的争议不断，以至于沸沸扬扬。认同者说它是君子养成的基础，是孩童成长的必要的精神资源，是"圣学的骨干"；反对者说它是"精神雾霾"，是毒害儿童的精神鸦片，是统治者培养奴才和顺民的教科书。之所以会有如此截然不同、完全对立的观点，主要是基于对传统文化的不同认知和迥异态度所致。对《弟子规》是无极限夸赞，还是无底线贬斥，不过是对传统文化好恶的一个缩影。但也有很多说法，是不了解《弟子规》所致。有的是不了解它的内容和形式，是"花几分钟翻翻"后的臆说；还有的是不了解古人为什么会编写《弟子规》，一个小小的秀才编写的《弟子规》为什么能长期风行。了解了这些——《弟子规》的编写背景、《弟子规》是一部什么样的书，我们再参与现在的有关争论——要不要读？为什么读？怎样读？就会更加着实而不至于游谈无根，更加平实而不只是情绪的宣泄。

一 为什么会有《弟子规》

《弟子规》是一部蒙书，或者说是启蒙教科书。如果我们把它放置在传统启蒙教育的长时段中考察，我们就能很清晰地透视到《弟子规》出现的背景，了解为什么会有《弟子规》，或者说《弟子规》编写的目的是什么。

从教学内容的角度来说，处于起步阶段的我国传统启蒙教育，教育的目的非常单纯，那就是教学识字。在整个周秦两汉六朝时期，长达1600多年，都是如此。所有的启蒙教材，无一例外的都是识字读本。从相传是周宣王时期的太史籀编写的"周时史官教学童书也"①、被称为"字书之祖"的《史籀篇》，到秦朝取材于《史籀篇》而编成的《仓颉篇》《博学篇》和《爰历篇》；从汉代"闾里书师合《苍颉》、《爰历》、《博学》三篇"②而成的《仓颉篇》，到"立语总事，以便小学"③的《凡将篇》；从"蓬门野贱，穷乡幼学，递相承禀，犹竞习之"④的《急就篇》，到流传千古的《千字文》；从篇名上就能看出其启蒙性质的《小学篇》《少学》《始学》《幼学》《启蒙记》，到《隋书·经籍志》著录的诸如《杂字指》《字指》《要字苑》《常用字训》《俗语难字》《杂字要》等林林总总的杂字，都是启蒙识字读物，无一例外。

隋唐五代两宋时期，我国的启蒙教育突破了前一个时期单一识字的格局，在传统的识字读本之外，又创编了一些形式新、内容新的蒙学教材。从形式上看，有韵语，有偶句，有诗歌，也有不拘短长的格言谚语；从内容上看，更是丰富多样。沿袭了前一阶段的发展路向，识字读物在启蒙教育中仍然占有很大的分量，除了沿用前代所编的《千字文》之外，又编创了《开蒙要训》《百家姓》等广为流传的读本。以《咏史诗》《蒙求》《叙古千文》《十七史蒙求》《历代蒙求》《历代诗》《史学提要》等为代表的历史知识类读物，这时异军突起。诸如歌诀体、蒙求体、咏史诗、千字文体等多种体裁的历史类童蒙读物的出现，表明历史教学在实际教学中占有重要地位。诗歌由于它具有识字、明理、能学习四声平仄、感受对偶韵律等多重复合功能，并具有引发孩童学习兴趣的特点，也受到了人们的重视，出现了诸如《训蒙省题诗》《神童诗》《千家诗》等诗歌读本。适应宋朝理学兴起并在全社会广为传播的情势，这一内容也渗透到了启蒙教育阶段，出现了《性理字训》《伊洛精义》《毓蒙明训》《十一经问对》等学习经学和性理知识的启蒙读物。可见这一时期的启蒙教育，是以知识的教学为主。知识的类型是那样的丰博和多样，以至于学习各种知识都有专门之书，如了解名物有《名物蒙求》，学习天文有《步天歌》，学习医

---

① 班固：《汉书·艺文志》，中华书局1975年版，第1721页。

② 同上。

③ 程大昌：《演繁露》卷十五，《景印文渊阁四库全书》第852册，台湾商务印书馆1986年版，第192页。

④ 颜师古：《急就篇原序》，《景印文渊阁四库全书》第223册，第3页。

学有《历代名医蒙求》等。"一事不知，儒者之耻。"人们对博学是那么的看重，以至于出现了像王应麟所编的《小学绀珠》那样百科全书式的启蒙教科书。当然，这时的启蒙教育中，也包括了伦理道德的内容，教导童蒙如何为人处事、待人接物，如《太公家教》《童蒙训》《少仪外传》《童蒙须知》《小学》以及《小学诗礼》等。这类读物虽然有越来越多的趋势，但在整个启蒙教育中，只是很少的一部分内容，并不占主导，而且主要是朱熹及其学生在努力。

元明清时期，随着朱熹和朱学被崇奉，在启蒙教育阶段对儿童进行伦理道德教育，被提到了至高无上的地位，相关的教材不仅数量繁富，而且类型多样。综合性的读物往往有这部分内容，传播知识性的读物中也渗透有这一元素。此外，还有大量专门性的读物。如韵语体的《弟子规》《蒙养诗教》《童蒙须知韵语》《教儿经》《女儿经》等；小儿语体的《小儿语》《续小儿语》《女小儿语》《小儿语补》《老学究语》《家常语》等；格言谚语体的《增广贤文》《重订增广》《训蒙增广改本》《名贤集》《一法通》等；散文体的《童子礼》《初学备忘》等；故事和图画体的《二十四孝》《日记故事》《养正图解》《蒙养图说》等。这一内容在启蒙教育中声誉日隆、地位显赫，和朱熹的倡导直接相关，和朱熹在元朝以后的地位和影响密切相关。

传统社会的教育，只分为大学和小学，没有我们现在的中学。如果按照年龄来分的话，那就是"八岁入小学，十五入大学"[1]，而小学可以等同于启蒙教育。在朱熹看来，小学阶段，"只是教之以事"。[2] 小学之所以被称之为小学，就是教的是和学生的年龄相适应的一些浅显、具体而微的事情，是一些日常生活中诸如如何洒扫应对、如何事亲敬长之类的事情。"小学是事，如事君，事父，事兄，处友等事，只是教他依此规矩做去。大学是发明此事之理。"[3] 如果不顾童蒙多记性、少悟性的特点，教一些超越于事之上的理，不仅无益，而且有害。所以，朱熹要把对理的追究和探讨摒绝在外，留待下一个阶段去解决。它反复申论这么一个观点："小

---

[1] 王聘珍：《大戴礼记解诂》，中华书局 1983 年版，第 60 页。
[2] 黎靖德：《朱子语类》卷七，中华书局 1986 年版，第 124 页。
[3] 同上书，第 125 页。

学之事，知之浅而行之小者也；大学之道，知之深而行之大者也。"①"小学者，学其事；大学者，学其小学所学之事之所以。"② 小学阶段学是什么，大学阶段则要弄明白为什么；小学阶段只要知其然，大学阶段则必须追究其所以然；小学阶段要掌握的是形而下的事，而大学阶段要弄明白的是形而上的理。朱熹认为，只要按照要求，依照规范，把事亲敬长、待人接物的礼节掌握了，就完成了小学阶段的教学任务。根据传统的"蒙以养正"的说法，如果在小学阶段，哪怕是依样画葫芦地把日常生活中的事情学好了，那就能养成童蒙良好的行为习惯，铸就一个栩栩如生的圣贤坯璞，那就完成了启蒙教育的使命。

朱熹认为，《礼记·曲礼》和《列女传》中一些短小而押韵的语句，诸如"衣毋拨，足毋蹶；将上堂，声必扬；将入户，视必下"之类，诸如"将入门，问孰存"之类，可能"皆是古人初教小儿语"③。为了具体落实他有关启蒙教育的见解，给人们一个清晰、直观的"事"的概念，他甚至亲自编了《童蒙须知》。在他看来，童蒙应该了解的知识、学会的习惯、掌握的技能，不外乎是穿衣戴帽、说话行走、洒扫清洁、读书写字以及诸如睡眠、饮食、称呼、礼让等杂细事宜。所以《童蒙须知》一篇，就是专就衣服冠履、言语步趋、洒扫清洁、读书写文字和杂细事宜，逐条列名，一一诠释，极为具体。他的一些学生，也唯老师马首是瞻，追步老师，用浅显的语句、整齐的句式，编写了一些规范童蒙日常行为的教材。如被朱熹颇为自得地称"南来吾得一陈淳"的北溪先生，先是选择儒家经典中"明白切要"的内容，为自己即将接受启蒙教育的三岁儿子编写了《训蒙雅言》；继而因为《训蒙雅言》四字一句，而他的孩子太小，"未能长语也"④，将它改编成了三字一句的《启蒙初诵》。他还根据《曲礼》《少仪》《内则》等经典，选择其中适合儿童的内容，编写了《小学诗礼》。

---

① 张伯行：《小学辑说》，《小学集解》卷首，见《四库全书存目丛书》子部第 3 册，齐鲁书社 1995 年版，第 782 页。

② 《朱子语类》卷七，第 124 页。

③ 同上书，第 126 页。

④ 陈淳：《启蒙初诵》，《北溪大全集》卷十六，《景印文渊阁四库全书》第 1168 册，第 624 页。

元明清时期，读朱子之书，学朱子之学，不只是一种学术风气，而且也是一种社会风尚。"凡六经传注，诸子百氏之书，非经朱子论定者，父兄不以为教，子弟不以为学也。"① "群经、'四书'之说，自朱子折衷论定，学者传之，我国家尊信其学，而讲诵授受，必以是为则。而天下之学，皆朱子之书。"② 在这种情形之下，尽管朱熹为启蒙教育编的几种读物如《童蒙须知》《小学》《训蒙诗百首》等都因语句参差、晦涩难懂，难以风行在孩子们的课堂上，而只能流传在学者的书斋里。但朱熹有关启蒙教育"只是学事"、启蒙教育的使命是养成童蒙良好的行为习惯、启蒙教育的目的是铸就一个圣贤坯璞的论述，则给宋朝以后的启蒙教育指明了方向。此后，启蒙教育中有关伦理道德教育的内容逐步增加，童蒙日常生活、行为习惯的规范日渐繁密。规定之细，以至于达到了匪夷所思的程度，比如，孩子大小便不应该朝向怎样的方位，这些都有规定。《弟子规》正是在这样的背景下出现的。

二 《弟子规》是怎样的一部书

《弟子规》的作者是李毓秀。李毓秀（1647—1729），字子潜，号采三，清初绛州（今山西新绛县）人。他出生在一个较为殷实的家庭，早年有志于科举，并通过童试成为县学的生员，也就是考中了俗称的秀才。有记载说他"隶国学，注选县丞"③，有人解释说这是通过捐纳的方式，做了县丞。后师从同乡学者党成（字冰壑），游学近二十年，并创办敦复斋讲学。他虽然只是一个小小的秀才，但因为撰写了《弟子规》，死后他的牌位被供奉在绛州先贤祠。

李毓秀的撰著原名《训蒙文》，《山西通志》卷一百七十五《经籍》就是如此著录，经贾存仁修改之后，才改易今名。贾存仁一说贾有仁，字木斋，号余田，山西浮山人。有人说他对《弟子规》的修改有 54 处之多，现在已经难知其详，但这个篇名的确改得精妙。以我们现在的标准来

① 赵汸：《东山存稿》卷四，《景印文渊阁四库全书》，第 287 页。
② 虞集：《道园学古录》卷三十六，《景印文渊阁四库全书》第 1207 册，第 515 页。
③ 储大文等：《山西通志》，《景印文渊阁四库全书》第 546 册，第 760 页。

看，《训蒙文》过于空泛，所指不详，而《弟子规》更加恰切具体。

《弟子规》用三字写成，全书 360 句，计 1080 字。我国传统的启蒙读物，以四字句式为主，《千字文》《开蒙要训》《蒙求》《百家姓》《性理字训》等，大都用的是四字句。《三字经》步武陈淳的《启蒙初诵》，全篇用三字句式写成，最为贴近低幼的儿童，开创了我国蒙学读物编写的一种新体例。《三字经》是一篇劝学文献，但它不仅仅劝学，而且具体指出了所要学的内容，所以，它以知识的传授为主。继《三字经》之后，用三字句式编写的童蒙读物，乃至有关伦理道德和日常生活行为教育的读本，也时有所见。比如，明代王守仁的《训儿篇》或《示宪儿》就是如此。

《弟子规》通篇用三字句式写成，是这一体裁中颇负盛名的作品，光大恢宏了童蒙读物的写作传统。由于它采用汉语最小的句子单位组成，而且通篇如此，伸缩的余地很小，铺陈的空间有限，难免刀斧雕琢的痕迹。虽然它组织得的确没有《三字经》工巧，但总体来看，也还是晓畅可读。

遵循朱熹指引的启蒙教育教事学礼的方向，适应元明清时期启蒙教育主要是培养儿童良好行为习惯的情势，《弟子规》主要在规范儿童日常生活行为方面用力。它以"弟子规，圣人训。首孝弟，次谨信。泛爱众，而亲仁。有余力，则学文"为全篇的总纲，并逐一详细分叙了孝悌、谨信、爱众、亲仁和学文的具体内容。

《弟子规》所说的"弟子规，圣人训"，也并不只是标树"圣人"的名号以增加其权威性，单纯为了高远其所从来，而是实实在在根据《论语·学而》中孔子的一段话："弟子入则孝，出则弟，谨而信，泛爱众，而亲仁。行有余力，则以学文。"这就是说，《弟子规》的内容渊源有自，依据的是儒家经典。

此外，通过内容的分析，我们还可以看出《弟子规》有以下两个特点：

第一，它根本不再谈论为什么要孝父悌兄，为什么要爱众亲人，为什么要谨信学文，而是直接宣布如何孝父悌兄，如何爱众亲人，如何谨信学文。这意味着，在《弟子规》那里，孝父悌兄、爱众亲人、谨信学文是绝对命令，是人的义务，人的本能，是一个人不得不做、没有疑问、可以悬置的问题。这符合《弟子规》内在的逻辑，"弟子规"书名隐含着这样的取向：直接陈述这些规矩本身，而不解释这些规矩为什么成立的因由。

第二，更进一步，《弟子规》不是抽象地讲孝父悌兄、爱众亲人、谨信学文，不是讲孝父悌兄、爱众亲人、谨信学文的一般原则，而是陈述孝父悌兄、爱众亲人、谨信学文的具体的方法，用我们现在的话说，就是具有极强的可操作性。而且这些方法，就体现在我们的日常生活中，体现在我们的视听言动中，不虚悬，不高妙，尤其适合儿童。这是《弟子规》具有生命力的主要原因所在。它把儒家伦理道德的要求，落实在了实处，贯彻在了日常生活中。

《弟子规》三字一句，最为简短，合辙押韵，也便于诵读；入孝出悌的内容，又切于传统伦常，亲切简易的方法，具体可行。因此，无论是就形式而言，还是就内容而论，无论是就方法来说，还是就可行性而言，《弟子规》"便于诵读讲解而皆切于实行"，不愧为"开蒙养正之最上乘"。

正因为《弟子规》具有整齐简洁的句式，入孝出悌的内容，切实可行的操作方法，使得它比其他童蒙读物传播得更快。在清代中后期，它已经在社会上广为流传，尤其是我国北方地区，更是风行。许多地方政府都曾饬令所属州县，把它列为私塾和义学的童蒙必读书。根据周保璋在1893年所著的《童蒙记诵编》中所说，《弟子规》的盛行，甚至使从元初产生、明朝中后期开始逐渐被人认识、清初以来长期风行的《三字经》也几乎废弃。

三 如何看待《弟子规》

很多人对《弟子规》推崇备至，过去称它是"开蒙养正之最上乘"姑且不论，现在也有人说它是"圣学的骨干"，是传统文化的根本。很多地方在实施国学教育时，往往从教授《弟子规》开始。现在喜爱《弟子规》的人是那样多，以至于出现了一个被人们所称的"《弟子规》派"。坦率地说，在众多传统的蒙书中，笔者并不喜欢《弟子规》。但是，对于一些人无底线地贬斥《弟子规》，直斥《弟子规》是文化垃圾，是培养奴性的工具，是毫无操作性可言的陈腐教条，现代人读《弟子规》不过是闹剧、笑剧和悲剧，笔者也很不赞同。

在笔者看来，问题的关键不在于该不该读《弟子规》，而在于以怎样的情怀对待《弟子规》，以怎样的态度阅读《弟子规》。学习经典有两种方法：一种是知识之学，一种是心性之学。所谓知识之学，就是把它当作一种知识，当作了解传统文化的一个文本，通过它了解古人对孩子的日常生活行为有哪些要求；所谓心性之学，是指将其作为修身养性的指南，作为培养德性和德行的原则，要在日常生活中践行。这是两种不同的学习态度，很多人对《弟子规》的批评，着眼的是后一种意义。

把包括《弟子规》在内的古典文本当作心性之学、当作道德之学来看待，认为诵读这些道德色彩极为厚重的古代典籍，有助于世道人心的改善，有助于和谐社会的建构，甚至能够疗治当今社会的乱象，这是现今很多倡导和参与读经活动人们的主要目的。但是，这种愿望注定是要落空的。国民素质的提高、当今社会的道德建设是一项系统工程，需要方方面面的合力。在政治的因素几乎渗入社会生活的每个细胞的当代中国，政治的性格气质和官员们的表率作用尤为重要。冀望于弘扬传统文化，或者背诵《弟子规》来解决形形色色的社会问题，不过是一些人不切实际的一厢情愿，是一种虚妄的想法。

中国传统社会是一个读经的社会，即便是全社会的读经，既没有能提升人们的道德境界，没有能净化社会风气，没有能疗治社会的乱象，也没有能挽救一个又一个王朝的危亡。我们应该客观看待、审慎评估古代经典在当代道德建设中的作用，不能过高估计它的价值，不能过分夸大它的功用，不能对它寄予过高的期望。阅读《弟子规》并不能解决当今学生的一切问题，甚至也不能解决他们不孝敬父母、尊重师长、宽容同学等具体的问题。特别是我们不能不顾变化了的情势，不分辨其一般原则和具体内容，不加转化地生搬硬套，原封不动地拿来就用。

如果把《弟子规》当作道德之学来看待，学习《弟子规》是为了了解和掌握其中的规条，用来指导自己的日常行为，在生活中践行，那么，对于《弟子规》只能是虔诚地敬畏和恭谦地接受。既然它的原则出自"圣人"之口，具体仪则源于贤者之手，是道德的指南和行为的准则，除了记诵、践行之外，是别无审视、探究的空间的，更不必说质疑和批判了。虽然一些人会说"取其精华，去其糟粕"这样一种毫无操作性可言的抽象原则，但对学生来说，首先还是不加怀疑地相信和接受。因为有了这样的前提——学习《弟子规》会有益于我们的言行，所以，学校不接受自由的思想，学生不敢有独立的精神，这才有很多学生都是从网络上复制、独立完成较少的状况。这样的学习，浪费大量的资源不说，还导致了普遍的对道德的轻忽和亵玩。不适当的道德教育，造成了道德的虚伪，其恶果甚至比道德教育的缺失还严重。

还有一种视角，这就是把《弟子规》当作一种知识之学、文化之学来看待。也就是说，学习《弟子规》不是为了践行其中的众多的规矩，不是为了力行其中的"劝"、力戒其中的"禁"，尽管这里的训诲劝诫会对我们的道德心性有潜移默化的作用；而是把它当作透视清朝初年道德教化的一扇窗口，理解古代道德教育内容和方法的一条途径，认识传统礼仪和习俗的一个渠道。这也是胡适所说的"历史的方法"："把旧书当作历史看，知他好到什么地步，或是坏到什么地步，这是研究国故方法的起点，是叫'开宗明义'第一章。"① 这样，即便是已僵死的教条便有了生机，哪怕是最陈腐的道德也就有了意义。比如，人们一再作为诟病例子的"亲有疾，药先尝；昼夜侍，不离床。丧三年，常悲咽；居处变，酒肉绝"，其实就是告诉我们：在父母生病时，侍候汤药，要谨慎小心，汤药在喂进父母口之前，要先尝尝是否太烫；要日夜服侍生病的父母，不离病床。父母去世后，要服丧三年，其间念及父母的恩情，难免会为永失至亲而悲泣；服丧期间，要搬到简陋的丧庐居住，不食酒肉。这是古代的礼制，是古人的习惯或道德准则，与现代人是否践行无关。而学习《弟子规》，正是为了认识古代中国的礼仪规范，了解中国传统的伦理道德，探究中国的古代文化。

从这个意义上说，《弟子规》就不是一个遵奉的对象，而是一个探究的对象。遵奉的取向重在记取和掌握，并用于约束自己的行为，在生活中践行，这种取向的前提是相信和接受。而探究则是为了了解和认知，明白它说了什么，为什么会这么说，它这么说的意义何在，这种取向的前提是质疑和批判。而让学生学会批判性思维，在任何时候、任何情况下都能独立自主地运用自己的理性，为此不惜超越这样那样种种陈规，这正是教育

---

① 胡适：《胡适的声音：1919—1960 年胡适演讲集》，广西师范大学出版社 2005 年版，第 57 页。

的意义所在。从这个意思上说，作为传统启蒙读物的《弟子规》，我们现代人不仅应该读，而且必须读。它的那些规条在现代具有怎样的价值，对于我们当今的文化建设是否有和有怎样的价值，这些都是值得探究的问题。甚至，《弟子规》凭什么能与《三字经》争锋，并在特定的地区一度使《三字经》"几废"，它的魅力何在，这本身就是值得探究的问题。

进而言之，《弟子规》中的很多内容，笔者认为即便是在今天，也具有积极意义。我们甚至可以说，它不仅有普时性，而且具有普世性。"父母呼，应勿缓；父母命，行勿懒"；"缓揭帘，勿有声；宽转弯，勿触棱。执虚器，如执盈；入虚室，如有人"；"见未真，勿轻言；知未的，勿轻传。事非宜，勿轻诺；苟轻诺，进退错"，如此等等，无论是古代君子，还是现代公民，都有必要据此做，依此行。即便我们以一种挑剔的眼光，也很难说它哪句就是绝对错误的。但它通篇这个不许，那个不要，简短的篇幅中，就有数十个"勿"字。这对于养成学生批判的精神、质疑的习性、任何时候都独立自主运用自己理性，的确无益。教育不应该总是引导学生信什么，告诉学生该做什么，不该做什么，而是要引发思考，引发质疑。特别是这么多的"规矩"或禁令，出自与自己没有关系的人之手，没有必要的情感基础，那么，这样的规矩也就很难奏效。不仅如此，"不是建立在关系基础上的规矩导致反叛"。在孩子成长的过程中，在孩子的周围，存在着种种荡人心志的诱惑，我们如果只是简单地"成千上万次地说'不行'，那只能引起蔑视和挑衅"。①

《弟子规》之类的蒙学读物，对孩子天性的发挥和创造性的培养，或许有抑制作用。但正如美国爱家协会主席杜布森博士所说："男孩需要规矩，需要有人监督，需要文明教化。他们若在一个缺乏权威领导的、放任自流的环境中长大的话，往往会对社会常规及常识提出挑战。其中有许多人常常就在青春期碰得头破血流、伤痕累累。有的就再也不能完全恢复。"在他看来，一个孩子在经过童年、少年和青年的河流时，要么受舵引导，要么接受石头的制裁。"没有岸的河流只是一片沼泽。"② 河流是需

① ［美］詹姆士·杜布森：《培育男孩：塑造下一代男人》，陈德民等译，中国社会科学出版社2004年版，第281页。
② 同上书，第296页。

要有堤岸去约束的，孩子良好的行为习惯的养成，也是需要规范和引导，需要约束乃至适度的惩戒，而不能完全放任，这也是"教育"二字的应有之意。

对《弟子规》的评议，往往针对的不是《弟子规》本身，除了是对传统文化的好恶在个案上的体现之外，再就是因为提倡得不得法，或者批评不到位。比如，一些老师和家长之所以让学生读《弟子规》，是基于学生读后更加听话，习惯更好，容易管理。这种心性之学的学习方法，功利性的用心，都容易招致批评。至于有的老师，在读到《弟子规》之后，想的是"我很高兴，心想这下好了，以后批评学生用这些话朗朗上口，用不着讲那么多废话了"，就更等而下之了。同时，有的专家在不了解其本旨的情况下就率尔批判，比如说"亲有疾，药先尝"不科学，是把孩子当作实验品，也遗人笑柄。

千万不要以为传统的启蒙教材就不应该进入现代大学的校园，也完全没有必要因为现代大学生读过去五六岁小孩念的蒙学教材而觉得可笑。我们这么说，还不是因为现代大学生的国学素养普遍较低，传统文化知识较为缺乏，而是因为传统的启蒙课本知识丰博，编写得体，很多读物简直就是一部百科全书，是传统知识结构的缩影。说得直白一点，现在很多人小看它，是因为并不了解它，简单地把它与现代儿童读物画等号。实际上，它深厚的人文意蕴、丰赡的知识结构、精致优雅的祖国语言、巧妙精工的组织形式，都是有知识、没文化的现代启蒙读物难以望其项背的。它们之所以能进入启蒙的课堂，并深得一代又一代儿童的喜爱，不是因为它内容的狭隘简陋，而主要是它表现形式的浅显通俗。它过去培育了包括众多杰出学者和优秀文人在内的一代又一代中国人，现在依然是人们了解传统文化、学习传统知识的有效途径。

（原载《童蒙文化研究》第 2 卷）

从《小学》的命运评说当代儿童读经

《小学》是一部传统的启蒙教材，一般题为朱熹撰。实际上，这部书是朱熹指导他的学生刘清之编成的。不过，在编辑过程中，朱熹作了非常具体切实的指导。如他叮咛刘清之，收录前人的文章，不可太泛太滥；一些晦涩难懂的内容，如《叙古蒙求》之类，有必要进一步简约；而有关古乐府和杜甫的诗，意境很好，可适当多收一些。刘清之编成之后，朱熹又作了较大的修改。如刘清之原编中有《文章》一门，朱熹在最后定稿时，将这部分内容完全删去。

《小学》在淳熙十四年（1187）成书之后，对中国传统启蒙教育乃至整个教育和学术都产生了深远的影响。朱熹本人就对这部书偏爱有加，他曾这样夫子自道："后生初学，且看《小学》之书，那是做人底样子。"①当一些"蹉过"小学教育的成人向他请教时，他也建议读《小学》，以"补填前日欠缺"，从而"栽种后来根株"。他的学生大都遵其所教，在《小学》上颇为用力，《朱子语类》中有很多他们师生讨论《小学》的记载。

历代学者对于《小学》，更是"尊若六经"，推崇有加。元代著名学者许衡，在给自己儿子的信中这样说："《小学》《四书》，吾敬信如神明。自汝孩提，便令讲习，望于此有得，他书虽不治，无憾也。我生平长处，在信此数书。汝当继我长处，笃信而好之也。"②明代著名学者章懋，强调要将《小学》熟读玩味，字字句句，都要考究清楚，除了使其道理了

---

① 黎靖德：《朱子语类》卷七，中华书局1986年版，第127页。

② 张伯行：《小学辑说》，《小学集解》卷首，见《四库全书存目丛书》子部第3册，齐鲁书社1995年版，第785页。

熟于胸，还要身体而力行。即便已经考中了进士的人向他请教"为学之方"时，他的意见是依然要读《小学》。清代学者张伯行，更是把《小学》和"四书"之一的《大学》等同看待："孔子以前，大学未有书，自孔子作之，而入德之门在是矣。朱子以前，小学未有书，自朱子述之，而做人样子在是矣。"① 在他看来，读孔子之书，应该以《大学》为统宗；而读朱熹的书，则应该以《小学》为基本。他所辑录的《小学辑说》，辑录宋元明清4朝18家68则有关小学的论述，其中大都是对《小学》的颂赞溢美之词。

元明清三代政府也十分推尊此书。明朝初年，"高后尝命女史诵而听之，既而奏曰：'《小学》书言易晓，事易行，于人道无所不备，真圣人之教法'。建议明太祖朱元璋推广此书。朱元璋如其所言，令亲王、驸马、太学生讲读。"由是内而京师，外而郡邑，莫不家藏人诵，而圣贤之教，复明于天下也。"② 清朝政府在《十三经》和"四书"之外，对《小学》最为推重。"凡童生入学，复试论题，务用《小学》，著在律令。"③明确规定童生入学考试要用《小学》。

尽管朱熹自己偏爱，历代士人推崇，统治者提倡，但正如明末清初学者陆世仪所说，对于启蒙教育来说，《小学》有几个致命的问题。"今文公所集，多穷理之事，则近于大学；又所集之语，多出《四书》《五经》，读者以为重复；且类多引古礼，不谐今俗；开卷多难字，不便童子。此《小学》所以多废也。"④ 李塨也批评《小学》一书，内容关乎天道性命、亲迎觐朝以至居相告老之事，都不是儿童切近的事情，远离了蒙童生活的实际。

这些问题，使得国家的律令"徒为具文"，在启蒙的课堂上，《小学》不免"多废"的命运。龙启瑞在强调国家明文规定童生入学要考试《小学》之后紧接着说："乃行之既久，或徒为具文，承学之士，束书不观。

---

① 张伯行：《小学集解原序》，《小学集解》卷首，第779页。

② 《小学辑说》，《小学集解》卷首，第786页。

③ 龙启瑞：《重刊朱子〈小学〉序》，《经德堂文集》卷二，见《续修四库全书》第1541册，上海古籍出版社2002年版，第577页。

④ 陆世仪：《论小学》，见《五种遗规·养正遗规》卷下，见《续修四库全书》第951册，第27页。

然则古昔养正作圣之方，与圣天子造就人之意，胥于是而不可见。"① 一方面是著在律令，要求考试用此书，另一方面是把律令视为"具文"，并不具体落实；一方面是对此书敬信如神明，另一方面又是束书不观。在旧时，它主要流行在学者的书斋里，而在启蒙的学堂中影响十分有限；主要为士人所称颂，而不为蒙童所接受。

《小学》这样一种尴尬的命运，对我们今天儿童读经的倡导，具有警示意义。

一　学习的内容要切合儿童生活的实际

教育的内容，只有切合儿童生活的实际，才能引起学生学习的兴趣。兴趣是最好的老师，只有它才能把学生引进教育的过程。也只有贴近生活实际的学习，才能使学生将所学的知识和日常生活相印证，获得良好的学习效果。由于儿童多记性、少悟性的特点，小学阶段的教育，应该主要围绕生活中具体的事情来展开，远绝深奥、抽象的"理"。传统的启蒙教育注意到了这一点，朱熹自己就一再强调，小学阶段，"只是教之以事"②，如礼乐射御书数之类的技艺、日常生活中孝悌忠信这样的事情。在他看来，小学之所以被称之为小学，主要不在于学生年龄小，更主要在于与这种较小的年龄相适应，教的都是一些浅显、具体而微的事情。而且，小学阶段要摒绝理，不过问理，只是学事。如果不切实际，不顾蒙童多记性、少悟性的特点，教一些超越于事之上的理，不仅无益，而且有害。所以，朱熹特别强调："天命，非所以教小儿。"③ 即使说义理，也只能说一个大概，没有必要也不应该深入，并且要和日常生活中显而易见的事情结合起来解说。

朱熹把小学教育的内容，严格限定在具体的事情上，可他为实施小学教育编写的《小学》一书，并没有限制在"童幼事"的范围之内。《小学》完全是选录现成的文献编成的。全书六卷，凡分内、外篇。内篇包

① 《重刊朱子〈小学〉序》，《经德堂文集》卷二，第 577 页。
② 《朱子语类》卷七，第 124 页。
③ 同上书，第 126 页。

括《立教》《明伦》《敬身》和《稽古》，以选录儒家经书为主，"萃十三经之精华"。外篇则有《嘉言》和《善行》，辑录历代贤德之士的嘉言和善行，"采十七史之领要"。明代学者薛瑄在论及《小学》一书的结构时说："朱子《小学》一书，理与事而已。"内篇的《立教》《明伦》和《敬身》，说的是道理，《稽古》则举的是具体事例；外篇的《嘉言》说的是道理，《善行》则讲的是具体事情。"然理，精也，本也；事，粗也，末也。本末精粗，一以贯之，其《小学》之书乎?"① 由此可见，"朱子《小学》一书，详于义理"。②"理"或"义理"在《小学》中占有很大的分量。

这种超越儿童生活实际和认识能力，奢谈"天道性命"的"郛廓"之理，正是导致《小学》"多废"的重要原因。陆世仪所指出的《小学》的问题，具体地说表现在以下几个方面：一是强调主敬，"多穷理之事"，超出了小学"只是教之以事"的范畴。二是主要内容都辑录自"四书""五经"，求全责备，叠床架屋，多有重复。三是其中的内容，都是夏、商、周三代时的礼节，与宋代的风俗相去甚远，违背了朱熹自己以"眼前事"加以说明的原则。这三个问题集中到一点，就是远离儿童生活的实际。清康熙时的学者李塨，也批评《小学》一书"殊郛廓。天道性命，上达也；亲迎觐朝，年及壮强者也，以至居相告老诸橅，皆非童幼事，且无分于大学"。③ 他论定这种远离蒙童生活实际的做法，超越儿童认知能力的内容，施之于儿童，"将以误学术也"，会有害于教育事业，不利于蒙童的成长，为此他另编了《小学稽业》。

现代倡导读经的人士主张，要利用儿童期的记忆力，记下一些永恒的东西。无论这些东西与儿童的生活是否有关联，无论这些东西孩子是否理解，更不论这些东西儿童是否喜欢。他们要求儿童熟读背诵，并相信现在所学的内容，能为将来进入社会后所用；虽然与现实的生活没有关系，将来总有一天用得着。《小学》的命运告诉我们，不与儿童的生活实际相切合，不尊重儿童的认知特点，在启蒙的课堂上就不会有市场。不为儿童接

---

① 《小学辑说》，《小学集解》卷首，第786页。
② 纪昀等：《四库全书总目》卷九十二，中华书局1981年版，第788页。
③ 李塨：《小学稽业序》，《小学稽业》卷首，见《续修四库全书》第947册，第113页。

受的东西，即使有再高的价值，也不应该施之于儿童。即使生硬地向儿童灌输了，也是不能持久的；即使儿童一时记住了，也是易忘的。不错，儿童的生活和学习需要引导，需要家长和全社会去设计，而不能完全放任让毫无自主能力的儿童去选择。但那也是在尊重儿童天性前提下的引导和设计，绝不是扭曲孩子的天性强使就范。教育的基本原则应该是尊重儿童，尊重儿童的兴趣和爱好，否则只会禁锢儿童的世界，戕害儿童的灵性，使儿童失去自身成长的根基。

我们不反对读经，但不主张儿童读经，特别是狭义的儒家经典。在这个问题上，我们应该抛弃成人本位的教育观念，不以成人的价值观念来评判和规划儿童的生活，暂时把经书从儿童面前移开。我们应该有足够的耐心，等到孩子大一些后、理解能力增强了，再让他们读经。实际上，古代15 岁之前主要接受启蒙教育，以集中识字和学习一些文化知识、接受道德教育为主要内容，15 岁之后，再开始学习儒家经典，走上科举备考之路。这种做法，依然值得我们今天借鉴。

二　学习应该顺应儿童的兴趣和爱好

我国流传久远、脍炙人口的启蒙教材，都是用韵语和对偶的形式编成的。这样的读物，或四字一句，或七字一句，文字简洁，形式整齐。特别是合辙押韵，读起来朗朗上口，听起来铿锵悦耳，人们喜闻乐道，儿童也有兴趣阅读。如《三字经》《百家姓》《千字文》《声律启蒙》和《幼学琼林》等，无不如此。极个别的读物如《二十四孝》《日记故事》之类，虽然是用散文写成的，但都非常简短，少者一二十个字，多者也不过百余字，而且配有图画，通篇讲述故事，能引起儿童的兴味，为儿童所接受。这些特点使得它们流传千古，长盛不衰，成为我国传统启蒙教育中重要的遗产。

《小学》之所以为儿童所拒绝，就是因为它违背了这样的原则。《小学》内篇《立教》13 章、《明伦》117 章、《敬身》46 章和《稽古》47章，外篇则有《嘉言》90 章和《善行》81 章，完全是辑录以前文献尤其是儒家经典而成的。"近世新安朱文公，以孔门圣贤为教为学之遗意，参以《曲礼》《少仪》《弟子职》诸篇，辑为《小学》之书四卷。"① 这些古代的文献，离宋代已远，其中的很多内容，特别是古代的礼俗，是后来的人尤其是儿童难以理解的。尤其是这些古代文献的文字古奥，儿童认识和理解都有很大的困难。最令人头疼的是，它没有韵语，没有偶句，佶屈聱牙的语句，不谐唇吻，不符合儿童的阅读习惯，引不起儿童的阅读兴趣。

《小学》这样的编写形式，不适应儿童的阅读特点，引不起儿童的阅读兴趣，这是对它高度赞赏的人也不否认的。陆世仪就曾批评《小学》文字古奥，语句长短不齐，颇棘唇吻，既不便于读，更不适合诵。另一些学者虽然没有对《小学》直接批评，但通过各种方式，如注解、论说、改编（尤其是改编为韵语）、节录、图画等形式，力图将它通俗化、简明化，使它适应蒙童的兴趣和爱好。早在明朝弘治年间，一位日本学者就这样说："夫是书之疏释，予以所尝得者与宋元以来诸家著录考之，得其目殆七十余家焉。"② 在这之后，同类著作依然不断出现，如《小学诗》《小学韵语》等。这种一再改编的情形，既说明了《小学》的重要，也说明了这部启蒙教材不为蒙童所接受的实情。

现在读经名义下的所谓经典，有多种类型。除了脍炙人口的唐诗宋词和传统的启蒙读本之外，最主要的是儒家经典，特别是"四书""五经"。当代提倡读经的，几乎没有一个不提及这几部经书的。一些倡导读经的人士，最力荐的正是这几部经书。如在蒋庆看来，中华文化经典是由孔子整理编定的、由诸大儒阐发撰述的、被历代中国人公认享有神圣性与权威性的、在中国历史上长期作为课本教材的儒家文献。他甚至认为，传统蒙学用书和唐诗宋词，应放在读经之余诵习，反对将它们列入少儿读经的基本教材之中。另一位读经的倡导者王财贵则主张，儿童读经应该跳过传统的蒙学读本，跳过唐诗宋词，跳过古文，跳过诸子百家，从一开始就读"四书""五经"。蒋庆和王财贵倡导所读的经，恰恰是《小学》取材的范围。如前所述，这是儿童所不能接受、尤其是没有兴趣接受的内容。在旧时行不通，在现代社会实行起来困难更大。

对于这些经典，读经倡导者提供的学习方法是背诵。蒋庆就明确指

---

① 《小学辑说》，《小学集解》卷首，第784页。
② ［日］大草公明：《小学旨意存是序》，《小学旨意存是》卷首，日本困勉斋刊本。

出，蒙学教育就是背诵教育；王财贵则认为，记忆是一切学习的基础，唯有趁现在死背多了，将来才能活用。读经的倡导者理直气壮地宣称，儿童最擅长的就是记忆，而最不擅长的就是理解，提倡儿童读经，恰恰是对儿童这一特质的尊重。所以，该死背的时候，就必须死背，人类原始的教育方法只有一个，那就是背诵。我们不否认，记忆和背诵是被历史证明行之有效的学习方法，学习过程中的记诵对知识的积累、心性的陶养都是十分必要的。但是，单纯地死记硬背而全然忽视理解，那就应验了批评者所说的食古不化，只是用古代的经典来占据儿童的大脑，堵塞儿童的想象力，湮没儿童的灵性。更重要的是，记忆和背诵要有适合记诵的材料。像儒家经典和《小学》之类，读起来尚且困难，是不适合背诵的。只有那些偶句和韵语，"从声音上说，和谐顺畅，读来上口，听来悦耳；从内容上说，或者连类而及，或者同类相比，或者义反相衬，给人的印象特别鲜明突出，容易联想，容易记忆"①，才是合适的背诵材料。

　　传统的儒家经典，产生于我们民族文化奠基的"轴心时代"，离我们现代已经有了 2500 年的距离。时过境迁之后，其中佶屈聱牙的文字、晦涩艰深的义理，即便是专门的研究者也很难理解，更不必说年幼的儿童。所以，就连在经典具有至高无上地位、全社会读经的旧时，也没有要求儿童读经，而是明智地将读经滞后。古人把启蒙教育和读经教育的界限分得很清楚，将它们分属于小学和大学的范畴，并把从事启蒙教育的老师被称为蒙师，教授儒家经典的老师则被称之为经师。古人在长期的教学实践活动中总结出的一条重要的经验，就是不要过早读经。这同样是一个悠远而值得我们珍视的传统，如同经典本身一样值得我们珍视。

（原载《课程·教材·教法》2007 年第 2 期）

---

① 张志公：《传统语文教育教材论》，上海教育出版社 1992 年版，第 77 页。

历史类传统童蒙读物的体裁和特征

　　历史类的童蒙读物，是我国传统童蒙读物的大宗。据笔者的不完全统计，我国传统童蒙读物共有 1500 种左右，其中历史类的读物约 300 种，这里还不包括其中有关于历史叙述的一些综合性的童蒙读物，如被人们称之为"袖里《通鉴》"的《三字经》，也不包括叙述一人一事的故事、图画之类的读物，如《书言故事》《日记故事》《启蒙故事》《白眉故事》《故事逢原》以及《养正图解》《养蒙图说》《蒙养图说》《二十四孝图说》等。众多的历史类的童蒙读物，依体裁来分，可以分为咏史诗体、蒙求体、千字文体和歌诀体四种。

一　咏史诗体

　　在我国古代诗歌中，咏史诗是通过歌咏历史人物、历史事件和历史遗迹，以表达作者思想感情和议论见解的一个诗歌类别。最早以"咏史"作为诗歌标题的，是东汉时期的班固。他所作的《咏史》一诗，歌颂了西汉少女缇萦代父请罪，并终于感动汉文帝而废除肉刑的历史事件。此后，咏史诗在艺术上渐趋精致的同时，数量上也日益众多。在昭明太子萧统所编的《文选》一书中，诗歌作品中就专列有"咏史"一项，其中收录了咏史诗作者 9 人、咏史诗作 21 首。到了唐代，咏史诗更加繁盛，以至于胡曾专为童蒙编写了咏史诗。

　　胡曾的《咏史诗》凡 150 首，分为 3 卷，各 50 首。每一首都以特定历史事件发生的地点作为标题，如《乌江》《阿房宫》《铜雀台》《函谷关》《鸿沟》《不周山》《渑池》等，各以二字或三字标题。这 150 首诗，都是七言绝句，语句都很通俗平白，如：

长　城

祖舜宗尧自太平，

秦皇何事苦苍生。

不知祸起萧墙内，

虚筑防胡万里城。

泸　水

五月驱兵入不毛，

月明泸水瘴烟高。

誓将雄略酬三顾，

岂惮征蛮七纵劳。

胡曾《咏史诗》的童蒙读物性质，从以下几个方面可以看得出来：第一，它以一种新颖而浅显的形式，向人们讲述了"博学"所必备的历史知识。每一首诗只有 4 句话 28 个字，篇幅非常短小，加上它通俗易懂，稍作解释，童蒙不难明白。第二，此书成篇后不久，胡曾的同乡陈盖就为它作注。这样通俗的作品，还作注，除了是适合蒙童的需要之外，没有别的更好的解释了。第三，对它作过评注的米崇吉，在自己的启蒙教育阶段，曾经读过此书。"余自卯岁以来，备尝讽诵。"第四，在《千顷堂书目》中，著录有一部《释文三注》，书目的编者注明是《蒙求》、胡曾的《咏史诗》和《千字文》三种书的注本，可见它曾与《蒙求》和《千字文》一道，用作童蒙读物。

宋元明清时期的咏史诗很多，但它们并不都是为童蒙而编写的。专门为启蒙教育的需要而编写、值得在这里介绍的有以下三种：

元翁三山的《史咏》：王恽在《翁三山史咏序》中说："今庆元路总判翁侯元臣，复扩充前人规模，取《通鉴》编年事迹显著者，缀联五言绝句二千余篇。其历代之隆替、君臣之得失，粲然具列。辞直而不晦，言简而意足，使初学者读之，易晓而难忘也。"① 此书今已不传，全书达2000 余篇之多，对童蒙来说，篇幅显然太大。

明程敏政的《咏史绝句》：作者在《咏史绝句序》中，曾叙及撰作此书的经过，"余家居，见塾师以小诗训童子，乃首以市本无稽韵语，意甚不乐。因以所记古七言绝句咏及史者，手书授之。上之三代，下及宋元，凡二千余年，以时比次，得数百篇。又以其猥杂而不便于一览也，加汰之，存者二百篇。其间世之治乱、政之得失、人才之邪正贤否，大抵略备。"② 可见这部咏史诗是为训蒙而辑的。至于此书的内容及优劣高下，则以四库馆臣的评价颇为中的。"其书取古人咏史之作，依代编次。自三代迄宋末，止七言绝句一体，采辑颇备。然亦有本非咏史而因类编入者，又有改窜原题者，体例颇为冗杂。"③

清张应鼎的《鉴纲咏略》：这部专为童蒙所撰的咏史诗，用五言写成，长达 133 首。全书按照历史顺序，从上古到明末，以帝王为线索，介绍历史知识。重要的帝王每人一首，否则就几个人合为一首。每一首的内容，绝不限于帝王本人的事，而是包括了他这一时期的重大历史事件。如在"秦二世"中，就讲了陈涉起义、楚汉相争等史实。正因为如此，每一首诗都比较长，再加上柯龙章的注，全书的篇幅也就很大。

由以上的叙述可见，咏史诗体的童蒙读物，就其内容来说可分为两类：一类以胡曾的《咏史诗》为代表，主要是评议史事。另一类则以张应鼎的《鉴纲咏略》为代表，主要是介绍历史知识，具体地说，是向尚处于启蒙阶段的童蒙，介绍历史发展的顺序及重大事件这样一些初步的历史知识。它与歌诀体读物的区别主要表现在形式上，二者虽然都是用诗歌写成的，但咏史诗体的读物由一首首诗构成，每一首诗都具有很大的独立性，而歌诀体的读物则从开篇到终篇，前后相连，一以贯之，一气呵成，各个历史事件之间有过渡，有铺垫，全书有一种结构上的整体感。

① 王恽：《秋涧集》卷四十一，见《景印文渊阁四库全书》第 1200 册，台湾商务印书馆1986 年版。
② 程敏政：《篁墩文集》卷二十三，见《景印文渊阁四库全书》第 1252 册。
③ 纪昀等：《四库全书总目》卷一九二，中华书局 1965 年版。

二 千字文体

《千字文》是南朝梁武帝为方便自己的儿子们习字，命周兴嗣所编的一部习字课本。周兴嗣经过一夜天才般的工夫，将一千个杂碎散乱的字，组织成了一篇构思精巧、千古传唱的绝妙文章。《千字文》成篇之后，由于它新颖的形式、精巧的组织，对后世产生了极大的影响。历代注释、书写、续作、改编、别本和游戏之作层出不穷，以至于"千字文体"成为童蒙读物编纂过程中一种专门的体裁。

以千字文体编纂成的历史类的童蒙读物，在旧时流传较广、影响较大、值得介绍的有以下几种：

宋代胡寅的《叙古千文》：胡寅，字明仲，学者称致堂先生。在明万历年间刊刻的徐天祐纂修的《荆门州志》卷七中，有胡致堂的《叙古千文训荆门童蒙》。如此说来，此篇是作者为教训荆门的童蒙而作的。它所记述的历史，起自天地开辟之前的太和之气，终于宋的统一。秦统一以前的历史，它写得非常详细，而此后的历史则甚为简略，如隋朝的历史，就只有"隋暂混并，炀恶罔悛"短短的 8 个字。

《叙古千文》的一个显著的特点，是它所谓的"春秋笔法"。正如李昂英所说的那样，由于作者生于《春秋》学世家，"故笔削皆有法。《叙古》字凡千不重，虽饮席间谈笑成之，而上下数千载关系大处，包撮略尽。兴君昏主之理乱，哲佐悖臣之功罪，吾道异端之正偏，一字森严，百世确论，不但可以习童稚而已"。① 朱熹也说它"叙事立言，昭示法戒，实有《春秋》经世之志。至于发明道统，开示正涂，则又于卒章深致意焉。新学小童，朝夕讽之，而问其义，亦足以养正于蒙矣"。② 由于朱熹的这番"表揭"，再加上他的弟子黄灏为之作注，使得此篇在旧时流传颇广。

元代许衡的《稽古千文》：此篇虽然以千字文体写成，全篇仅用一千个字，但不受每个字不得重复的限制，如开篇的几句，"太极之前，此道

---

① 李昂英：《叙古千文》后跋，《叙古千文》，清道光三十年刊《粤雅堂丛书》本。

② 朱熹：《叙古千文》后跋。

独立。道生太极，函三为一。一气既分，天地定位。万物之灵，惟人为贵。太古结绳，民醇而愚。茹毛饮血，穴处巢居。伏羲画卦，始造书契"。短短的几句之中，就有"太""极""道""一"4个字重复，其中"太"字就三次出现。由于不受字不得重复的限制，因而此篇相对活泼通顺，比起其他的各种《千字文》来，都更加流畅易懂。

《稽古千文》叙事起自天地开辟之前，终于元朝建国，但有关宋、辽、金三代的历史非常简略，只是在篇末有以下短短的几句："兵变陈桥，宋祖即位。克平中夏，以位传弟。九叶中衰，江左六裔。辽金据华，亦各九世。天眷地顾，笃兴我元。四海会同，本枝万年。稽古提纲，维此千言。"这样让人感到头重脚轻，不大协调。此篇收录在作者的文集中，影响不是很大。

此外，《宋史·艺文志》著录有吕氏的《叙古千文》，其书久已不传。又《千顷堂书目》著录有明解延年的《叙古千字文集解》，今也未见其书。清初顾炎武曾提及的吕章成所撰的《千字文》，也是关于历史的，"崇祯之元，有仁和卓人月者，取而更次之，以纪先帝初元之政，一时咸称其巧。吕君以为事止于一年，未备也，于是再取而更次之，而明代二百七十年之事乃略具"。① 可见这是一部用千字文体写成的断代史。

千字文体的读物用一千个字写成，篇幅短小，能为童蒙所接受，用四言写成，也简短易读。但它限用一千个字，并且一般来说每个字都不能重复。在这样的限制之下，即便再精巧的佳构，也免不了生拼硬凑，太文乃至古奥，不可能通畅便读，更不可能通俗易懂，这就极大地超出了儿童的理解能力和接受能力，自然也引不起他们的兴趣。因此，这类读物更多的只是文人学者的游戏之作，很少真正用于教学，比起其他三类读物来，流传和影响最为有限。

三　蒙求体

蒙求体童蒙读物的始祖是唐代李瀚所撰的《蒙求》，它最突出的特征

---

① 顾炎武：《吕氏〈千字文〉序》，《亭林文集》卷二，见《顾亭林诗文集》，中华书局1983年版。

有三个：第一，每一句由四个字组成，除开篇语和结语之外，每一句都讲一个经传故事。第二，每一句都是一个主谓结构的短句，而且上下两句又两两相偶。第三，两个相偶的句子所讲的经传故事，具有相关性。如《蒙求》开篇的几句，"王戎简要，裴楷清通"是钟会回答文帝问谁适合担任吏部郎时，对王戎和裴楷的评价；"孔明卧龙，吕望非熊"中的孔明即诸葛亮，吕望即姜太公，都是旧时著名的辅臣。

《蒙求》成篇之后，历代注释、增辑、续作、唱和、改编的大有人在。有的用它"类而偶之，联而韵之"的体裁，有的则取其"匪我求童蒙，童蒙求我"的名义，有的有"蒙求"之名而无蒙求之实，有的有蒙求之实却无"蒙求"之名，出现了诸如《六经蒙求》《经传蒙求》《文字蒙求》《说文蒙求》《字体蒙求》《楷体蒙求》《名物蒙求》《小说蒙求》《历代名医蒙求》《训女蒙求》和《女蒙求》之类众多的蒙求读物。不过，蒙求体用得最广泛的，还是在历史领域。用蒙求体写成的童蒙读物，除了通史之外，还有断代史。

先秦时期的历史，集中在对《春秋左传》的改编上。《宋史·艺文志》著录有杨彦龄的《左氏蒙求》2卷，王邹彦的《春秋蒙求》3卷，李浃的《左氏广诲蒙》1卷。又有《左氏蒙求》3卷，《郡斋读书志》不著撰者姓名，明朝人焦竑的《国史经籍志》题作宋代的王舜俞。宋人文济道的《左氏纲领》4卷，《郡斋读书志》称它"排比事实为俪句，蒙求之类也"。① 无蒙求之名，却有蒙求之实。元朝人吴化龙的《左氏蒙求》又名《左传比事》，有人说它已经逸失，实际上现在有《小嬛嬛山馆汇刊类书十二种》本，并有清人许乃济和王庆麟二人的合注。

关于两汉时期的历史，《宋史·艺文志》著录有宋人柳正夫的《两汉蒙求》1卷，不著撰者姓名的《汉臣蒙求》20卷，刘玨的《两汉蒙求》10卷。在《四库全书总目》中，"刘玨"题为"刘班"，其书"仿唐李翰《蒙求》之体，取两汉之事，以韵语括之，取便乡塾之诵习"。② 在《郡斋读书志》中，则著录有不著撰者姓名的《两汉蒙求》5卷。清代学者杭世骏，著有《汉书蒙拾》和《后汉书蒙拾》，收录在《道古堂外集》

---

① 晁公武编、孙猛校：《郡斋读书志校证》卷十四，上海古籍出版社1990年版。
② 《四库全书总目》卷一三七。

之中。

至于汉唐之间的历史，《遂初堂书目》著录有不明撰者姓名的《三国蒙求》，《清史稿·艺文志》也著录有郭麐的《国志蒙拾》，《秘书省续编到四库阙书目》则著录有佚名的《晋蒙求》。戴迅的《晋史属辞》，《文献通考·经籍考》称它"用蒙求体以类晋事"①，实质上也是蒙求体的历史著作。此外，又有《南北史蒙求》10 卷，《郡斋读书志》不著撰者姓名，明朝学者王圻的《续文献通考·经籍考》则题作程俱。

李唐一代的历史，《旧唐书·经籍志》著录有白廷翰的《唐蒙求》，《宋史·艺文志》著录有程鹏的《唐史属辞》4 卷。佚名的《唐史属辞》5 卷，《郡斋读书志》称它和《两汉蒙求》《南北史蒙求》"皆效李翰"。

有关宋朝的历史，范镇有《本朝蒙求》2 卷，《宋史·艺文志》这样著录，焦竑的《国史经籍志》题为《宋书蒙求》，《也是园藏书目》所著录的不著撰者姓名的《皇宋蒙求》2 卷，与它可能是同一部书。宋人徐子复的《圣宋蒙求》6 卷，其类事"自建隆而熙宁，年而次之，类而偶之，联而韵之。章必两联，每联必备颠末。其为帙也凡六。盖祖宗全盛时事也，继是后而未及"。② 此外，在《贩书偶记续编》之中，著录有清人刘凤墀的《蒙求补宋》16 卷，并有刘寿峒、刘瘦恒为之注，未见其书，不知是不是有关宋代历史之作。

比起断代史性质的童蒙读物来，通史类的童蒙读物流传更广、影响更大，尤其值得人们注意的，有以下几种：

北宋王令的《十七史蒙求》：王令所谓的"十七史"，指的是从《史记》到《新五代史》的 17 部史书，也就是人们通常所说的正史。从名称上看，此书的取材范围似乎正是这些史书，实际上，说它纵横驰骋的范围，是这 17 部正史所记载的时限要为准确一些。因为作者的取材对象，并不止这 17 部史书。从其中的自注来看，作者所用的史料就还有《华阳国志》《新序》《说苑》《左传》《战国策》《家语》《风俗通》《国语》《新书》《汉晋春秋》《魏略》《先贤传》《汉武故事》《东观汉纪》《韩诗外传》《吕氏春秋》《世说》《晋记》《搜神记》《类林》等众多的文献。

---

① 马端临：《文献通考》卷二二八，中华书局 2011 年版。
② 徐元杰：《楳埜集》卷十，见《景印文渊阁四库全书》第 1181 册。

此书内容广泛，"其间圣君贤相、忠臣义士、文人武夫、孝子烈妇功业事实，以类纂集，参为对偶，联以音韵，分为十六卷目"。① 全书以蒙求体写成，四字一句，每句都是一个主谓词组的短句，如开篇的几句是这样的："宋璟第一，李广无双。燕许手笔，李杜文章。通有一心，绾无他肠。鸟鹊识李，草木知张。"由于此书的内容全部都是典故，而这些典故表达出来只能用四个字，这也就难免艰深难懂。为了读者能理解，在正文之后，还有很详细的注释。这些注文数十倍地超过了正文，构成了《十七史蒙求》不可分割的一部分。

多种《历代蒙求》：以《历代蒙求》为名的读物很多，如宋代的郑德舆就写过一部这样的读物，楼钥说："同年郑德舆老不废书，用李氏之体，备述历代，由伏羲以至大宋事。不求对句，以四言童子易于诵习，千古大概，如指诸掌。"② 元代的谢应芳也提到过一部《历代蒙求》的书，"世俗以《千字文》为启蒙之书尚矣，然使之识字而已，余何益乎？是书亦四言为句，便于习读，自羲农以来数千载世代盛衰、历数修短，粲然可观"。③ 元朝的王元鼎，则有《古今历代蒙求》之作，"金陵王君元鼎，取自三皇五帝以来事迹，编为四言，又韵其语，欲以教童蒙，使之诵习，俾知古今"。此书包括古今，事迹颇繁，"有非童子所能悉者。虽成人亦可读之，以为历代史记之目也。"④ 但流传至今，较为著名的，是元朝陈栎和王芮各自所撰的《历代蒙求》。

陈栎是宋末元初人，他所作的《历代蒙求》，叙事上起天地开辟，下迄宋末元初。篇末"代金平宋，是为有元。九十三载，一十四传。洪惟圣朝，如日丽天。宏基致治，垂统万年"几句，可能是朱升收进《小四书》时所加的。陈栎是宋代遗民，但此书中尊元抑宋，为元攻宋开脱，"高宗南渡，孝亦贤主。保境全民，光宁理度。又误于奸，留执使车。大朝以此，问罪兴师。然观赵宋，亦三百祀。国势如周，弱而已矣"。这样的内容究竟是陈栎原作，还是元朝人改作，不得而知。此书共236句，全

① 史献可：《十七史蒙求序》，《十七史蒙求》卷首，岳麓书社1986年版。
② 楼钥：《攻媿集》卷七十六，见《景印文渊阁四库全书》第1153册。
③ 谢应芳：《龟巢稿》卷十四，见《景印文渊阁四库全书》第1218册。
④ 赵孟頫：《松雪斋集》卷六，见《景印文渊阁四库全书》第1196册。

篇不足一千字。在简短的篇幅中，历述古今朝代、帝王世系及治乱之迹，繁而不紊，简而有要。明初时，朱升将它与方逢辰的《名物蒙求》、程若庸的《性理字训》和黄继善的《史学提要》合辑在一起，定名为《小四书》，在旧时流行甚广。

王芮也是元朝人，他的《历代蒙求》，记事上起大地未形成之前的元气状态，下迄元朝建国。与陈栎的同名读物叙述的时限相同，篇幅也大体一样。薛超吾称它"文约事该，信可启发初学。其视其它训蒙之书，未有若此"。郑镇孙在当时众多的童蒙读物中，以它"始自开辟，以至于今。人物之生也，世运之变也，君之贤否，数之短长，或一统而瓜分，或既离而复合，不出千言，要提意贯，可谓博而约、简而明也"。所以"独于王氏《历代》者有取也"，为之作注，写成了《历代蒙求纂注》。① 但由于它与陈栎所著，名称相同，记事时限一致，篇幅相当，又由于陈著被列入《小四书》中，人们往往取彼遗此，使得它流传不广。

陈、王之作，用的是"匪我求童蒙，童蒙求我"的名义，而不具备"类而偶之，联而韵之"的体裁。这两部书虽然都是用四言写成的，但并不是每一句都是一个主谓结构，前后句之间也没有对偶关系，也并不是每一句都介绍一个典故，更不存在前后句所介绍典故之间的关联性。严格说来，它们都有蒙求之名而无蒙求之实。

四 歌诀体

歌诀体的读物，是历史类启蒙读物中数量最多的。所以如此，是由于相对其他三种体裁来说，它的撰著更为灵活、更加便利。尽管它也要受五言或七言的限制，但却少了全篇限用 1000 个字，而且每个字都不得重复，以及每一句都包括一个典故，而且前后两个典故要有某种相关性这样更加严格的限制。写作上的灵便，使得这类读物减少了生硬的拼凑，更加通顺流畅，也更加通俗易懂，读起来更上口，听起来更悦耳，因而更受学童、塾师以及其他人士的喜爱。这里依时代顺序，选择有代表性的介绍几种

---

① 郑镇孙：《历代蒙求纂注序》，《历代蒙求》卷首，见《续修四库全书》第1218册，上海古籍出版社2002年版。

如下：

宋代杨简的《历代诗》：此篇凡分三皇五帝、夏、商、西周、东周、秦、西汉、东汉、三国、西晋、东晋、宋、齐、梁、陈、隋、唐、五代、宋19个部分，除三国部分由两首组成之外，其他部分都只有1首，所以全书共有诗20首。这20首，有的如西汉部分是五言，有的如三皇五帝部分则是七言，并不一致。各个部分的篇幅，也长短不一。《历代诗》主要是介绍帝王世系，而很少涉及重大历史事件，因而像五代十国这样头绪纷繁的时代，篇幅就比较大，而像西周、唐、宋这样的一统时代，篇幅则相对较少。

元代黄继善的《史学提要》：此书是我国历史类歌诀体童蒙读物较早的一种，也是影响比较广的一种，还是篇幅较大的一种。书分上下卷，叙述自上古到元灭宋的历史，篇末8句简略叙述元朝的历史，很可能是朱升编《小四书》时加上去的。

《史学提要》用四言韵语写成，约12000字，也就是说有近300句。除了王朝更替、帝王世系之外，也简略介绍各种重大事件，甚至还介绍其他童蒙读物很少注意的文化现象和文化业绩。如开篇讲上古的历史这样说："天地未分，惟一气尔。一气浑沌，形如鸡子。浑沌既判，两仪奠位。阳清为天，阴浊为地。人生其中，负阴抱阳。三才肇立，世号洪荒。茹毛饮血，穴居野处。汙樽抔饮，蒉桴土鼓。是谓上古，结绳而治。无书可传，莫知世次。"可以称得上是繁而不紊，简而有要。其中的许多观点，比如对曹操、武则天的评价等，很可能是鉴于宋朝亡国的教训，与宋朝正统的意见已有所不同，许多观点都很通达。

许衡的《编年歌括》：元代学者许衡，写过多种的童蒙读物。此篇以韵语的形式，叙写历代的世系和年数。凡分总数、唐虞、夏、商、周、秦、西汉、新室、东汉、蜀、魏、吴、西晋、东晋、宋、齐、梁、陈、后魏、东西（魏）、北齐、后周、隋、唐、五代、大辽、前宋和大金28个部分，各个部分的长短不一，长者如五代部分，共有98字，短者如北齐部分，只有短短的17个字。它的编写比较灵活，有的如北齐部分是四言，有的如开篇的总数是五言，有的如西汉部分是六言，有的如秦部分是七言。全篇组织精巧，其中将历代的统治年数说得很清楚，也便于人们有一个较好的认识，但用于训蒙，似乎过于简略，再加上旧时这类读物甚多，因而此篇流传并不怎么广。

《鉴略妥注》：此书的作者，旧本题为"明内阁九我李廷机先生手著，明翰林二水张瑞图先生校正，梧冈邹圣脉原订"。明代大臣李廷机曾校过《京本音释书言故事大全》，考证过《历朝故事统宗》，编纂过《历史大方通鉴》，《蒙习对歌》一书，也题名为他所作。明代书法家张瑞图则校过《新锲类解官样日记故事大全》。邹圣脉则是清朝人，曾增补注释过《幼学琼林》。研究中国古代童蒙读物，这三个人都值得给予注意。

《鉴略妥注》叙述从三皇到明代的历史。凡分三皇纪、五帝纪、陶唐纪、有虞纪、夏后氏纪、商纪、周纪、春秋纪、战国纪、秦纪、西汉纪、东汉纪、三国纪、西晋纪、东晋纪、南朝宋纪、南朝齐纪、南朝梁纪、南朝陈纪、隋纪、唐纪、梁纪、唐纪、晋纪、汉纪、周纪、宋纪、元纪和明纪。在明纪之末，有"满族入华夏，国号称大清。清代传十主，辛亥遂鼎革。废除君主制，肇建为民国"6句话，显然是民国时期的人所加。另外，在明纪之中，有"天启极昏庸，任用魏忠贤。小忠迎上意，大恶弄机权"这样的话，也显然不会出于明朝人之口，更不会出自阿附魏忠贤的张瑞图之口。从万历到崇祯亡国的一段历史，可能都是出自邹圣脉之手。

《鉴略妥注》以五言韵语写成，所以又名《五言鉴》。作者在极力勾勒出一个清晰的历史发展线索的同时，又尽量网罗丰富的内容。取材以所谓的正史为主，但也不排斥遗闻逸事，甚至还包括了一些神话传说。叙事论断之中，坚持封建正统观念，但也掺杂有一己之见。这些，都使的这部书比较有特色。比如，它开篇的一段话，就与其他的读物颇有些不同。"乾坤初张开，天地人三皇。天形如卵白，地形如卵黄。五行生万物，六合运三光。天皇十二子，地皇十一郎。无为而自化，岁起摄提纲。人皇九兄弟，寿命最延长。各万八千岁，一人兴一邦。分长九州地，发育无边疆。"

《鉴略妥注》的内容丰富，篇幅较大，但语句顺畅，组织得很精巧，因而在旧时流传较广。旧时有一首题为"村学诗"（或题为"嘲私塾诗"）的诗，将明清时期学塾中的情形表述得极为鲜明和生动。其中这样说："一阵乌鸦噪晚风，诸生齐逞好喉咙。赵钱孙李周吴郑，天地玄黄宇宙洪。《千字文》完翻《鉴略》，《百家姓》毕理《神童》。就中有个超群者，一目三行读《大》《中》。"诗中的"赵钱孙李周吴郑，天地玄黄宇宙洪"，分别是《百家姓》和《千字文》的开篇句，《神童》指的是《神童诗》，《大》《中》则分别是指《大学》和《中庸》，而所谓的《鉴略》，便是指这部《鉴略妥注》以及清初人王仕云的《鉴略四字书》之类。这里，它与《百家姓》《千字文》《神童诗》等著名的童蒙读物相提并论，可见其影响之大。

《史韵》与《增订史韵》：《史韵》的作者是明代编注过多种童蒙读物的赵南星。全书用四言韵语写成，凡分西汉、东汉、三国、两晋、南北朝、唐、五代、宋、元9个部分。与其他历史类歌诀体的蒙学读物不同，它不是始于开天辟地，而是截断众流，直接从西汉开始。文字简明扼要，有着较多的议论，是此书的两大特色。

清康熙时人仲宏道，认为赵作"前载年号，浮文妨要，注又寥寥不详，所以不行于世"。① 于是对《史韵》加以删改增补，著成了《增定史韵》4卷。仲宏道的工作，可以归纳为删其繁冗、补其阙略两个方面，而后一方面尤为突出。他先增定了西汉以前、从伏羲到嬴秦时期的历史，又补写了明朝一代的史事，《史韵》所不载的晋之十六国、五代之十一国以及辽、金、西夏的史事，也各为韵语予以增补。在每一个朝代的末尾，都缀有总评。

《史韵》和《增定史韵》都颇受人们的推崇，同治元年，常熟人翁心存在为鲍东里的《史鉴节要便读》作序时，把这两部书与宋黄继善的《史学提要》、元钱天祐的《叙古颂》、清葛震有的《诗史》相提并论，视为历史类童蒙读物发展过程中的重要一环。道光时的安徽学政沈维乔在为同一书作序时，在详细介绍了同乡仲宏道《增定史韵》的内容之后，也称它是"课蒙善本"。

《韵史》：以《韵史》为名的童蒙读物有多种，最著名的是许遁翁的《韵史》。此书是作者隐居山中，在教育自己的女儿时，因为没有什么教学资料，为此而编成的。全书分上、下卷，用四言韵语写成，所述上起上古，迄于赵宋。上卷所述，包括上古、帝尧陶唐氏、帝舜有虞氏、夏、商、周、秦、汉、后汉、晋、南北朝、隋的历史，其中后汉指的是三国时

---

① 《四库全书总目》卷九十。

期的蜀汉。下卷则包括唐、五代和宋，其中关于赵宋一代的历史极详，几乎占了全书的三分之一。

此书深受人们的推崇，作者的朋友陈确就说："《韵史》虽其文约，代不数事，事不数言，而四千年之治乱兴衰，已了若指掌。"① 咸丰时的许乃普也说："吾遁翁《韵史》一书，简而赅，辨而晰。"② 曹毓汉则说它"于历代兴衰治乱，综括大纲，了如指掌，览观诵读，尤便髫年。是固烂熟二十一史于胸中，由博而约，由微而显，有心嘉惠后学之书也"。③

《韵史》的作者是明代遗民，入清之后，对异族入主中原多有不满，这种情绪在书中表达得非常充分。如在南北朝部分一开始就说："晋室崩离，胡马为群。河洛腥膻，南北始分。"在叙述完南朝历史之后，转入叙述北朝历史时也说："北朝荒略，建国不常。"对辽、金两朝的历史，也没有像其他历史类的童蒙读物那样，设立专门的篇章予以叙述。而在叙述宋朝内忧外患的历史时，伤感愤激之言很多，这显然是针对明代的问题有感而发。很可能是由于作者这种情感和心理，加上身处特殊的时期，作者对颇为棘手的元、明历史干脆存而不论。也可能是其中有犯清朝忌讳的地方，此书在文网极严的清前期，只能是借抄本流传，直到咸丰时才首次刊行。

鉴于许氏《韵史》不及元、明两朝的历史，李玉岑曾为之补作，写成了《韵史补》。体例一仍其旧，只是作者完全站在清朝的立场上，说什么"大军入关，破贼窜避。故明诸臣，郊迎光被。礼葬帝后，安辑众志。应天顺人，亿万万世"。则与原作者的思想倾向完全相反，而绝不是"遁翁之所心许"的。

清代的金诺，也写过一部《韵史》。这部《韵史》有以下几个特点：一是专叙明朝一代17君278年的历史，是一部断代史。二是编纂形式新颖，全篇都是以三、三、四字的句式写成，如篇末的结语部分这样说："虽说道，他人事，不劳打算；细思来，古与今，理数堪论。偶然间，将

---

① 陈确：《韵史》序，《韵史》，见《四库未收书辑刊》第 4 辑第 16 册，北京出版社 2000 年版。

② 许乃普：《韵史》序。

③ 曹毓汉：《韵史》跋。

明纪，挥毫弄笔；有何妨，放些闲，说古论今。"三是诗、词和语体文混合并用，篇首有《清平乐》词一阕、《西江月》词上下阕、七言绝句一首及介绍明朝 17 位皇帝年号顺序的语体文一则。篇末也有《西江月》词上下阕。四是将前朝的成败兴亡，作冷眼旁观，对历史上争名夺利、追求富贵的人和事极为鄙视，表现出一副超然物外的样子，这在篇首和篇末的《西江月》以及正文的结语部分表现得最为突出。

此外，《宋史·艺文志》著录有成嵩的《韵史》1 卷。明代的陈继儒和程铨则合撰有《古今韵史》12 卷。清人吴镇所作的 1 卷《韵史》，收录在《松花庵全集》之中，又称之为《松花庵韵史》。

清代鲍东里的《史鉴节要便读》：鲍东里也是一位热心的童蒙读物的编纂者，在《酿斋训蒙杂编》中，汇辑有他所著的五种童蒙读物。此书 6 卷，以四言韵语的形式，介绍了从邃古到明朝末年的历史。篇首有一段作者的题词，也是用四言韵语写成的："史称浩繁，读之不易。韵语括之，以便诵记。卷帙无多，全史已备。置诸家塾，为童蒙计。庶几读之，俾知世系。金匮能窥，嚆矢可弃。"由此可见作者的撰述目的。为了童蒙能完整准确地理解，作者还对一些人名和典故作了注释。

《史鉴节要便读》颇得时人的好评，如孙殿龄就举列出了它可传之永久的四条理由：一是删繁就简，纲举目张。二是扶正黜伪，君臣主宾粲然。三是对易代之际的并起群雄处置适宜。四是将辽、金两朝之事，列于宋朝之后，使得历时千年、地绵万里的史实得以保存。[①] 鲍氏之子鲍源深，还将它进献给皇帝，受到了皇帝的褒奖。

以韵语写成的历史类的童蒙读物，除了以上介绍的几种之外，金代元好问的《帝王镜略》，元代陈栎的《增广通略》、陈著的《历代纪统》，明代孙承恩的《鉴古韵语》，清代王仕云的《鉴略四字书》、曹微藩的《历朝鉴略》、葛震有的《诗史》、裘未吾的《史略歌论》和沈祥煦的《读史编略》等，都是流传较广而应予重视的。

我国历史类的传统童蒙读物，不仅数量繁富，而且体裁多样。在过去，这一类读物对于普及历史知识，增进人们对历史的兴趣，促成传统史

---

① 《史鉴节要便读》序。

学的发达和全民族的历史感，曾经起过重大的作用。借鉴其成功的经验，吸收其有益的成分，为我们现在的历史教学服务，显然具有绝对必要的意义。但这类读物，一向被人们看作是旧时教育儿童的小玩意儿，登不得大雅之堂，一般目录书不注意著录，公私藏书也都不屑收藏，因而散佚特甚。所以，对这类读物进行研究，首要的工作便是系统地加以清点和梳理，本文的目的也正在于此。

（原载《史学史研究》1997 年第 1 期）

传统蒙学中历史类教材的编纂特点

中国是一个具有悠久历史的国度，中华民族是一个十分珍爱自己传统的民族。在我们民族的意识里，史学直接关系到王朝的更替和国家的兴亡，所谓"灭人之国，必先去其史"。这样的意识代代相传，凝结成了重视史学的优良传统。正是这样的传统，在我国学术文化史上留下了汗牛充栋的历史文献，在我们民族的性格和气质上烙下了富有历史感的深刻印记，甚至给整个社会熏染上了厚重的历史氛围。

重视历史教学，正是重视史学优良传统的典型而且集中的体现。在古代中国各级各类学校中，历史教学一直是十分重要的内容。历史教学不仅从学生进学接受启蒙教育就开始了，而且为实施历史教学而编写的启蒙教材很有特点，今天依然值得我们总结和借鉴。

一 丰富多样的体裁

在唐代以前，启蒙教育以识字为主，所有的教材都是识字读本，内容集中，性质单一。从最早的作为"周时史官教学童书"的《史籀篇》，到汉代"闾里书师"合《仓颉》《爰历》《博学》三篇而成的《仓颉篇》，从"立语总事，以便小学"的《凡将篇》，到"蓬门野贱，穷乡幼学，递相承禀，犹竟习之"的《急就篇》，从《幼学》《少学》《始学》以及各种杂字，到梁武帝为了自己儿子识字和习字的需要、命周兴嗣编写的《千字文》，都是如此，没有例外。从唐代开始，启蒙教学突破了单纯识字的藩篱，教学内容逐渐丰富。将历史知识编成专门、独立的教材用于教学，正是从唐代开始的。唐代历史类的启蒙教材虽然只有《咏史诗》和

《蒙求》两种，但这两种都很有代表性，可以说它们为历史类启蒙教材的编写，开创了两种体裁。

《咏史诗》是唐朝胡曾所著，凡150首，都是七言绝句。每一首诗都以特定历史事件发生的地点作标题，如《乌江》《阿房宫》《铜雀台》《函谷关》《青冢》《鸿沟》《渑池》等。这150首咏史之作，不一定是专门为蒙童编写的，但它成篇之后，由于篇幅短小，通俗易懂，以一种非常新颖而浅显的形式，向人们讲述了"博学"所必备的历史知识，所以曾被用作启蒙教材。为它作评注的米崇吉就说："余自龀岁以来，备尝讽诵。"明代有一部流传极广的《释文三注》，是《蒙求》《咏史诗》和《千字文》三书的注本，可见《咏史诗》曾与《蒙求》《千字文》一并用作启蒙教材。

胡曾之后，"咏史诗"开始成为蒙学历史教材的一种编写体裁。如元朝的翁三山，为初学者编写了《史咏》。此书用五言绝句写成，有诗2000多首，篇幅较长。"其历代之隆替，君臣之得失，粲然具列。辞直而不晦，言简而意足，使初学者读之，易晓而难忘也。"① 明朝的程敏政，"见塾师以小诗训童子，乃首以市本无稽韵语，意甚不乐。因以所记古七言绝句咏及史者，手书授之。上之三代，下及宋元，凡二千余年，以时比次，得数百篇。又以其猥杂而不便于一览也，加汰之，存者二百篇。其间世之治乱、政之得失、人才之邪正贤否，大抵略备"。② 这部《咏史绝句》辑录从先秦到宋末的咏史之作，按照时代先后编次而成，都是七言绝句，收录颇为完备。

咏史诗是通过歌咏历史人物、历史事件和历史遗迹，以表达作者思想感情和议论见解的一个诗歌类别。一般的咏史诗作，都是以评说史事、议论人物、抒发感怀为主。但因为这样的"理"，不容易为习惯于"事"的蒙童所接受，所以这类历史教材在启蒙的课堂上流传得并不是很广，而且表现出向歌诀体教材过渡的倾向。如清朝张应鼎的《鉴纲咏略》，有诗133首，用五言写成。全书按照历史顺序，从上古到明末，以帝王为线

---

① 王恽：《秋涧集》卷四十一，见《景印文渊阁四库全书》第1200册，台湾商务印书馆1986年版。

② 程敏政：《篁墩文集》卷二十三，见《景印文渊阁四库全书》第1252册。

索，介绍历史知识。重要的帝王每人一首，否则就几个人合为一首。每一首的内容，绝不限于帝王本人的事，而是包括了他这一时期的重大历史事件。如在"秦二世"中，就讲了陈涉起义、楚汉相争等史实。

歌诀体的蒙学教材，是历史类蒙学教材的大宗，绝大多数介绍历史知识的教材，都是用这一体裁编写成的。形式上，它与咏史诗体没有什么不同，或者七言，或者五言，或者四言。实际上，歌诀体和咏史诗体有着本质的区别。就内容上说，咏史诗主要是歌咏历史人物和历史事件，以表达作者的思想感情，抒发议论见解，核心是评论，表现为厚重的"理"。而歌诀体的教材主要是介绍历史知识，具体地说，是向蒙童介绍历史发展的顺序及重大事件这样一些初步的历史知识，重点在介绍，表现为众多的"事"。就形式而论，歌诀体和咏史诗体的教材虽然都是用诗歌写成的，但咏史诗体的读物由一首首诗构成，每一首诗都是完全独立的，从全书中抽离出来依然可读；而歌诀体的读物则从开篇到终篇，前后相连，一以贯之，一气呵成，各个历史事件之间有过渡，有铺垫，全书有一种结构上的贯连，属于一个整体。

唐代另一部历史类启蒙教材是《蒙求》。《蒙求》的作者李翰，《四库全书总目》说他是后晋时人。清朝末年，杨守敬出使日本，在日本访书，发现了多种古本的《蒙求》，卷首都有唐饶州刺史李良在天宝五年所写的《荐〈蒙求〉表》，还有唐司封员外郎李华的序，这才使得李翰是唐代人的说法成为定论。

《蒙求》取《周易·蒙卦》"匪我求童蒙，童蒙求我"之义，用四言韵语写成。除了篇末最后的 4 句之外，每一句都讲一个经传故事。《蒙求》独特的结构还在于，它的每一句都是一个主谓结构的短句，而且前后两句是偶句，两个相偶的句子所讲的经传故事，内容是有关联的。《蒙求》虽然只有 596 句、2384 字，篇幅不大，但内容非常丰富，包括我国古代天文、地理、历史、神话、医药、占卜、民族、战争、动物、植物等多方面的内容。唐以前我国重要的典故，几乎都可以在此书中找到。李华在序中说："安平李瀚著《蒙求》一篇，引古人言行美德，参之声律，以授幼童，随而释之，比其终始，则经史百家之要，十得四五矣。"[1] 李良

---

① 《唐文拾遗》卷十九，见《全唐文》，中华书局1983年版。

在《荐蒙求表》中也说李翰"撰古人状迹，编成音韵，属对类事，无非典实，名曰《蒙求》，约三千言"。以至于"瀚家儿童三数岁者，皆善讽读，谈古策事，无减鸿儒，不素谙知，谓疑神遇"。①

《蒙求》成篇之后，历代注释、增辑、续作、唱和、改编的极多。有的采用蒙求"类而偶之，联而韵之"的体裁，如《历代名医蒙求》；有的援用"童蒙求我"的名义，如《文字蒙求》。尤其是历史类的启蒙教材，用蒙求体编写的就更多。如王邹彦有《春秋蒙求》，王舜俞、杨彦龄、吴化龙有《左氏蒙求》，刘珏有《两汉蒙求》，柳正夫有《西汉蒙求》，佚名有《汉臣蒙求》《三国蒙求》《晋蒙求》，程俱有《南北史蒙求》，白廷翰有《唐蒙求》，宋朝的范镇有《本朝蒙求》，徐子复有《圣宋蒙求》。还有一些历史类的教材，虽然没有"蒙求"之名，却有"蒙求"之实。如宋黄日新的《通鉴韵语》，"大略如李瀚《蒙求》四言体，而列其事于左方"。② 宋文济道的《左氏纲领》，"排比事实为俪句，《蒙求》之类也"。③ 宋戴迅的《晋史属辞》，"用蒙求体以类晋事"。④ 佚名的《唐史属辞》，与《两汉蒙求》《南北史蒙求》一样，"皆效李瀚"。⑤

千字文体则是因为南朝梁周兴嗣所编的《千字文》，最终演化成的一种编写体裁。《千字文》本质上是一部启蒙习字教材，但因为它的别致和精致，引起了人们的纷纷仿效，乃至成为一种专门的体裁。这种体裁的典型特征有两个，一是全书限用 1000 个字，而且这 1000 个字不得重复；二是四字一句，句子短小，形式整齐，有韵便读。宋代胡寅的《叙古千文》、元代许衡的《稽古千文》，就是这类教材的代表。其他如《宋史·艺文志》著录的吕氏的《叙古千文》，《千顷堂书目》著录的明解延年的《叙古千字文集解》，也属于千字文体的历史教材。清初吕章成所撰的《千字文》，则是一部用千字文体写成的断代史读物。

千字文体的读物用 1000 个字写成，篇幅短小，用四言写成，也简短易读。但它限用 1000 个字，并且一般来说每个字都不能重复。在这样严

① 《唐文拾遗》卷十九，见《全唐文》，中华书局 1983 年版。
② 晁公武编、孙猛校：《郡斋读书志校证》附志卷上，上海古籍出版社 1990 年版。
③ 《郡斋读书志校证》卷十四。
④ 马端临：《文献通考》卷二二八，中华书局 2011 年版。
⑤ 《郡斋读书志校证》卷十四。

格的限制之下，即便再精巧的佳构，也免不了生拼硬凑，太文乃至古奥，不可能通畅便读，更不可能通俗易懂，这就极大地超出了儿童的理解能力和接受能力，自然引不起他们的兴趣。因此，这类读物更多的只是文人学者的游戏之作，很少真正用于教学，比起其他三类读物来，流传和影响最为有限。

有必要强调的是，除了用咏史诗体、歌诀体、蒙求体和千字文体编写的专门性质的历史类启蒙教材之外，在很多综合类的蒙学教材中，有关历史的内容也占有很大的分量。即以最著名的蒙学教材《三字经》而论，内容丰富、知识密集，一直是人们称道它的一个原因。约而言之，《三字经》主要有以下四个方面的内容：一是教或学的重要性；二是儿童须知的伦理道德和所谓的数与方名；三是为学的次第和学习的内容，特别是群经和诸子；四是历代世系。严格说来，第四类也属于第三类的一部分。由于作者太强调它了，把中国历史的发展脉络作了具体的叙述，篇幅也因此过大，因而成了独立的一部分。在《三字经》中，这一部分就占了三分之一强的篇幅。清人朗轩氏，在为《三字经注解备要》作序的时候，称《三字经》是"一部袖里《通鉴纲目》"，就是针对这一部分内容讲的。历代学者对《三字经》添改增加，也主要集中在这里。人们对《三字经》众多的夸赞之词，也无不说它以不长的篇幅、简洁的文字，为初学者了解中国历史理出了一个清楚且便于记忆的线索。所以有人说它"叙述史实，简明易记，即在现代社会情况下论之，仍不失为《三字经》中最神彩之部分"。[①]

二　整齐有韵的句式

对于传统的启蒙教育，现在普遍存在着许多错误的认识。认为这一教育一味遵从"严"的原则，轻贱学生的人格，压抑学生的个性，无视学生的愿望，摧残学生的身心，就是其中最有代表性的一种。我们并不否认，在传统的启蒙教育中，的确存在着大量庸师如此这般的作为。但是，

---

① 常镜海：《中国私塾蒙童所用课本之研究》（上下），《新东方》1940 年第 1 卷第 8—9 期。

在孔子"循循善诱"以及孟子"教亦多术"的激励下，强调要尊重孩童的个性，顺从孩童的天性，激发孩童的兴趣，同样一直是众多塾师努力的目标，并事实上得到了家长、孩童、教师和全社会的认可。实际上，传统启蒙教育之所以富有成效，主要是尊重而不是无视孩童的年龄和生理特征、尊重而不是扭曲孩童心理和认知特点的结果。

传统的启蒙教育，充分注意到了教育的对象是不同于成人的儿童，儿童之情，具有"乐嬉游而惮拘检"特点："如草木之始萌芽，舒畅之则条达，摧挠之则衰痿。今教童子，必使其趋向鼓舞，中心喜悦，则其进自不能已。譬之时雨春风，沾被卉木，莫不萌动发越，自然日长月化；若冰霜剥落，则生意萧索，日就枯槁矣。"① 基于这一原则，启蒙教育就不能一味地以"严"相标榜，督以学业，责其检束，甚至鞭挞绳缚，若待拘囚。这样只能是"彼视学舍如囹狱而不肯入，视师长如寇仇而不欲见，窥避掩覆以遂其嬉游，设诈饰诡以肆其顽鄙，偷薄庸劣，日趋下流"②。使得学生对学校生活产生厌恶，造成师生关系的紧张和对立，最终导致教育目的的落空。传统启蒙教育注意到了要尊重儿童，尊重儿童的兴趣和爱好，而最切实的做法是向孩童提供他们喜爱的学习材料，引发他们的兴趣，感发他们的志趣，使他们从自身内部产生一种学习的愿望，从而走进学习的过程。

和其他类型的启蒙教材一样，我国历史类的启蒙教材，基本上都是用韵语和偶句的形式编成的，特别是那些流传久远、脍炙人口的启蒙教材，更是无不如此。如清代鲍东里的《历代国号总括歌》开篇这样说："盘古首出传三皇，有巢燧人功难忘。五帝之说至不一，羲轩治迹犹微茫。唐虞历数始可纪，夏商及周为三王。春秋战国不足数，嬴秦灭故何猖狂。"简短的几句话，将中国上古到秦朝的历史梳理得很清楚，而且指出了各个时期的特点。特别是七字一句，形式整齐，又合辙押韵，易读易记。实际上，笔者中学刚开始学习历史时，所背熟的《中国历代王朝歌诀》"夏商周秦西东汉，三国两晋南北朝，隋唐五代及两宋，辽金元明与清朝"，在

① 王守仁：《训蒙大意示教读刘伯颂等》，见《王阳明全集》卷二，上海古籍出版社2015年版。
② 同上。

很长的时间内，都是笔者厘清中国历史发展线索的重要依据。

很多启蒙历史教材，将一些历史事件和历史人物介绍得很具体，如《五字鉴》是这样讲述秦汉之间的历史的："亡秦失其鹿，群臣皆出猎。天下共逐之，汉王最先得。项籍与刘邦，两意相交结。共立楚怀王，举兵攻帝阙。一鼓破函关，秦王出迎接。夺得秦家权，便把仁义绝。鸿门宴会时，玉斗纷如雪。两下动干戈，降兵夜流血。王陵张子房，萧何并彭越。韩信与陈平，出计人莫测。争战经五年，汉兴楚渐歇。项羽力拔山，一怒须如铁。恃己多勇才，不用谋臣策。唯有一范增，见弃归田宅。垓下被重围，楚歌声惨切。起舞于帐中，泣与虞姬别。非不渡乌江，自愧无颜色。拔剑丧其元，兴亡从此决。"① 这样的内容，开头是提纲挈领的总括，接着是线索分明的细节，最后是自然而然的结果，历史的要素非常完备。五字一句的形式，不仅便于记诵，而且为学生提供了开阔的想象空间。

历史类的启蒙教材，因为形式和篇幅的局限，"代不数事，事不数言"②，有时历史的细节介绍得难免不具体，这时，需要必要的注释才能让人明白。所以，许多历史类的启蒙教材，往往都有注释。有的是作者自注，如唐李翰的《蒙求》，宋王令的《十七史蒙求》，明李廷机的《五字鉴》，清许逇翁编、李玉岑补的《韵史》。有的则是后人所为，如唐胡曾的《咏史诗》，有陈盖注和米崇吉的评注；宋黄继善的《史学提要》，则有清人林锡祐为之笺释；元王芮的《历代蒙求》，则有郑镇孙的纂注。这些正文和注文相互补充，各自发挥其功效，既保证了正文的简洁便读，易于记诵，又不至于晦涩难明。

这样的教材，或四字一句，或五字一句，或七字一句，文字简洁，形式整齐。特别是合辙押韵，读起来朗朗上口，听起来铿锵悦耳，人们喜闻乐道，儿童也有兴趣阅读。正如张志公先生所说，这样的读物，"从声音上说，和谐顺畅，读来上口，听来悦耳；从内容上说，或者连类而及，或者同类相比，或者义反相衬，给人的映象特别鲜明突出，容易联想，容易记忆。境界高的，更给人以优美隽永之感"。③

---

① 李廷机：《五字鉴》卷上，岳麓书社 2002 年版。
② 《韵史》，见《四库全书收书辑刊》第 4 辑第 16 册，北京出版社 2000 年版。
③ 张志公：《传统语文教育教材论》，上海教育出版社 1992 年版，第 77 页。

三 颇具个性的史观

鉴于儿童的认知特点，在传统启蒙教育阶段，一般"只是教之以事"。只有在进入大学阶段的学习之后，才"教之以理"。在朱熹看来，"小学是直理会那事，大学是穷究那理"。① 小学阶段学习是什么，大学阶段则要弄明白为什么；小学阶段只要知其然，大学阶段则必须追究其所以然；小学要掌握形而下的事，而大学要弄明白形而上的理。小学阶段要摒绝理，不过问理，只是学事。学会日常生活中诸如事亲敬长之类的切近事情，是小学阶段的主题。"小学者，学其事；大学者，学其小学所学之事之所以。"② 如果不切实际，不顾蒙童多记性、少悟性的特点，教一些超越于事之上的理，不仅无益，而且有害。

但在启蒙教育的历史教学中，并没有保持超然的客观，没有只是单纯地传授历史知识，而是表现出浓厚的褒贬好恶。在用咏史诗体编写成的教材中，评议人事、抒发感怀，甚至是比介绍历史知识更重要的内容。如胡曾《咏史诗》中有一首《长城》："祖舜宗尧自太平，秦皇何事苦苍生？不知祸起萧墙内，虚筑防胡万里城。"这里重点不是介绍秦始皇是怎么修建长城的，而是直接评说修建长城是毫无意义地虚耗民材，滥用民力，以至于祸起萧墙，直接导致了秦的灭亡。这样的内容，要有一定的历史基础知识作铺垫才能理解，要有教师的讲解学生才能明白。在其他体裁的历史教材中，如《五字鉴》关于王莽篡汉的一段："哀皇及孝平，天命道中歇。朝野大纲维，尽归王氏宅。相传十二君，王莽篡帝阙。僭位十五年，九族皆诛灭。"③ 作者鄙薄新朝、袒护汉室的观点非常鲜明。

一般说来，启蒙教材中所反映的历史观，往往是占主导地位、能为全社会所接受的观点。如在魏、蜀、吴三国鼎立中，大都以蜀魏为正统。许遁翁的《韵史》说："操乃汉贼，逼帝弑后。窃窥神器，屠戮忠旧。子丕

---

① 黎靖德：《朱子语类》卷七，中华书局1986年版。

② 同上。

③ 《五字鉴》卷中。

篡汉，奸谋始售。昭烈称帝，汉统为正。"① 但也有不少极具个性、不一定能为他人所接受的颇为独特的观点。如《五字鉴》关于元朝的历史这样说道："大元皇帝兴，其祖本胡人。灭宋居中国，以德化黎民。用夏变夷道，风俗尽还淳。清徭薄赋敛，节用省繁刑。躬身于阁老，以礼下公卿。天下一区宇，四海乐升平。"② 不仅在当时，而且在现在也不能获得多数人的认可。一些观点，在当时或许不能为人所接受，而在现在看来，属于平情之论。如黄继善的《史学提要》，说武则天"改唐为周，遂自称帝。告密罗织，委用酷吏。亦有权数，善于用人。徐娄姚魏，皆为名臣"。③ 虽然与传统的占主导地位的观点有一定的距离，但与现在的研究结论颇为吻合。

中国传统的史学讲究所谓的"春秋笔法"，即在字里行间曲折地寄寓褒贬。历史类的蒙学教材在这点上也很突出。如宋代的胡寅，是潜心研究《春秋》40 多年，并著有《春秋传》30 卷的胡安国的侄子，后又被胡收为养子。他编写的《叙古千文》就有很浓厚的"春秋笔法"。如有关魏晋南北朝的历史，就只有以下短短的几句："许都曹操，鄂保孙权。亮分刘备，据蜀当天。司马欺孤，炽邺连颠。导建江表，安摧苻坚。南北判裂，圻甸腥膻。"这里以"据蜀当天"，来说明蜀汉的正统；以"圻甸腥膻"，来说明少数民族的入主中原造成的纷乱。正如李昂英所说的那样，胡寅因传胡安国之学，"故笔削皆有法。《叙古》字凡千不重，虽饮席间谈笑成之，而上下数千载关系大处，包撮略尽。兴君昏主之理乱，哲佐悖臣之功罪，吾道异端之正偏，一字森严，百世确论，不但可以习童稚而已"。④ 朱熹也说它"叙事立言，昭示法戒，实有《春秋》经世之志。至于发明道统，开示正涂，则又于卒章深致意焉。新学小童，朝夕讽之，而问其义，亦足以养正于蒙矣"。⑤

正因为历史类的启蒙教材中有以上的编纂特点，吸引了孩童的兴趣，

---

① 许遯翁：《韵史》卷上。

② 《五字鉴》卷下。

③ 黄继善：《史学提要》卷三，见《四库全书存目丛书》史部第 280 册，齐鲁书社 1996 年版。

④ 李昂英：《叙古千文》后跋，《叙古千文》，清道光三十年刊《粤雅堂丛书》本。

⑤ 朱熹：《叙古千文》后跋。

培养了孩童的志趣，把他们引领进入到了历史学习的过程之中。而且，儿童的学习，具有"一儿习之，可为诸儿流布；童而习之，可为终身体认"① 的特点。通过儿童和他们诵读的教材，把这些知识和观点传布到了全社会，形成了我国传统社会浓厚的史学氛围和全民的历史意识。

（原载《历史教学》2006 年第 7 期）

---

① 吕得胜：《小儿语序》，《吕坤全集》，中华书局 2008 年版。

清代以前启蒙教材述要

六十多年前，鲁迅先生在《申报·自由谈》上发表了《我们怎样教育儿童的?》一文，其中简要回顾了历代所用启蒙教材的情况。他认为：汉代人们读的是《急就篇》，唐末宋初用的是《太公家教》，清末人们读的是《神童诗》和《幼学琼林》。在先生当时，除了各式各样的教科书之外，在村塾里还有用《三字经》和《百家姓》的。鲁迅先生的叙述非常简略，所以他对传统启蒙教材的研究寄予厚望，在这篇文章中他还说："倘有人作一部历史，将中国历来教育儿童的方法，用书，作一个明确的记录，给人明白我们的古人以至我们，是怎样的被熏陶下来的，则其功德，当不在禹（虽然他也许不过是一条虫）下。"① 由此可见，将中国历代所用启蒙教材的大致情形勾勒出来，是很有意义的。

我国最早的启蒙教材，是被称为"字书之祖"的《史籀篇》。一般认为，它的作者是周宣王时的太史籀，但现代学者王国维认为这是汉朝人"不知大史籀书，乃周世之成语；以首句名篇，又古书之通例"② 所造成的错误。他经过一番考证，将关于此书的作者、成书时代、字数、字体、编例的传统论断统统推翻，却肯定了它启蒙教材的性质，这就是《汉书·艺文志》所说的："《史籀篇》者，周时史官教学童书也。"但此书并不通行于两周时期，而是出于"宗周文胜之后，春秋战国之间。秦人作之以教学童，而不传于东方诸国"。所以《史籀篇》流行的时间和地域都非常有限，仅限于春秋战国时期的秦国。

---

① 鲁迅：《准风月谈》，见《鲁迅全集》第 5 卷，人民文学出版社 2005 年版。
② 王国维：《史籀篇疏证序》，《观堂集林》卷五，中华书局 1959 年版。

　　秦代学童的识字课本，是李斯的《苍颉》七章、赵高的《爰历》六章和胡母敬的《博学》七章。这三部书的文字，基本上都取材于《史籀篇》，可以说，它们是在《史籀篇》的基础上加以省改而成的。

　　汉初的书馆或书舍，用得最多的是《仓颉篇》。但它已不是李斯的原作，而是汉初的启蒙教师，也就是所谓的"闾里书师"新编的一部，它是综合了《苍颉》《爰历》和《博学》而成的，所以又称之为《三苍》。全书55章，每章60个字。由汉简中保存的佚文如"游敖周章""儃赤白黄"以及"薄厚广侠，好丑长短"，可知它是用四言韵语写成的。但由于"其中多古字，俗师失其读"，尽管有扬雄、杜林等人的注释，但西汉后期已很少使用，至唐初终至失传。

　　两汉之际，启蒙识字用的是司马相如的《凡将篇》、史游的《急就篇》、李尚的《元尚篇》以及扬雄的《训纂篇》、班固的《十三章》等。经过一段时期的竞争和选择，东汉中期以后，史游的《急就篇》在上述启蒙教材中（另有东汉和帝时郎中贾鲂的《滂喜篇》）脱颖而出，成为汉唐间最风行的启蒙教材。

　　魏晋南北朝时期，各种识字教材层出不穷，如三国时期吴侍中朱育的《幼学篇》、吴郎中项峻的《始学篇》、晋高凉太守杨方的《少学》、晋著作郎束晳的《启蒙记》、晋下邳内史王义的《小学篇》、晋散骑常侍顾恺之的《启蒙记》以及《字指》《杂字指》《要字苑》《常用字训》《俗语难字》《杂字要》等，乃至有钟繇、王羲之、萧子范、梁武帝和周兴嗣各自所编的《千字文》，但都不及《急就篇》锋头之键。"蓬门野贱，穷乡幼学，递相承禀，犹竞习之。"① 许多著名的学者如夏侯德、崔浩、刘兰、李绘、刘铉等，都在年幼时学习过此书。一些著名的书法家如东汉时期的杜度、张芝、崔瑗，三国时期的钟繇、皇象，晋朝的卫夫人、王羲之、索靖，南北朝时期的崔浩等，也都曾书写过此书。特别是崔浩，既以书法名家，"人多托写《急就章》，从少至老，初不惮劳，所书盖以百数"。② 这表明，《急就篇》不仅流行于启蒙的课堂上，而且在全社会风行。正因为

---

　　① 颜师古：《急就篇原序》，《急就篇》卷首，见《景印文渊阁四库全书》第223册，台湾商务印书馆1986年版。

　　② 魏收：《魏书·崔浩传》，中华书局1974年版。

流传甚广，在没有版刻而完全靠手写的条件下，也就难免舛误。"时代迁革，亟经丧乱，传写湮讹，避讳改易，渐就芜舛，莫能厘正。少者阙而不备，多者妄有增益。人用已私，流宕忘返。"① 这就使得注释校订工作绝对必要。东汉的曹寿、后魏的崔浩、刘芳、北周的豆卢氏、北齐的颜之推，都为此书作过注释。唐初尽管它的流行受到了《千字文》强有力的挑战，但流风余韵，依然不减，以至著名的学者颜师古为之作注，宋末王应麟又为之补注，这就使它得以保存至今，成为我国现存最早而又最完整的启蒙教材。

《千字文》成篇在南朝梁时，是周兴嗣受梁武帝之命，为诸帝子们编写的一部习字教材。它最先是用于皇室子弟的教育，到了唐五代，已广为流行于全社会。据《唐语林》卷六的记载，蜀官妓薛涛随客饮酒，即行《千字文》令。广陵人顾蒙本来是"博览经史，慕燕许刀尺，亦一时之杰"的人物，但避乱到广州之后，"人不能知，困于旅食，以至书《千字文》授于聋俗，以换斗屑之资"。② 这表明，《千字文》已获得了社会的广泛认可。至于它在启蒙教学中应用的情况，则在敦煌文献中表明得非常充分。在敦煌文献中，有着数量众多的《千字文》写本，如在斯坦因所劫的文献中，《千字文》就有 10 种，而在伯希和所劫的部分，《千字文》的写本更是多达 21 种。很显然，只有《千字文》广为应用于启蒙教育的实际，才会有这么多的作为写字练习的写本被保存下来。进入唐代以后，正是它逐渐取代了《急就篇》的地位，并一直长盛不衰，历久风行。

唐五代童蒙识字所用的另一种重要的教材是《开蒙要训》。此书的作者是马仁寿。由不见于《隋书·经籍志》著录，而在唐五代流传甚广来看，它成书于唐代的可能性较大。《开蒙要训》与《千字文》的篇幅相当，编例相同，以四言韵语次第介绍天文四时、山岳河海、人事道德、百物名称等。文辞虽然不及《千字文》雅驯，组织得也比较呆板，但在编排上有某种分别部居的味道，而且所收都是日常所用的俗字，实用性较强。此篇在敦煌写本中多达 15 件，可见其流传的程度。特别可喜的是，有 4 份卷子还注明了抄写的年代，除 1 份是唐宣宗时外，其他的 3 份都属

① 《急就篇原序》。
② 王定保：《唐摭言》卷十，上海古籍出版社 1978 年版。

于五代时期，可见它在唐末及五代时期最为风行。宋代以后，便很少再有人提及它，终至失传，直到敦煌石室的发现，它才得以重见天日。

　　上述所有的教材都是识字教材，唐代流行的另一种启蒙教材《太公家教》，则旨在对童蒙进行伦理道德教育。其中所辑，都是一些待人处事、安分守己的格言名论，有的采自民间俗言谚语，有的录自前贤典籍。敦煌石室中保存此书的写本，多达 36 件，其中 9 件写本之后有抄写年代和学生的诵读题记。关于此书的流传兴废，王重民先生有很具体的论述："《太公家教》是从中唐到北宋初年最盛行的一种童蒙教材。大概说来，自从第八世纪的中叶直到第十世纪的末年（750—1000）通用在中国本部；第十一世纪到第十七世纪的中叶（1000—1650），还继续不断地被中国北部和东北的辽、金、高丽、满各民族内说各种语言的儿童们采用。这个童蒙教材的流传之广、使用时间之长，恐怕没有第二种比得上它的。自从第十一世纪以后，这个童蒙教材在中国本部因为有了《百家姓》、《三字经》来代替它，流行的程度就渐渐减低。而通行的地理区域，也就仅限于中国的北部和东北部。宋室南渡以后，到南方去的士大夫们，就好像很少有人知道这个曾经盛极一时的《太公家教》了。"①

　　一般都信从宋代学者王明清的意见，认为《百家姓》是宋初吴越的老儒所编。实际上，它作于唐代的可能性更大。明代梅鷟的《南雍志·经籍考》、周弘祖的《古今书刻》都著录有唐代的虞世南手写的《百家姓》。特别是在敦煌文献中，保存有两个《百家姓》的卷子，P. 4630、P. 4585 和今本《百家姓》完全相同。敦煌文献大都属于唐五代时期，宋初文献不仅很少，而且写本中最晚的年号为宋真宗咸平五年。如果《百家姓》是在宋朝初年的吴越地区成书的话，那么，它是不可能在如此短的时间内传到遥远的敦煌地区，并在实际教学活动中应用的。但无论如何，此书在宋元时期广为流传则是不争的事实。如南宋初的陆游，在《秋日郊居》之八中这样说："儿童冬学闹比邻，据案愚儒却自珍。授罢村书闭门睡，终年不着面看人。"并对"冬学"和"村书"作了自注："农家十月，乃遣子入学，谓之冬学。所读杂字、《百家姓》之类，谓之

---

① 王重民：《敦煌古籍叙录》卷三，中华书局 1979 年版。

村书。"① 在元代乔吉的《金钱记》中，王府尹的孩儿王正有这样的一番话："我六岁上读书，到如今九岁光阴，念了一本《百家姓》，颠倒烂熟的。"元以后，此书也是传统启蒙课堂上最基本的教材，在某种意义上乃至成为传统启蒙教材的代称。

除了《百家姓》之外，宋元时期用得较多的启蒙教材还有《千字文》和《蒙求》。南宋的赵汝鐩在《憩农家》的诗中曾说："农家颇潇洒，虢虢清泉流。……群儿窗下读，《千字文》《蒙求》。"② 元代的王萱也说："近世训蒙，率以周兴嗣《千文》与夫《补注蒙求》为发端，以其骈偶易读也。"③《金钱记》中王正读的是《百家姓》，而马求读的是《蒙求》："自家马求，今年十四岁也。我上学读了八年光景，一本《蒙求》，还有五板不曾记得。"宋代龙舒人王日休主张，六岁的儿童"读书须是且从《开宗明义章第一》起，不可便读《蒙求》《孝经》序，为字太难"。④ 宋代目录学家陈振孙对"举世诵"《蒙求》，"以为小学发蒙之首"的情形，甚感疑惑不解⑤；元代学者程端礼主张童蒙每天读几段《性理字训》，"以此代世俗《蒙求》《千字文》"。⑥ 这都从另一个方面反映出《蒙求》和《千字文》在宋元时期流传的情形。进入明代，《千字文》《蒙求》和唐代胡曾的《咏史诗》一同被辑为《释文三注》，在社会上广为流传。

明代社学发达，启蒙教学的用书也较以前丰富了许多。由于各地的读书风气不同，用书的差异很大，即使是在同一地区，也因为童蒙的资禀不同、年龄不同，所使用的课本也有程度不同之别，塾师个人的爱好、获得教材的条件等因素，也决定着课本的选择。所以很难用有限的几种来反映当时的实际。但就全国范围来看，用得较广的不外乎以下几类：

一是传统的《百家姓》和《千字文》，如吕坤主张：儿童"初入社学，八岁以下者，先读《三字经》以习见闻，《百家姓》以便日用，《千

---

① 陆游：《剑南诗稿》卷二十五，见《景印文渊阁四库全书》第 1162 册。

② 赵汝鐩：《野谷诗稿》卷三，见《景印文渊阁四库全书》第 1175 册。

③ 王萱：《历代蒙求跋》，《历代蒙求》卷首，见《续修四库全书》第 1218 册，上海古籍出版社 2002 年版。

④ 王日休：《训蒙法》，见徐梓、王雪梅编《蒙学要义》，山西教育出版社 1991 年版。

⑤ 陈振孙：《直斋书录解题》卷十四，上海古籍出版社 1987 年版。

⑥ 程端礼：《程氏家塾读书分年日程》卷一，黄山书社 1992 年版。

字文》亦有义理。"① 这里有必要谈谈《三字经》,关于《三字经》的成书,历来说法不一,归纳起来,有宋末元初著名的学者王应麟、宋末元初登州人区适子、明朝南海人黎贞三种说法。就其中称宋为"炎宋",有关宋朝的历史极为简略,而且只字不提元朝,只是含糊其辞地说"南北混",我们认为它作于宋末元初的可能性较大。元朝未见有人提及它,明初也未见在学塾中使用。清代学者全祖望在《明初学校贡举事宜记》一文中,论及明初的教育时曾说:"若乡里学舍,则守令于其同方之先辈择一有学行者以教之。在子弟称为师训,在官府称为秀才。其教之也,以《百家姓氏》《千文》为首,继及经史律算之属。"② 这里没有提到《三字经》,是符合当时实情的。明初《三字经》流传还不广,明中后期以后,虽有人提及,但连作者都不知道。如赵南星在《教家二书》序中说:"世所传《三字经》《女儿经》者,皆不知谁氏所作。"直到明末,黄周星说:"《百家姓》之与《千字文》并传久矣,世俗塾师导蒙,率多用之。"③ 仍然没有提到《三字经》。吕坤的说法,对于《三字经》来说,与其说反映的是实际,毋宁说表达的是理想。它的广为流传,是在清中期之后。

二是有关韵对的教材。为适应科举考试的需要,作为"将来对股、表启、诗联对仗张本"的属对,也就是所谓的作对子,成了小学阶段一项非常重要的功课。现存数量众多的明刊本《对类》,就很能说明这一点。为照顾童蒙的实际,不能只抽象地讲实字虚字、死活句眼、四声平仄,除了让儿童熟读记诵一些古今名对之外,古人还为儿童们编了一些可以诵唱的教材,这就是结合了对偶和声韵的韵对。现今依然深受人们喜爱的"云对雨,雪对风,晚照对晴空。来鸿对去燕,宿鸟对鸣虫",就是《声律发蒙》的开篇语。此书的署名大都是清代的车万育,其实此书早在元朝就已成书,它的作者是祝明,并最早由作者的学生田实于元仁宗皇庆二年刊行于阳平书院。由于它在明朝流传甚广,当时的学者也对它颇为重视。除刘节有所校补外,嘉靖中衡王府医正马崇儒也为之重订,潘瑛为之续作了三卷,高儒是那么推崇它,称它"对偶浑成,音响自合",以至于

---

① 吕坤:《社学要略》,《五种遗规·养正遗规》补编,见《续修四库全书》第 951 册。
② 全祖望《鲒埼亭集外编》卷二十二,见《续修四库全书》1429 册。
③ 黄周星:《百家姓新笺·小引》。

四库馆臣认为高说"未免过情之誉"。① 除祝明的《声律发蒙》之外，明代宣化人司守谦的《训蒙骈句》、杨林所人兰茂的《声律发蒙》、嘉靖时人孟绂的《启蒙对偶续编》、崔铣的《声律启蒙》都是当时流传较广至今尚存的教材。

三是图画、故事类的教材。明代由于版刻技术的进步，图画、故事类的启蒙教材图文并茂，深得儿童的喜爱，因此流行起来。其中以元朝人郭居敬所编的《二十四孝》、元末明初人虞韶所编的《日记故事》流传最广。但明人所用的《日记故事》，已不是虞韶所编的原本，而是各种改编本，如管晌的增校本、陈继儒注释的万历本、张瑞图校的万历本、吴宗札增并有彭滨评注本、熊大木校注本、王相增注本等。《二十四孝》由于配上了图画，名称也改为《二十四孝图说》，由于篇幅短小，不便单独梓行，所以一般和其他同类教材一同刊刻，并往往是放在每叶的上栏或卷首。如万历四十二年宝章堂梓行的《日记故事》的上栏，就附刊有图文对照的《增订二十四孝》；同年周静吾四有堂刻本的《便蒙日记故事》四卷之前，也有《便蒙二十四孝日记故事》一卷。在明陈振昆的《重刊日记故事》卷首，也有《新刊二十四孝故事》；明万历刊绣像本《新锲类解官样日记故事大全》共七卷，其中第一卷就是《二十四孝》。由以上版刻，可见《二十四孝》和《日记故事》，在万历年间最为风行。除此之外，宋胡继宗编的《书言故事》、明郑以伟编的《金璧故事》、许以忠编的《故事白眉》以及焦竑的《养正图解》、涂时相的《养蒙图说》、陶赞廷的《蒙养图说》等，也都在明朝流传较广。

四是朱熹的《小学》。《小学》是朱熹指导他的学生刘清之，选录儒家经书和历代贤德之人的嘉言善行而编的一部童蒙教材，它语句参差不齐，文词又很古奥，并不适合童蒙的实际。但经过许衡等历代学者的宣传，此书在学者的书斋里分外受重视。早在明弘治年间，日本学者大草公明就说："夫是书之疏释，予以所尝得者，与宋元以来诸家著录考之，得其目者，殆七十余家焉。"② 许多明代学者都强调在启蒙阶段学习《小学》

---

① 纪昀等：《四库全书总目》卷一三七，中华书局1965年版。
② ［日］大草公明：《小学旨意存是序》，《小学旨意存是》卷首，日本刻《困勉斋丛书》本。

的必要性。如施璜认为，"五经"以"四书"为阶梯，"四书"以《近思录》为阶梯，《近思录》以《小学》为阶梯。要想升入"五经"的堂室，就一定要由"四书"的阶梯而上，要升入"四书"的堂室，就一定要由《近思录》的阶梯而上，而要升入《近思录》的堂室，则一定要由《小学》的阶梯而上。"此《小学》一书，所以为万世养正之全书，培大学之基本者也。学圣人之学而不务此，如筑室无基，堂构安施乎？如种树无根，灌溉安施乎？"① 由于广大学者的推崇和强调，不少义学、社学和私塾也以之训蒙。如沈鲤的《义学约》就规定，每天"授书毕，正字；正字毕，讲《小学》一条。"吕坤的《社学要略》也规定，选择社学的老师，要"先教以讲解《小学》《孝经》及字学反切"。李乐在回忆自己启蒙阶段的教育时也说："予为童子入乡塾，蒙师训其子弟，往往多读《小学》《孝经》。"② 清代此书依然盛传不废，"凡童生入学、复试论题，务用《小学》，著在律令"。③ 乃至国家靠行政命令推广此书。许多社学、义学的章程和规条也都规定："凡学徒入学，须先读《小学》《孝经》，以端其本"④。"蒙以养正，读书不可不审也。'四书''五经'外，如《孝经》《小学》最为蒙童切要之书，读之即知作人之道。"⑤ 但由于它不适应童蒙的特点，"承学之士，束书不观"，使得国家的律令和各种规定"徒为具文"。这种情形在清中叶罗泽南改编为《小学韵语》之后，才有了一定的改观。

（原载《文史知识》1999 年第 1 期）

---

① 张伯行：《小学辑说》，《小学集解》卷首，见《四库全书存目丛书》子部第 3 册，齐鲁书社 1995 年版。

② 李乐：《见闻杂记》卷八，见《续修四库全书》第 1171 册。

③ 龙启瑞：《重刊朱子小学序》，《经德堂文集》卷二，见《续修四库全书》第 1541 册。

④ 丁日昌：《设立社学札暨章程》，见《中国近代教育史资料汇编·鸦片战争时期教育》，上海教育出版社 1990 年版。

⑤ 唐鉴：《义塾条约六则》，见《中国近代教育史资料汇编·鸦片战争时期教育》。

清代启蒙教材述要

在清前期启蒙教育中，传统的《百家姓》《千字文》以及《孝经》《小学》和《二十四孝》依然流传不衰，风行如故。《青毡述苦文》中有这样的说法："今天下生意之最微薄者，莫如教书矣。挣起喉咙，一年叫到头的是'赵钱孙李'；放开力气，从早缠到晚的乃'天地玄黄'。"① 蒲松龄在《闹馆》中则说："初上学《三字经》口教口念，《百家姓》、《千字文》随念随添，上下《论》共两《孟》《五经》《三传》，详训诂明句读作文三篇。"② 郭臣尧《捧腹集》中的《村学诗》也十分形象地说明了这一情形。"一阵乌鸦噪晚风，诸生齐逞好喉咙。赵钱孙李周吴郑，天地玄黄宇宙洪。《千字文》完翻《鉴略》，《百家姓》毕理《神童》。就中有个超群者，一日三行读《大》《中》。"③

除了以上教材之外，《神童诗》《千家诗》两部诗歌教材，在清代流传得也很广。清中期的余治，在《变通小学义塾章程》中，一再表示出对当时入塾即读《神童诗》《千家诗》的不满，"启蒙时，先读《神童诗》、《千家诗》，以后即读《学》、《庸》、《论》、《孟》。至于《孝经》等书，目且未经。"他还批评一些平庸的塾师，"墨守成例，《千字》《百家》《神童》《千家诗》之外，不敢稍改旧章"。④ 由于《神童诗》中充斥着大量的以高官厚禄劝诱童蒙向学的诗句，如"万般皆下品，唯有读书高""满朝朱紫贵，尽是读书人""朝为田舍郎，暮登天子堂""君看为

---

① 《寄怀集·青毡述苦文》，见《解人颐》，台湾老古文化事业股份有限公司1993年版。
② 蒲松龄：《闹馆》，《蒲松龄集》，上海古籍出版社1986年版。
③ 转引自梁结壬：《两般秋雨庵随笔》卷四，河北教育出版社1994年版。
④ 余治：《得一录》卷五，见《宫箴书集成》第8册，黄山书社1997年版。

宰相，必用读书人""姓名书锦绣，朱紫佐朝廷""锦衣归故里，端的是男儿""为官须作相，及第必争先"之类，招致了众多的批评和诟病，许多人如周凯、余治等人都主张，"不得任听无知之人读《神童诗》、《酒诗》以及无益之书"。所以相比较而言，《千家诗》比《神童诗》流传的要更广。《唐诗三百首》的编者、乾隆时人孙洙曾说："世俗儿童就学，即授《千家诗》，取其易于成诵，故流传不废。"① 光绪时的黎恂，曾为《千家诗》作序，也曾说及这一情况："俗本《千家诗》，传布已久，村塾童子，罔不记诵。其中唐诗少，宋诗多，律绝仅百数十首，率皆显明易解之作。以此启迪童蒙，甚便。"② 不独清前期，在整个清朝，此书都流传极广。乾隆之后，虽然遇到了《唐诗三百首》强有力的挑战，但依然风行不替，乃至与《三》《百》《千》比肩并行。

值得注意的是，《青毡述苦文》《村学诗》和余治的批评都没有提到《三字经》，这不是偶然的疏漏，而反映出此书流传还不广的实情。尽管早在明代吕坤就把它与《百家姓》和《千字文》相提并论，并有赵南星为之注，但吕坤的说法不过表达了一种希望，赵注是《教家二书》（另一书是《女儿经》）之一，主要目的是方便家庭教育，并且虽已镂板，但到清代才刊行。进入清代，康熙时有王相为之训诂、车鼎贲为之订补；胡兆瑜等人"束发时，受读《三字经》"③；潘子声作《养蒙针度》，自此书及《百家姓》《千字文》《神童诗》《千家诗》起，至《十三经》以及历代文史中字，删其重复，逐一音注；蒲松龄也说到"初上学《三字经》口教口念"；可见它在清前期已受世人重视。但直至道光三十年，朗轩氏依然认为王相的注释"未窥全豹"，而认庵柏的增补"亦嫌疏漏"，贺兴思的《三字经注解俗讲》，不仅其中有订补的必要，而且"未传剞劂，不能遍海内而有之"。④ 光绪十四年，刘春霖在为许印芳的《增订发蒙三字经》

---

① 孙洙：《唐诗三百首原序》，《唐诗三百首》，中华书局 1959 年版。

② 黎恂：《千家诗注》自序，见《中国近代教育史资料汇编·鸦片战争时期教育》，上海教育出版社 1990 年版。

③ 胡兆瑜：《三字经序》，车鼎贲订补：《三字经》卷首，见《蒙学之冠:〈三字经〉及其作者王应麟》，宁波出版社 2007 年版。

④ 朗轩氏：《三字经注解备要·原叙》，见《〈三字经〉古本集成》，辽海出版社 2008 年版。

作序时也说："回忆二十年前，设童蒙馆于荒村破屋间，尝以此书开导来学，而苦于无注，则随所记忆而指示之。"① 也就是说，直到清中叶，关于《三字经》还没有一个完善的注释本，而较令人满意的注本也还没有流传开来。这说明，《三字经》在社会上虽然流传开来，但还谈不上风行，不过，这已是箭在弦上，指日可待了。

随着道光时《三字经注解备要》的面世，《三字经针度》的重刻，到光绪时，此书已流传甚广了，如当时的陈灿就说此书"便于初学，风行宇内，人手一册，童而习之"。② 许应芳本人也说："今世黄小辈，束发受书，师辄授以坊本《发蒙三字经》，以其句短易读，且使稍知名物义类，可为儒门导先路也。"③ 不仅如此，而且世人重视它的程度已超过了《百家姓》和《千字文》。许应芳就曾指出，世人"但求识字，以王书为根柢，参读《百家姓》《千字文》、四、六言《杂字》等书，满腹之愿已足"。④ 这里，《三字经》被视为"根柢"，而《百家姓》和《千字文》则被视为"参读"之物。20 年前苦无善本的教材，到现在已是"周遍闾阎"了。

明朝人所编的几部启蒙教材，经过清人的修订，在清代中叶以后非常风行。其中以《名贤集》《增广贤文》《女儿经》《幼学琼林》和《龙文鞭影》为代表。

《名贤集》和《增广贤文》与一度流传甚广的《太公家教》是同一性质的教材，都是辑录名人贤士的格言正论，同时兼收流传于民间的俗言谚语，都是有关为人处世的诀窍心得。但这两部书不知辑自何人，始于何世，有人认为《名贤集》编成于明代，后来经过不断的补充修订，编成了《昔时贤文》或《古今贤文》，再经过增广，也就成了《增广贤文》。如此说来，《名贤集》和《增广贤文》是同一部书，不过是在不同阶段的两个不同的版本。在清中叶，《增广贤文》已流传开来，同治时有位叫周希陶的老学究，以此书言浅意深，颇中人情，但雅俗兼收，没有统纪，因

---

① 刘春霖：《增订发蒙三字经·叙》，《增订发蒙三字经》卷首，收入《蒙学之冠：〈三字经〉及其作者王应麟》。

② 陈灿：《增订发蒙三字经·叙》，《增订发蒙三字经》卷首。

③ 许应芳：《增订发蒙三字经·叙》，《增订发蒙三字经》卷首。

④ 同上。

而加以参订，写成了《重订增广》。除按平上去入四声编排之外，还删除了一些有语病和内容不健康的句子，同时也增加了不少新的语句，并作了注音注义及释典的工作。又有硕果山人，为适应启蒙教学的需要，将它作了结构性的大调整，全书按四言、五言、六言、七言和杂言的顺序编排，改编成了《训蒙增广改本》。三部不同版本的《增广贤文》并行于世，以至使得家喻户晓，妇孺皆知。诸如"读了《四书》知礼义，学了《贤文》会做人"；"《昔时贤文》口中念，五湖四海任我游"；"读了《增广》会讲话，读了《幼学》会看书"；"读了《增广》会讲话，学了《贤文》会做人"这类的话也流传开来。

明朝万历、天启年间，赵南星曾为《女儿经》作注，可见《女儿经》在明代业已成篇。进入清代，有关女教的教材越来越多，如《闺门女儿经》（又名《四字女儿经》）《闺训千字文》《女训约言》《训女三字文》《女三字经》《绘图女儿三字经》等在社会上广为流传，但它们都不及《女儿经》流传得广。在清代，流传最广的是经改良过的所谓《改良女儿经》，它显著的特点是在三字一句的原本《女儿经》之后，五字一句、两句讲一个典故，一共讲了十八个列女节妇的故事。其次，清中期陕西人贺瑞麟也编著有一部《女儿经》，大略用七言写成，凡分大纲、细目、合总和广义，此书在清后期流传得也比较广。

《幼学琼林》为明代西昌人程登吉所编，也有人说它出自明景泰年间的进士邱濬之手，在清代通行的是经过清人邹圣脉增补注释过的本子。由于此书流传广，版本多，名称也不相同，如《成语考》《故事寻源》《幼学须知》《幼学求源》《增订幼学珠玑》等。它显然是由《蒙求》《书言故事》发展而来，主要是向儿童介绍一些成语典故。但主要是在形式上，它有了很大的变化。与《书言故事》比起来，它不再用散文而是用偶句，而且但求两两成对，而不强求全书的整齐押韵，形式灵活便利；与《蒙求》比起来，它不那么简古，而极为通俗易懂，特别是它的正文本身就是释文，人们读起来毫无滞碍。它内容广泛，相当于旧时的一部百科全书，可以说，传统的知识类型都浓缩在其中。它按内容分类编排，也便于查检。这些使得它在清后期流传极广，成为人们家喻户晓的启蒙教材，"读了《增广》会讲话，学了《幼学》会看书"，便是人们的有得之言和对它的肯定。除了邹圣脉的增补注释之外，钱元龙、董成也都为它作过注，而蔡东藩、费有容、叶浦荪则都做过续补的工作，清人谭贵球所著的《故事逢原》，也是模仿此书写成的。

在清代中后期风行的另一部有关典故的启蒙教材是《龙文鞭影》，它的作者是明代汉阳人萧有良。萧原作名为《养蒙故事》，由于征引的事类很少，颇多舛谬疏略，后人如俞文彬等多有增订。杨臣诤颇嫌这些续作繁富错谬，作了大幅度的增订，以至篇幅比原本多了一倍。杨的增订本成篇之后，他的朋友们对他说："君家龙文，又加一鞭影矣。"他于是将书名改为《龙文鞭影》。清人李晖吉、徐攒则两人合力，共同编了一部《龙文鞭影二集》。现在通行的本子，便是萧作杨增的原本和李、徐《二集》的合订本。《龙文鞭影》完全仿效《蒙求》的体例，用四言韵语向童蒙介绍典故，所以有些版本又题名为《四字经》《四字蒙训》，其中所介绍的典故多达一千多个。清末李恩绶曾校补此书，并说及此书的流传情况："明贤《龙文鞭影》一书，风行已久。童子入塾后，为父师者，暇即课其记诵。盖喜其字句不棘口，注中隶事甚多也。"①

《小儿语》也出自明朝人之手而在清朝风行。此书的作者是明朝著名的学者吕坤的父亲吕得胜，除此书外，他还编写了《女小儿语》，并让他的儿子续作。吕坤除承父命编写了《续小儿语》之外，还有《演小儿语》《好人歌》《闺戒》《宗约歌》等作。由于这几部书的篇幅都不大，除《演小儿语》之外，形式相同，内容相近，就连编辑宗旨也完全一致，都是要用儿童"乐闻而易晓"的口语，使他们在"欢呼戏笑之间"，学得"义理身心之学"，以达到"一儿习之，可为诸儿流布；童而习之，可为终身体认"。② 所以，旧时刊行时，往往将这几部书合帙。在明代，这几篇教材就很受人重视，到清代流行就更广。如在涂宗瀛所辑的《童蒙必读书》13 种中，大多数是理学家的箴铭，传统的启蒙教材只有《弟子规》《小儿语》《续小儿语》《弟子职》《性理字训》和《千字文》（指何桂珍的《训蒙千字文》）六种，而吕氏父子之作，不仅占了其中的两种，而且排在第二和第三的重要位置。道光时，周凯

---

① 李恩绶：《龙文鞭影》序，《龙文鞭影》，岳麓书社 2002 年版。
② 吕得胜：《小儿语序》，《吕坤全集》，中华书局 2008 年版。

劝谕襄阳士民设立义学，就强调学校"所读之书，以《圣谕广训》、吕新吾《小儿语》、朱子《小学》为先"。① 在《义学章程》中，他再次强调了这一点。唐鉴在制订义学条约时，要求审慎选择小学校用书，"初发蒙之幼孩，先取顺口，则《小儿语》《好人歌》《三字经》《百家姓》皆取其易于成诵，亦不失为蒙养之初教也"②。栗毓美的《义学条规》也要求有关部门将省中所刻的"吕新吾先生《小儿语》《好人歌》《闺戒》《宗约歌》四种，每学发给一部，俾师徒随时讲习"。③ 由此可见清朝人对这几篇启蒙教材的重视，而众多的刊本，也从一个侧面反映出它们在旧时风行的程度。

明初人朱升所编的《小四书》，在清朝也流行很广。《小四书》是朱升在紫阳书会上，通过与朋友的商榷，而为童蒙所定的一个系列读物。在他看来，名物是小学之先，性理学问则关系到天人之道、治教之原，而历史能使人知古今朝代之略、传统事迹之详。为此，他取方逢辰的《名物蒙求》、程若庸的《性理字训》、陈栎的《历代蒙求》和黄继善的《史学提要》四部均为"四字成言，童幼所便"的教材，辑成了此书。为方便阅读，他还自为之注解，并且使用的是旁注，以使正文与注文不相离。此书在明代就已流传开来，清朝则流传更广，版刻甚多。雍正时的邹持雅，称当时所授的几种启蒙书都是不当读之书，主张"屏绝废斥，不令吟诵，以长浮伪。"④ 而只有此书和《小学》才能真正指示入道的途径。为此他曾为之音注，并精加校雠，开雕重刻，以广流传。道光时的陈源兖，也称此书"皆以四言韵语编贯成篇，而天地名物，古今事变，莫不粗具"。⑤

清朝人所编的启蒙教材，也有在当时很快就风行开来的。如道光时罗泽南所编的《小学韵语》、光绪时王用臣所编的《幼学歌》以及在清后期流传甚广的《教儿经》《字课图说》《万事不求人》和各种杂字等。不过

① 周凯：《劝谕襄阳士民设立义学告示》，见《中国近代教育史资料汇编·鸦片战争时期教育》。

② 唐鉴：《义塾条约六则》，见《中国近代教育史资料汇编·鸦片战争时期教育》。

③ 栗毓美：《义学条规》，见《中国近代教育史资料汇编·鸦片战争时期教育》。

④ 邹持雅：《重刊小四书》跋语，见《中国近代教育史资料汇编·鸦片战争时期教育》。

⑤ 陈源兖：《小四书》序，见《中国近代教育史资料汇编·鸦片战争时期教育》。

最突出的，还得数《治家格言》《弟子规》和《鉴略》。

《治家格言》一般称《朱子治家格言》，它的作者是清初昆山人朱用纯，因自号柏庐，所以人们多称此书为《朱柏庐治家格言》，以免浅学之人误认为朱子就是朱熹。此篇仅60句，由30联偶句组成，正因为它篇幅短小，联偶便读，内容则关系到日常家居的各个方面，切于实用，从形式到内容，都为它的广为流布提供了前提条件。旧时一些士大夫之家，往往将它手写，贴在屏壁间，用作具有装饰性质的座右铭。民国时常镜海先生撰写《中国私塾蒙童所用课本之研究》，把它作为"通用之蒙童课本"，并放在《千字文》《百家姓》《三字经》和《名贤集》之后，居第五位的显著地位来论列，并说此书"脍炙人口，家喻户晓，妇孺皆知，论其影响农村社会之力，较《名贤集》有过之无不及"。①此书的注释本，则以光绪年间戴翊清所著的《治家格言释义》最为通行。

《弟子规》是清康熙时山西绛州人李毓秀所撰，原名《训蒙文》，后来经过贾存仁的修改，才改易今名。此篇以三字一句的形式，叙述了孝悌、谨信、爱众、亲仁和学文的具体内容。无论是形式还是内容，都不愧为"便于诵读讲解而切于实行"的"开蒙养正之最上乘"之作。早在作者在世的时候，此书就流传开了，所以当李毓秀死后，他本来只是一个小小的秀才，仅仅是由于他撰写了此篇，他的牌位也被供奉在绛州的先贤祠。许多地方政府也都饬令所属州县，将它列为私塾和义学的童蒙必读书，并在祠堂、茶楼、书馆等处宣讲。在湖北巡抚涂宗瀛所辑的《童蒙必读书》中，此书高居于第一位，他希望"塾师尽心讲解，使蒙稚之民咸知大义，遵循弗忘"。光绪时，周保璋撰《童蒙记诵编》，以《节增三字经》开篇，篇首的序语曾这样说及《三字经》："世俗蒙学书中，此颇雅饬，相传王伯厚所作。近李氏《弟子规》盛行，而此书几废。"可见《弟子规》的盛行，一度使得《三字经》也黯然失色。一般认为，清中叶以后，在我国尤其是北方地区，流传最广、影响最大的，正是这部《弟子规》。直到本世纪二三十年代，在我国北方的学塾中，还有用此书的。

---

① 常镜海：《中国私塾蒙童所用课本之研究》，《新东方》1940年第1卷第8期。

专门性质的启蒙教材，除了识字和道德教育两类之外，历史类的童蒙教材在宋以后的历朝都流传很广。清朝也不例外，并不是像有些学者所说的那样，"到了清代，蒙童读的史学书，几乎一部也没有。元明两代的那些史籍，也都几成为罕见的东西"。① 其实，宋代王令的《十七史蒙求》、黄继善的《史学提要》，元代陈栎的《历代蒙求》，明代赵南星的《史韵》、题名李廷机的《鉴略妥注》等，仍流行不替。清人历史类的启蒙教材更多，如葛震有的《诗史》、曹微藩的《历朝鉴略》、仲宏道的《增订史韵》、金诺、吴镇和许遁翁各自的《韵史》、朱玉岑的《韵史补》、任启运的《史要》、裘未吾的《史略歌论》、沈祥煦的《读史编略》、张应鼎的《鉴纲咏略》、鲍东里的《史鉴节要便读》等，都流传得较广。而其中最著名的，则当属王仕云的《鉴略》

王仕云字望如，康熙初年人，《鉴略》一书，是他在监狱中写成的。因为全篇用的是四言韵语，所以此书又被称之为《鉴略四字书》。郭臣尧《村学诗》"《千字文》完翻《鉴略》"中的《鉴略》，指的正是此书，可见它一度与《百家姓》《千字文》《神童诗》这些最著名的启蒙教材比肩并行。咸丰时的钟文更是说："江上王望如著有四字《鉴略》，家弦户诵，颇有益于童蒙，较《三字经》《千字文》启蒙诸书，层楼更上。"② 尽管它"粤自盘古，生于太荒。首出御世，肇开混茫"这样的开篇句，让年幼的孩童如鲁迅"一字也不懂"，但清中期以后，还是有很多人认为："读《鉴略》比读《千字文》《百家姓》有用得多，因为可以知道从古到今的大概。"所以年幼的鲁迅开蒙时所用的书，除了《鉴略》之外，便"再没有第二本了"。③

本文以启蒙教材为限，一些非此性质的教材，如《孝经》、明代的《大诰》、清代的《圣谕广训》以及《感应篇》《阴骘文》《觉世经》《文昌孝经》等社会教育的教材，也有人主张在启蒙的课堂中讲授，并

① 郑振铎：《中国儿童读物的分析》，《文学》1936 年第 7 卷第 1 号。
② 钟文：《韵史》跋，《韵史》，见《四库未收书辑刊》第 4 辑第 16 册，北京出版社 2002 年版。
③ 鲁迅：《朝花夕拾·五猖会》，见《鲁迅全集》第 2 卷，人民文学出版社 2005 年版。

在实际教学活动中得到落实，而且非常广泛。但这可以看作社会教育的一部分，不只是启蒙教育所独有，所以有待于作为一个新的论题来讨论。

（原载《文史知识》1999 年第 3 期）

附录　现代私塾的意义和局限

　　近年来，现代私塾在全国各地如雨后春笋般地出现，如北京的"日日新学堂"、上海的"孟母堂"、武汉的"今日学堂"、沈阳的"九雯学堂"、苏州的"菊斋私塾"、深圳的"童学馆"，还有遍及全国的"一耽学堂"，等等。这类私塾旋生旋灭，而又旋灭旋生，现今全国究竟有多少这类私塾，还没有一个即便粗略的统计，但现代私塾在包括香港在内的全国各地普遍开设，已经是不争的事实。

　　私塾是一种传统的教学组织，严格地说，称之为学塾要更加确切一些。我国古代的学塾，可以分为三种类型：一是东家延请塾师来家教授自家或亲属子弟的家塾；二是富商显贵、地方政府或家族倡议并出资兴办、免费向特定学童开放的义塾；三是塾师在自己家里，或借祠堂、庙宇，或租借他人房屋，设馆招收学童就读的私塾。可见私塾不过是学塾的一种，但由于它最为普遍，所以很多人不加分析地把各种类型的学塾都称之为私塾。现代私塾主要是由塾师自己开设的，虽然大都不是在自家，更不是租借的祠堂或庙宇，但就办学的主体来看，称私塾是贴切的。

　　传统的私塾教育，有很多值得我们现在借鉴的做法，比如提倡"教子婴孩，教妇初来"，强调早期教育的重要性，要求在"血气未充，精神未定"的幼年时期就要及时施教；主张教学过程中体现爱教结合、宽猛相济的精神，切实遵循识字为先、少授专精、循序渐进的原则；教学内容上注重学生良好行为习惯的培养，以"收其放心，养其德性"为目标；在教材的编写上，注重适应儿童的性情，做到句子短小、形式整齐、和谐顺畅、有韵便读；在教材的选择上，选择那些读起来朗朗上口、听起来铿锵悦耳的读物，以引起儿童的兴味，使之易于接受，乐于接受。这些做法，是私塾在现代社会依然具有强大生命力的根由所在。

现代私塾的创办者和把孩子送进私塾的家长普遍认为，学校教育采用大班教学的方式，尤其越是优质校、优质班，班级就越大，学生也越多，教师不能因材施教，学生接受不到个性化的教育。教学以知识的传授为主，在升学的压力之下，冷落了德育，轻忽了做人的培养。由于现代社会受功利的左右和意识形态的影响，学生花费了很大气力所习得的内容，往往有知识没有文化。学校教育的目的，不是为了学生的素质得到彰显，不是为了使个体的创造力、天赋、潜能、性格、气质等得以呈现，而单纯是为了博取高分，为了升学的功利目的。说到底，这是一种狭隘的以获得高一层次、拥有优质教育资源学校的录取通知书为目标，以单一的分数尺度来考察和评价学生的应试教育。而传统的私塾教育，可以一定程度地疗治现代学校教育的病症。

"以最经济、最节约的方法，让每一位同学，拥有结实的人身修养和更丰富的知识。"这是上海孟母堂所追求的目标。北京日日新学堂的组织者则这样阐述他们的办学目标："我们是一群新式教育的探索者，致力于培养会思考、爱生命的健全的人！"有关调查表明，虽然很多人表示不会将自己的孩子送到私塾上学，但对现代私塾的尝试依然给予认可，认为这一教育方式对学校教育有补充作用。新华网就"你认为私塾教育是文化创新还是文化复辟"？进行的网上调查显示，认为私塾教育是"文化创新"的占53%，是"文化复辟"的占29%，回答"说不清"的占17%。有人甚至宣称："我不是私塾的支持者，但我是一个对现行教育制度的坚决反对者。"可以说，现代私塾的出现，是对现今学校教育的挑战甚至反动，是对现今根深蒂固的功利教育、应试教育弊端的讽刺和嘲弄，是不满现行教育体制的人们和有一定文化素质的家长们的自助和自救，是将教育引向个性化、多样化的探索和尝试，是人们对教育体制改革失望后的无奈之举。

我们在肯定现代私塾的出现有一定的合理性的同时，也要注意到它的局限。

现代私塾的办学目的侧重点各不相同，承继传统，弘扬国学，传习礼仪，养正童蒙，说到底还是冀望让传统文化熏陶现代的孩子们，给学生夯实一生的道德基础。的确，我国古代文化典籍中蕴藏着丰富的人生哲理和为人处事的道德标准，但这些人生哲理和道德标准并不具有超越特定时代的永久价值。比如《增广贤文》中的那些人生哲理，《弟子规》中的那些道德标准，早已和现今的时代圆凿方枘，不相契合，传授给那些分辨能力还很弱的儿童就尤其不合时宜。另外，希图通过学习传统经典来改善人心、转移世风的努力，也只能是一些人不切实际的一厢情愿。在现代历史上，满腹经纶而大节有亏的不乏其人；在现实生活中，一些新儒家的学人道德败坏的也所在皆有；在经典占据有绝对尊崇地位的传统社会，人心不古、世风日下的慨叹更是比比皆是。所以，简单地背诵传统经典，并不能把传统文化的根留住，也不能提高国民素质，解救当今社会的乱象。

在学习内容上，现代私塾根据主办者的志趣、喜好和能力，各不相同，差异很大。如上海的孟母堂秉承"读经典、尊孔孟、诵莎翁、演数理"的宗旨，以背诵《周易》《弟子规》《论语》以及莎士比亚的《仲夏夜之梦》《十四行诗》等为主，兼学微积分等高等数学内容。苏州的菊斋私塾根据德、文、言、行的施教原则，开设的课程以蒙学、经学、韵文为主体，并穿插讲授古乐、书画、茶道的相关知识。但在具体的教学过程中，现代私塾的问题主要有两个：一是没有体现循序渐进这一行之有效的教学原则，将那些就连古代教育家也主张暂时缓一缓、等到学生由"蒙馆"升入"经馆"之后才读的"四书"尤其是"五经"灌输给儿童；让儿童将这些佶屈聱牙、晦涩难懂、就连专家学者也难以理解的文献生吞活剥。二是这种对古代经典的过分倚重，排斥全面的现代教育，可能会从一个极端走向另一个极端，让儿童远离现代社会生活的实际，难以和下一个阶段进一步的学习对接，不适应现代社会的需要。

在现代私塾里，背诵是最为普遍的教学方式。的确，记忆和背诵是被历史证明行之有效的学习方法，学习过程中的记诵，无论是对知识的积累，还是心性的陶养都是十分必要的。但是，单纯地死记硬背而全然忽视理解，那就应验了批评者所说的食古不化，只是用古代的经典来占据儿童的大脑，堵塞儿童的想象力，湮没儿童的灵性。我们承认，儿童最擅长的就是记忆，但这并不是意味着儿童喜爱背诵和记忆。不为儿童接受的东西，哪怕有再高的价值，也不应该施之于儿童。即使生硬地向儿童灌输了，也是不能持久的；即使儿童一时记住了，也是易忘的。更重要的是，记忆和背诵要有适合记诵的材料。像儒家经典之类的读本，古人尚且认为

"颇棘唇吻"，读起来已很困难，是不适合背诵的，尤其不适合儿童背诵。

　　所以，现代私塾无论是教学目标，还是教学内容和教学方法，虽然有现代学校教育可以借鉴的成分，但也不乏可议之处，特别是全日制私塾与既有的义务教育法相抵触，在当下被取缔也是应有之义。法律应该得到尊重，即使它已经过时了。然而，无论是从国际教育的发展趋势来看，还是就探索多元化教育模式的必要性而言，现代私塾都不应该简单地被取缔。有关部门有必要、也有责任修改已经过时的法律，满足学生和家长多样化的教育需求。给予一定的发展空间、合理引导、有效兼管、使现代私塾规范发展、成为学校教育的有效补充和现代教育的一部分，才是教育主管部门该做的工作。

（原载《中国教师》2009 年第 23 期）

后　记

　　早在 2012 年编辑《现代史学意识与传统教育研究》时，这本文集就大略编就。当时好几篇文章如《三字经作者考》《朱子家训考》《塾师的延请》等虽然已经写有初稿，但没有定稿，本来计划写定之后，一并收录在本文集中出版的，但近几年，自己主要致力于传统文化教育的研究，心散事多，定稿依然遥遥无期。在众多朋友的督促下，现在只好以这样的面貌出版。

　　这本文集收录的，主要是我有关传统蒙书和塾师的研究成果。今后自己有关蒙学的研究，会主要集中在教学的原则和方法方面。从这个意义上可以说，本文集的集结，既是前一个阶段研究工作的总结，也是今后一个时期研究工作的开始。在此，我要向过去一直帮助我的老师、朋友和学生致谢，并期待在今后能得到他们一如既往的支持。

　　我的大学同学琚林勇，最早鼓励和全力支持我从事蒙学研究。1989年下半年，当我告诉他，我要研究传统训诲劝诫文献时，当时在山西教育出版社工作的他慨然表示，他可以负责出版，并建议从蒙学做起，而且不限册数，不限字数，完全由我根据实际情况决定。当时全社会面临着普遍的"出版难"，他的鼓励和许诺，让我有了信心和动力。正是他的大力襄助，1991 年 1 月和 5 月，我和我妻子合编的《蒙学便读》《蒙学歌诗》《蒙学须知》《蒙学要义》四本资料集，以及这四本书的合辑《蒙学辑要》相继出版，并由此开始了我的蒙学研究。现在想来，如果琚兄当时是别样的指点，我的学术工作也就会是另一番风景。

　　1992 年末，周洪宇兄组编《中国教育的传统与变革丛书》，他约请我撰写《蒙学读物的历史透视》一书。没有洪宇兄的高情盛意，这本计划中的著作，也会无限期地拖下去。1996 年 10 月，拙著经湖北教育出版社的陈雅峰编辑出版。承祝安顺、梁皓的雅意，2014 年 10 月，中华书局重印此书，易名为《中华蒙学读物通论》。

从 2000 年开始，我即在北京师范大学面向全校本科生，开设了"传统蒙学与传统文化"的公共选修课。这门课每年讲一轮，持续了十多年。开设这门课程的目的，是要通过教学：第一，使学生了解中国传统启蒙教育的情形，了解作为传统文化重要载体的《三字经》《百家姓》《千字文》《蒙求》《神童诗》《二十四孝》《声律启蒙》《幼学琼林》《增广贤文》《弟子规》等蒙书的作者、内容、体例、流传情况，了解历代使用启蒙教材的情况，了解学塾中塾师教学的情况，了解传统启蒙教材与传统文化的关系。第二，使学生了解了一代又一代中国人，从走进学堂开始，读的是什么样的书，接受的是什么样内容的教育，这样的教育内容，又是根据什么样的原则、通过怎样的方法进行的，从而了解我们的历史和文化，了解我们身上的文化基因，了解我们为什么会成为我们现在这个样子。第三，使选修的学生认识传统文化的价值，增进对传统文化的兴趣，提高传统文化的素养。其中最重要的，是学生通过对传统蒙学的学习，通过诵读句子短小、形式整齐、押韵便读、读起来朗朗上口、听起来铿锵悦耳、大家喜闻乐道的语句，理解我们先民的智慧；通过对其中文句的释读和理解，感受到传统不只是存在于遥远的过去，而是从过去延传到现在，在我们现实生活中依然具有生命力的东西，从而激发起对传统文化的兴趣，自觉地走进教育的过程。为了实现教学的目的，我特别注意和学生的互动和交流，倾听来自听课学生的声音。除了注意网上的评教之外，还要求每个听完课的学生，对我的教学提出自己的意见和建议，15 年间，一如既往，没有一次中断。我则根据学生的意见和建议，不断优化和完善教学，革新教学内容和方法。所以，本课程的建设，可以说是师生共同完成的。一届又一届的学生，都为这门课的优化和完善做出了贡献。由于教学效果较好，2009 年，"传统蒙学与传统文化"被列为北京师范大学通识教育优质公共选修课程；2013 年，经过学校教务处的建议，以"中国传统启蒙教育"之名申报中国大学视频公开课，2013 年 12 月 19 日上线播出，2014年 4 月被教育部列入第五批精品视频公开课。

这段时期，我还承担了多个和传统蒙学直接相关的科研项目，如教育部人文社会科学研究 2003 年度博士点基金研究项目"传统蒙学与传统文化",国家社会科学基金 2011 年度中国历史资助项目"中国古代儿童教育原则与方法研究"。2016 年度国家社科基金重大项目"中国传统文化教育资源的开发利用研究",也与传统蒙学有密切的关系。在课题的申报、实施和结题过程中,得到了很多认识或不认识师友的肯定和帮助。

　　本文集最初计划在人民教育出版社出版,刘立德积极促成计划的落实,做了大量的工作,第一稿就是由他一手编成的。我的学生罗容海、王立刚、杨阳、潘帅等,一直在热心促成本书的出版。特别是在北京师范大学出版社工作的刘一,在出版的最后环节,花费了大量的时间,仔细核对引文,校正文字,统一注释,做了大量的工作。

　　本文集之所以能在这个时节出版,完全是由于老同学李炳青的督促。在编辑出版《现代史学意识与传统教育研究》之后,她即敦促我编辑这本文集,为此,她还深入我的课堂,希望出版一本"传统蒙学与传统文化"的课堂实录。完全是因为我的拖延,才将这本书的面世拖到现在。说来也很有意思,我有关传统蒙学研究的发轫,得益于琚林勇同学的推动,而有关传统蒙学研究的阶段性总结,则源于李炳青同学的敦促。我愿意把这本书献给两位大学同班同学,作为我们友谊的见证。

徐　梓

2017 年 7 月 18 日